U0534934

武陵山片区
农业现代化问题研究

● 邓磊 著

中国社会科学出版社

图书在版编目（CIP）数据

武陵山片区农业现代化问题研究／邓磊著 . —北京：中国社会科学出版社，2015.7
ISBN 978 - 7 - 5161 - 6481 - 5

Ⅰ.①武… Ⅱ.①邓… Ⅲ.①农业现代化—研究—湖南省 Ⅳ.①F327.64

中国版本图书馆 CIP 数据核字（2015）第 152601 号

出 版 人	赵剑英
责任编辑	孔继萍
特约编辑	邹 莉
责任校对	王 斐
责任印制	何 艳

出　版	中国社会科学出版社
社　址	北京鼓楼西大街甲 158 号
邮　编	100720
网　址	http://www.csspw.cn
发 行 部	010 - 84083685
门 市 部	010 - 84029450
经　销	新华书店及其他书店

印刷装订	北京市兴怀印刷厂
版　次	2015 年 7 月第 1 版
印　次	2015 年 7 月第 1 次印刷

开　本	710×1000 1/16
印　张	16
插　页	2
字　数	271 千字
定　价	58.00 元

凡购买中国社会科学出版社图书，如有质量问题请与本社联系调换
电话:010 - 84083683
版权所有　侵权必究

目 录

导论 农业现代化是农业发展的根本出路 …………………… （1）
  一 农业现代化是"三农"问题的首要问题 …………………… （1）
    （一）"三农"问题的理论与实践 ……………………………… （2）
    （二）农业现代化是解决"三农"问题的基本前提 …………… （9）
  二 农业现代化的概念辨析 …………………………………… （12）
    （一）现代化 …………………………………………………… （12）
    （二）现代农业 ………………………………………………… （14）
    （三）农业现代化 ……………………………………………… （15）
  三 农业现代化的研究现状 …………………………………… （20）
    （一）农业现代化的理论梳理 ………………………………… （21）
    （二）农业现代化的指标构建 ………………………………… （26）
    （三）农业现代化的国情分析 ………………………………… （30）
    （四）农业现代化的特征描述 ………………………………… （33）
    （五）农业现代化的经验总结 ………………………………… （35）
  四 我国农业现代化理论的演进历程 ………………………… （43）
    （一）以机械化为核心的农业现代化 ………………………… （43）
    （二）以科学技术为核心的农业现代化 ……………………… （46）
    （三）以转变农业增长方式为核心的农业现代化 …………… （48）
    （四）"四化同步"的农业现代化 ……………………………… （50）
  五 研究思路、方法与新进展 ………………………………… （53）
    （一）武陵山片区农业现代化的研究思路 …………………… （53）
    （二）武陵山片区农业现代化的研究方法 …………………… （53）
    （三）武陵山片区农业现代化的研究新进展 ………………… （54）

第一章　武陵山片区农业发展现状 ……………………………(56)
一　农业发展优势不断凸显 ………………………………(56)
（一）农业自然资源丰富 ………………………………(56)
（二）国家地理标志多样 ………………………………(64)
（三）惠农政策大力扶持 ………………………………(73)
二　新型经营主体日益壮大 ………………………………(78)
（一）分布地域遍及全区 ………………………………(79)
（二）创立人类型多样 …………………………………(81)
（三）发展水平不断提高 ………………………………(81)
（四）经营范围覆盖主导产业 …………………………(84)
（五）生产服务内容更加广泛 …………………………(90)
（六）辐射带动能力逐步增强 …………………………(90)
三　特色农业产业加快发展 ………………………………(91)
（一）农业产业规模化 …………………………………(91)
（二）产品加工现代化 …………………………………(95)
（三）产品销售多元化 …………………………………(99)
（四）市场竞争品牌化 …………………………………(103)
（五）产业经营效益化 …………………………………(105)

第二章　武陵山片区农业现代化的困境 …………………(108)
一　基础设施困境 …………………………………………(108)
（一）交通运输发展滞后 ………………………………(109)
（二）水利灌溉设施落后 ………………………………(111)
（三）农村能源建设不足 ………………………………(112)
（四）农业机械化水平偏低 ……………………………(113)
（五）信息贫困现象突出 ………………………………(114)
二　人力资源困境 …………………………………………(116)
（一）农业管理人才不足 ………………………………(116)
（二）农业科技人才匮乏 ………………………………(117)
（三）农民企业家缺乏 …………………………………(119)
（四）农业营销人才稀少 ………………………………(120)
（五）青壮年劳动力短缺 ………………………………(121)

三 抵御风险困境 (122)
　(一)自然风险 (122)
　(二)社会风险 (126)
　(三)市场风险 (127)

四 土地流转困境 (129)
　(一)土地流转率低 (130)
　(二)土地流转成本高 (131)
　(三)土地流转时限难定 (133)
　(四)土地流转管理不规范 (134)

五 经营主体困境 (136)
　(一)内部制约因素 (136)
　(二)外部发展瓶颈 (139)

六 惠农政策困境 (142)
　(一)农业直补偏离预期效益 (142)
　(二)惠农政策缺乏特殊性 (144)
　(三)惠农政策落实不够 (147)

七 农业融资困境 (148)
　(一)银行贷款困难 (148)
　(二)专项资金不足 (150)
　(三)社会融资困难 (152)

八 产销方式困境 (154)
　(一)机械化水平低 (154)
　(二)信息化程度低 (156)
　(三)电子商务发展缓慢 (157)

第三章 武陵山片区农业现代化的对策 (159)
一 加强基础设施建设 (159)
　(一)改善农村交通条件 (160)
　(二)强化水利设施建设 (160)
　(三)保障农业电力供给 (161)
　(四)提高农业机械化水平 (162)
　(五)推进农村信息化发展 (163)

（六）加强资源环境保护 …………………………………… (164)
二　加快农业人才培养 ……………………………………… (165)
　（一）健全农业人才市场 …………………………………… (166)
　（二）加强职业技术培训 …………………………………… (167)
　（三）推进校企合作创新 …………………………………… (168)
三　延长农产品产业链 ……………………………………… (170)
　（一）加强农产品生产基地建设 …………………………… (170)
　（二）提高农产品深加工水平 ……………………………… (172)
　（三）拓展农产品市场销售渠道 …………………………… (173)
四　打造特色知名品牌 ……………………………………… (175)
　（一）发展特色农业 ………………………………………… (175)
　（二）提升品牌意识 ………………………………………… (176)
　（三）整合分散品牌 ………………………………………… (177)
　（四）保障产品质量 ………………………………………… (178)
　（五）促进品牌宣传 ………………………………………… (179)
　（六）拓广品牌分销渠道 …………………………………… (180)
　（七）加强品牌维护 ………………………………………… (180)
五　壮大新型经营主体 ……………………………………… (181)
　（一）培育新型职业农民 …………………………………… (181)
　（二）发展家庭农场 ………………………………………… (183)
　（三）做大做强农村专业合作社 …………………………… (185)
　（四）壮大农业龙头企业 …………………………………… (188)
　（五）推进发展农产品批发市场 …………………………… (190)
六　提高土地流转成效 ……………………………………… (192)
　（一）完善土地流转政策 …………………………………… (193)
　（二）强化土地流转监管 …………………………………… (194)
　（三）推进小城镇化建设 …………………………………… (195)
七　拓展农业融资渠道 ……………………………………… (197)
　（一）降低农业项目贷款门槛 ……………………………… (198)
　（二）加大农业专项资金支持 ……………………………… (199)
　（三）健全社会融资保障机制 ……………………………… (201)
八　片区协作规划发展 ……………………………………… (202)

（一）促进区域交流协作 …………………………………… (202)
　　（二）科学规划统筹发展 …………………………………… (204)
九　完善支农惠农政策 …………………………………………… (206)
　　（一）改革农业直补政策 …………………………………… (207)
　　（二）增强惠农政策的针对性 ……………………………… (208)
　　（三）建立健全生态补偿机制 ……………………………… (209)
　　（四）严格落实各项惠农政策 ……………………………… (211)

结语　武陵山片区农业现代化必须走特色化道路 ……………… (214)
　一　更新农业现代化理念 ………………………………………… (214)
　　（一）农业现代化不等于农业机械化 ……………………… (215)
　　（二）武陵山片区也能实现农业现代化 …………………… (222)
　二　武陵山片区农业现代化出路在于差异化发展 ……………… (228)
　　（一）武陵山片区农业不能走平原现代化的道路 ………… (229)
　　（二）差异化发展才能实现武陵山片区农业现代化 ……… (230)

参考文献 ………………………………………………………………… (239)

后记 ……………………………………………………………………… (245)

导 论

农业现代化是农业发展的根本出路

实现社会主义现代化是每个中国人的美好梦想和奋斗目标。20世纪50年代,国家确立了包含农业现代化在内的"四个现代化"战略。半个多世纪以来,在党和政府的领导下,社会主义现代化建设的各项事业都取得了重大进展,人民生活水平有了较大提高。农业现代化也取得了许多骄人的成绩,杂交水稻的成功,使我国用占世界7%的土地,养活了占全球20%的人口,粮食生产实现了"十年增"。但是,随着城乡差距的一步步拉大,"三农"问题到了非系统化解决不可的境地。农业现代化再次被提到新的高度,中央一号文件多次强调要发展现代农业,实现农业现代化。距离2020年全面建成小康社会的期限越来越近,距离基本实现现代化的期限也不再遥远,如果作为基础产业的农业都没有实现现代化,那么,我们的小康社会和现代化也只能是低水平、不全面、不平衡的。当前,实现农业现代化的关键是要实现山区(片区)农业现代化。如果没有山区(片区)的农业现代化,就很难说真正实现了两个百年目标。

一 农业现代化是"三农"问题的首要问题

所谓"三农"问题指的就是农业、农村、农民三个问题。"三农"问题是一个整体、一个系统,我们不能单就某一方面而大谈特谈,忽视其他方面的问题。"三农"问题不仅是"三农"的自身问题,而且是体制运行的产物,我们需要更大的视野和勇气去解决。"三农"问题是农业文明向工业文明过渡的必然产物,因而并不是中国特有产物。但是,"三农"理论却是中国特有的,具有中国特色。

（一）"三农"问题的理论与实践

改革开放过程中出现的特有的城乡关系和特有的城乡发展路径，产生了中国特有的"三农"问题的理论。这个理论的形成和运用，对于认识我国的基本国情，指导社会主义现代化建设的实践很有指导意义。

1. "三农"问题理论的由来与发展

小岗村生产队18位农民英雄的"生死协定"拉开了中国农村改革的序幕。农村率先实行家庭承包制，分田到户，农业生产力得到了大解放，农业生产连年大丰收。从1985年起，我国的城乡战略又有所改变，国民经济收入分配的格局又开始向城市倾斜，工作重心又向城市转移，农村的改革力度被削弱了。农村的发展形势时好时坏、时晴时阴，又开始走上了曲折发展的道路。20世纪80年代后期，国内的一些学者在总结社会主义现代化建设的经验和教训的过程中，依据中国的特有国情，把农村问题区分为农业、农村、农民问题分别进行研究，既分析三者的关系，也研究三者各自要解决的问题，初步提出了"三农"问题的分析框架，并以此作为认识中国实践、分析现实问题的理论框架。"三农"理论是中国特有的，是中国改革开放的产物。陆学艺总结了国际上已经实现现代化国家的发展轨迹后指出，它们并没有把"三农"问题从整体上联系起来，而只有单纯的农业问题、农村问题、农民问题和单项的研究，至多也只是把农村、农民或农村、农业问题联系起来研究而已。[①]

中国在改革开放过程中出现的特有的城乡关系和特有的城乡发展路径，产生了中国特有的"三农"问题的理论。[②] 长期以来，我们特别重视解决我国的农业问题，着力解决粮食和主要农产品的生产问题，以保证有效供给，而轻视甚至忽视了农村、农民问题。1984年取得改革开放以来的第一个特大丰收后，农村就出现了卖粮难、卖棉难等问题，随后又出现了"打白条"、随意摊派、农民负担重、干群矛盾冲突增加、农村社会不安定和城乡差距扩大等问题。这使一部分学者和实际工作部门的同志开始意识到，农村工作不仅要解决农业问题，与此同时，还要解决农民问题、

---

① 参见陆学艺《中国"三农"问题的由来和发展》，《当代中国史研究》2004年第3期，第4—6页。

② 同上书，第5页。

农村问题,并且要将农业、农村、农民这三个方面的问题联系起来进行分析和研究。陆学艺为此做出了突出贡献,写出了五部"三农"论著。同时,党和国家也充分认识到了"三农"问题的重要性和紧迫性。目前,"三农"问题的理论已在全国形成基本共识,被引用到各种文件、媒体和各种论著里。然而,这样一个具有中国特色、中国气派和中国风格的"三农理论"在国外是没有的。"在世界各国的工业化、现代化进程中,关于农业、关于农村、关于农民问题,都只有分别的论述,而且没有把这三者联系起来的'三农'问题进行论述,所以也就没有'三农'这个概念。应该说,'三农理论'是中国学术界的一项理论创新,是从具有中国特色的社会主义现代化实践过程总结出来的,是一项重要的社会科学研究成果。"①

2. "三农"问题的实践与发展

历史证明,"大跃进"和人民公社化违背了生产力和生产关系的规律,给中国的农业、农村、农民都带来不可挽回的灾难。"三年困难时期"和"文化大革命"使整个中国现代化的前进历程都受到了重大挫折。十一届三中全会后,中国农业、农村和农民迈向了一个新的历史发展阶段,农业现代化、农村和谐稳定、农民减负增收成为"三农"改革的时代主题。总地来看,改革开放的30多年来,针对"三农"问题的改革实践与发展可以做如下梳理。

1978—1987 年:改革伊始,初见成效

改革开放的前 10 年,农村生产力得到了巨大释放,农业、农村、农民率先得到了改革开放的实惠。

1978 年,十一届三中全会讨论通过的《中共中央关于加快农业发展若干问题的决定(草案)》说明了大力恢复和加快发展农业生产的重要性。

1979 年,十一届四中全会正式通过的《中共中央关于加快农业发展若干问题的决定》对我国实现农业现代化做了重要部署。

1980 年,中共中央《关于进一步加强和完善农业生产责任制的几个问题》总结了农业集体化过程中的两个曲折和失误,肯定了专业承包联

---

① 陆学艺:《"三农论":当代农业、农村、农民研究》,社会科学文献出版社 2002 年版,第 1 页。

产计酬责任制。

1981年,《关于积极发展农村多种经营的报告》指出了发展农业多种经营是一种客观需要。

1982年,改革开放以来第1个涉农一号文件《全国农村工作会议纪要》提出了农村改革的四点意见,肯定了联产承包责任制。党的十二大报告提出,要解决好农业问题。

1983年,改革开放以来第2个涉农一号文件《当前农村经济政策的若干问题》的核心内容是明确当时农村工作的主要任务是稳定和完善农业生产责任制。10月,中共中央、国务院发出《关于实行政社分开建立乡政府的通知》。

1984年,改革开放以来第3个涉农一号文件《关于1984年农村工作的通知》出台。7月,《关于进一步做好农村商品流通工作的报告》出台。9月,六届全国人大常委会第七次会议通过《中华人民共和国森林法》(1984年9月20日中华人民共和国主席令第17号公布)。

1985年,改革开放以来第4个涉农一号文件《关于进一步活跃农村经济的十项政策》出台。6月,六届全国人大常委会第十一次会议通过《中华人民共和国草原法》(1985年6月18日中华人民共和国主席令第26号公布)。10月,中共中央、国务院发出《关于制止向农民乱派款、乱收费的通知》。

1986年,改革开放以来第5个涉农一号文件《关于1986年农村工作的部署》出台。随后,六届全国人大常委会第十四次会议通过《中华人民共和国渔业法》(1986年1月20日中华人民共和国主席令第34号公布)。

1987年,《把农村改革引向深入》强调了农村第二步改革的中心任务。7月,国务院批转了《关于当前农业机械化问题的报告》。11月,党的十三大报告提出,要合理调整城乡经济布局和农村产业结构,保持农村经济的全面发展和农民收入的持续增长。

1988—1997年:商品经营,探索前进

改革开放的这10年,主要是在探索农产品的商品化经营,大力发展乡镇企业,改善农民生活。

1988年,《政府工作报告》中着重强调"我国农业的根本出路在于由传统农业向现代农业的转变"。

1989年，国务院出台了《关于大力开展农田水利基本建设的决定》。11月，《关于依靠科技进步振兴农业 加强农业科技成果推广工作的决定》公布。

1990年，江泽民在农村工作座谈会上指出，"农民问题始终是我国革命和建设的根本问题"①。12月，《关于1991年农业和农村工作的通知》中强调"农业和农村工作只能加强，不能削弱"②。

1991年，《关于1991年经济体制改革要点》指出，要继续推进农产品流通体制改革，避免农产品价格和市场供求大幅度波动。10月，国务院发出《关于加强农业社会化服务体系建设的通知》。随后，《国务院关于进一步搞活农产品流通的通知》和《中共中央关于进一步加强农业和农村工作的决定》相继发布。

1992年，国务院发布了《关于积极实行农科教结合推动农村经济发展的通知》。3月，国务院批转了《关于促进乡镇企业持续健康发展报告》。9月，国务院发布《关于发展高产优质高效农业的决定》。10月，党的十四大要求全面振兴农村经济，树立大农业观念。

1993年，八届全国人大常委会第二次会议通过《中华人民共和国农业法》（1993年7月2日中华人民共和国主席令第6号公布）。10月，江泽民在中央农村工作会议讲话中指出，"三农"始终是一个关系我们党和国家全局的根本性问题。③ 11月，国务院印发《九十年代中国农业发展纲要》。随后，中共中央、国务院又制定了《关于当前农业和农村经济发展的若干政策措施》。十四届三中全会专门论述了"深化农村经济体制改革"的问题。

1994年，中共中央、国务院发布了《关于1994年农业和农村工作的意见》。4月，国务院印发《国家八七扶贫攻坚计划》。6月，国务院批转国家体改委《关于1994年经济体制改革实施要点》，允许土地使用权依法有偿转让。11月，《中共中央关于加强农村基层组织建设的通知》中指

---

① 江泽民：《在农村工作座谈会上的讲话》，http://cpc.people.com.cn/GB/64184/64186/66683/4494071.html1990-06-19/2014-10-08。
② 中共中央、国务院：《关于一九九一年农业和农村工作的通知》，http://cpc.people.com.cn/GB/64184/64186/66683/4494054.html1990-12-01/2014-10-08。
③ 参见江泽民《要始终高度重视农业、农村和农民问题》，http://cpc.people.com.cn/GB/64184/64186/66685/4494223.html1993-10-18/2014-10-08。

出，包括乡（镇）、村两级，重点是村，要努力实现基层组织建设的"五个一"目标。

1995年，中共中央、国务院在《关于深化供销合作社改革的决定》中阐述了供销合作社与"三农"的密切关系，并提出了8项改革要求。

1996年，中共中央、国务院下发《关于"九五"时期和今年农村工作的主要任务和政策措施》的文件。9月，国务院做出《进一步深化农村金融体制改革的决定》。10月，八届全国人大常委会第二十二次会议通过了《中华人民共和国乡镇企业法》（1996年10月29日中华人民共和国主席令第76号公布）。12月，中共中央、国务院做出《关于切实做好减轻农民负担工作的决定》。

1997年，中共中央、国务院转发了农业部的《关于我国乡镇企业情况和今后改革与发展意见的报告》。9月，党的十五大报告指出加强农业基础地位、调整和优化经济结构的总原则。

1998—2007年：调整结构，稳步推进

十五大以后，调整经济结构、发展现代农业、实现农民减负增收成为党和国家的工作重点。

1998年，《中共中央关于农业和农村工作若干重大问题的决定》总结了我国农村改革20年来的基本经验，首次提出了"农业、农村和农民问题，是关系改革开放和现代化建设全局的重大问题"。[①]

1999年，中共中央印发《中国共产党农村基层组织工作条例的通知》。10月，国务院办公厅转发了《关于稳定基层农业技术推广体系的意见》，以保持基层农业技术推广体系的稳定与发展。

2000年，国务院成立了西部地区开发领导小组，专门支持西部农村地区的发展。3月，中共中央、国务院发布《关于进行农村税费改革试点工作的通知》。

2001年，改革开放后，首次全国农业科学技术大会在京召开，讨论了《农业科技发展纲要（2001—2010）》。

2002年，国务院办公厅发布了《国务院办公厅关于做好2002年扩大

---

① 《中共中央关于农业和农村工作若干重大问题的决定》，http：//cpc. people. com. cn/GB/64184/64186/66688/4494419. html1998 – 10 – 14/2014 – 10 – 08。

农村税费改革试点工作的通知》。10月，中共中央、国务院《关于进一步加强农村卫生工作的决定》明确指出，要逐步建立以大病统筹为主的新型农村合作医疗制度。

2003年，国务院发布《关于全面推进农村税费改革试点工作的意见》，决定在全国范围推开农村税费改革。九届人大常委会第二十九次会议通过了《中华人民共和国农村土地承包法》（2002年8月29日中华人民共和国主席令第73号公布）。随后，中共中央、国务院分别做出了《关于进一步加强农村教育工作的决定》和《关于进一步加强农村卫生工作的决定》。12月，中共中央、国务院发布了《关于促进农民增加收入若干政策的意见》。

2004年，新世纪第1个涉农中央一号文件《中共中央国务院关于促进农民增加收入若干政策的意见》公布，这是改革开放以来第6个涉农1号文件。5月，国务院发布了《关于进一步深化粮食流通体制改革的意见》。

2005年，新世纪第2个涉农中央一号文件《中共中央国务院关于进一步加强农村工作提高农业综合生产能力若干政策的意见》提出九个方面具体任务和27条政策措施。7月，中央办公厅、国务院办公厅下发《关于引导和鼓励高校毕业生面向基层就业的意见》。12月，十届全国人大常委会第十九次会议决定，自2006年1月1日起废止《中华人民共和国农业税条例》。

2006年，新世纪第3个涉农中央一号文件《中共中央国务院关于推进社会主义新农村建设的若干意见》公布。9月，全国农村综合改革工作会议举行。10月，十届全国人大常委会第二十四次会议通过了《中华人民共和国农民专业合作社法》（2006年10月31日中华人民共和国第57号主席令公布）。2006年4月至2007年1月，中央连续举办50期"建设社会主义新农村"专题培训班，对全国5474名县委书记、县长进行了培训。

2007年，新世纪第4个涉农中央一号文件《关于积极发展现代农业，扎实推进社会主义新农村建设的若干意见》公布。全国农村义务教育阶段贫困家庭学生享受"两免一补政策"。7月，国务院发布《关于在全国建立农村最低生活保障制度的通知》。10月，党的十七大报告指出，要走中国特色农业现代化道路。

2008 年至今：城乡统筹，阔步向前

城乡一体化是解决"三农"问题的根本，这一点逐渐得到认可和推广。在新的历史条件下，实现农业现代化发展显得越来越突出。

2008 年，新世纪第 5 个涉农中央一号文件《关于切实加强农业基础建设进一步促进农业发展农民增收的若干意见》出台。3 月，全国人民代表大会首次出现"农民工"代表。7 月，中共中央、国务院《关于全面推进集体林权制度改革的意见》公布。10 月，十七届三中全会通过了《中共中央关于推进农村改革发展若干重大问题的决定》。

2009 年，新世纪第 6 个涉农中央一号文件《关于 2009 年促进农业稳定发展农民持续增收的若干意见》提出了 2009 年农业农村工作的总体要求。8 月，在全国 10% 的县（市、区、旗）进行新型农村社会养老保险试点。

2010 年，新世纪第 7 个涉农中央一号文件《关于加大统筹城乡发展力度，进一步夯实农业农村发展基础的若干意见》出台。10 月，十一届全国人大常委会第十七次会议修订通过《中华人民共和国村民委员会组织法》（2010 年 10 月 28 日中华人民共和国第 37 号主席令公布）。

2011 年，新世纪第 8 个涉农中央一号文件《关于加快水利改革发展的决定》是新中国成立以来中央首个关于水利的综合性政策文件。3 月，《国民经济和社会发展第十二个五年规划纲要》的第二篇规划了加快社会主义新农村建设。同月，国家确定包涵武陵山片区等 14 个集中连片特困区。10 月，国务院决定启动实施农村义务教育学生营养改善计划。

2012 年，新世纪第 9 个涉农中央一号文件《关于加快推进农业科技创新，持续增强农产品供给保障能力的若干意见》问世。2 月，新中国成立以来首部现代农业发展规划——《全国现代农业发展规划（2011—2015 年）》公布。国务院办公厅转发《关于做好进城务工人员随迁子女接受义务教育后在当地参加升学考试工作的意见》。十一届全国人大常委会第二十八次会议通过了修改的《中华人民共和国农业技术推广法》（2012 年 8 月 31 日中华人民共和国主席令第 60 号公布）。11 月，党的十八大报告明确了城乡发展一体化是解决"三农"问题的根本途径。

2013 年，新世纪第 10 个涉农中央一号文件《中共中央、国务院关于加快发展现代农业，进一步增强农村发展活力的若干意见》公布。11 月，《中共中央关于全面深化改革若干重大问题的决定》要求健全城乡发展一体化体制机制。

2014年,新世纪第11个涉农中央一号文件《关于全面深化农村改革,加快推进农业现代化的若干意见》系统论述了推进以"四化同步"为核心的农业现代化,必须走出一条生产技术先进、经营规模适度、市场竞争力强、生态环境可持续的中国特色新型农业现代化道路。

(二) 农业现代化是解决"三农"问题的基本前提

纵观改革开放30多年来的历史,总结解决"三农"问题的经验和教训,我们可以得出农业现代化是解决"三农"问题的基本前提的结论。

农业仍然是国民经济最重要的基础产业。中国是一个农业大国,一直以来都十分重视农业的发展,并且在长期实践中逐渐形成了一个经典的论述:农业是国民经济的基础。工业社会的来临,给传统的农业社会和农业文明带来了巨大冲击,农业在国民经济中的比重不断降低。特别是近几十年来,所谓的后工业社会的降临,再次对农业在国民经济中的贡献率形成巨大冲击,第一、第二和第三产业的产业比发生了前所未有的变化。有人认为,随着社会的进步,农村会被城市吞并,农业、农村和农民都将走向终结。然而,农业在任何社会都应该是国民经济最重要的基础产业。只是经过30多年的改革开放,我国已阔步进入实现社会主义现代化的关键时期,农业发展也已进入一个新的发展阶段。张锦洪和胡华利用世界银行的数据资料找到了农业基础地位的国际证据。他们的研究表明,"农业对国民经济的边际效应虽然递减,但始终都是正相关。并且低收入国家、中高收入国家和高收入国家的农业存在相同的正边际效应"[①]。大量的经验事实告诉我们,农业的基础地位不可动摇。随着社会的发展,农业已不再是国民经济的唯一基础,但与原料工业、能源、交通及通信等其他基础产业相比,农业仍应处于最为基础的地位。因为,农业生产活动可以提供丰富的农产品,使人类的生命得以延续,这是一切事业发展和进步最为基本的前提。在实现社会主义现代化的过程中,任何时候都要注意防止和纠正忽视农业的倾向。我们必须清醒地认识到粮食是基础的基础,"不抓粮食很

---

① 张锦洪、胡华:《农业基础地位的国际证据》,《重庆大学学报》(社会科学版) 2009年第5期,第32—36页。

危险。不抓粮食，总有一天要天下大乱"①。一个13亿多人口的吃饭问题都无法得到有效保障，根本就不可能谈任何发展与进步。同时，第二、第三产业中有相当一部分的行业必须由农业提供充足的原料，而这些加工产业和服务产业在国内生产总值中却占有相当大的份额。既然是基础，就不能从直接效益来评估，要看到在整个产业链和国民经济运行中的地位。因此，我们不能简单看到农业直接创造价值的比重在降低，就贸然低估或者放弃农业的基础地位。如果农业基础薄弱，人民群众没有粮食吃，不仅无法支撑经济的持续发展，社会也会发生严重动乱，这种后果是毁灭性的、无法挽回的。总之，农业的基本功能始终是不可或缺的，农业仍然是不可替代的基础产业，农业的基础地位不仅不能弱化，当前还必须加强。

农业现代化是农民不断减负增收的基础。农民是"三农"问题的核心，突出表现在农民减负增收的问题上，而农业现代化是新阶段农民减负增收的基础。中国农民始终是中国革命、建设和改革的一支主体力量。特别是在1978年之后，农民率先在农村进行改革，创造性地实行家庭联产承包，创办乡镇企业，不仅实现了农民增收，转移了大量农村剩余劳动力，而且给整个国家的工业化进程赢得了时间，提供了原料和保障。在相当长的时期，国家对农村不仅没有太多实际的支持（农民除了承包地基本没有任何社会保障），而且还向农民要钱、要粮。没有农民的这种奉献，我们就不可能取得今天的成就。但随着城乡二元制体制矛盾的凸显，农民的负担重、增收难成为解决"三农"问题中最棘手的问题。虽然经过30多年的改革开放，农村社会发生了翻天覆地的变化，农民的生活水平也有了较大改善，但整体来说仍然还十分穷苦（相对于城市水平而言）。国家对农民"拿的"少了，但是"给的"还严重不足，农民负担还很重，增收还很困难。2002年10月，国家才提出各级政府要积极引导农民建立以大病统筹为主的新型农村合作医疗制度。在此之前，农民生病就得完全自己掏钱看医生。因病返贫，"一病回到解放前"，是很多农民家庭的真实写照。最低生活保障也长期缺位，直到2007年，国务院才要求将符合条件的农村贫困人口全部纳入保障范围。农民所享受到的发展成果和城市人相比，还差得很远，城市人享受多年国家包干的社会福利。与之相对应，一个严重的问题就是农民增收太难、太慢。人多地少是我国农村

---

① 中共中央文献研究室编：《毛泽东文集》，第8卷，人民出版社1999年版，第428页。

社会的基本情况，现阶段农村人均耕地仅一亩多，无论种植什么，其产出都是十分有限的，种地收入根本不可能支付起子女升学、赡养老人、看病就医、房屋改善等费用，无奈之下，只有进城务工。但由于诸多原因，广大农民从事的多是低端、高危行业，收入增长的速度远低于价格上涨的速度，农民增收太难、太慢，维持在城市的基本生活都实属不易。因此，在这样的背景下，发展现代农业，实现农业现代化，使广大农民在家门口就业增收不失为一种好的设计。现代农业不同于传统农业，它是一种产业化、集约化的生产方式，要使农产品（原料和深加工）进入商品市场，提高农产品的商品化程度，以此产生巨大经济效益，实现农民增收。邓小平早就指出，中国社会主义农业的改革和发展的第二个飞跃，"是适应科学种田和生产社会化的需要，发展适度规模经营，发展集体经济"[1]。现代农业通过适度规模经营、集中分散的土地，有效克服了小农经营无法抵御的自然灾害和市场冲击，有利于形成规模效应，增加产品的市场份额。龙头企业是农业现代化的关键一环，是实现产品价值的市场主体，龙头企业效益好，农民的收益也就会增加。同时，农民合作社是农民的自治组织，是农民权益的争取者，农民团结起来"抱团发展"，提高了与龙头企业和其他市场主体的博弈地位，有利于形成价格优势，实现农民增收。如果没有农业现代化，完全还是小农经营，农民增收就很难实现，至少在不改变农民身份的前提下是很难实现的。

农业现代化是农村社会和谐稳定的基础。农村社会是以农业经济为主导的社会存在形式，是农业文明的产物。梳理历史，农村社会和谐稳定从来都是国家和谐稳定、兴旺发达的重要前提条件。20世纪，国际国内发生了许多事件，造成中国城市的躁乱，但农村却能表现出相当程度的平静。因此，中国社会的稳定得益于农村社会的稳定，没有农村的稳定，就没有整个国家的稳定。邓小平同志曾指出："中国的问题，压倒一切的是需要稳定。没有稳定的环境，什么都搞不成，已经取得的成果也会失掉。"[2] 只有整个社会稳定了，才可能一心一意搞建设，聚精会神谋发展。改革开放30多年来，农村社会稳定，没有出现大的动乱，给国家发展提供了良好的国内环境，使国家有精力利用"后发优势"快速工业化，逐

---

[1] 《邓小平文选》，第3卷，人民出版社1993年版，第355页。
[2] 《邓小平文选》，第3卷，人民出版社2003年版，第274页。

步向世界中等发达国家水平靠齐。近些年来，城乡差距进一步扩大，农村社会的不稳定性因素也有所增多，各种群体性事件的发生影响了社会稳定，制约了我们两个百年目标的实现。总之，农村社会和谐稳定在我国社会主义现代化建设中的地位是举足轻重的。中央高度重视社会主义新农村建设，明确提出要建设"生产发展、生活宽裕、乡风文明、村容整洁、管理民主"的社会主义新农村，也必然是和谐稳定的农村。而实现农业现代化有利于增强农村社会的和谐稳定。发展现代农业提高了土地的利用效率，农民群众不用再背井离乡、远离亲人，就可以在自己熟悉的那片土地上实现增收，可以获得体面的生活，稳固了农村社会和谐稳定的经济基础。中国人的家庭观念都很浓厚，农村家庭是集生产、生育功能于一身的，是最基本的集体单元。实现农业现代化能够保证广大农民家庭的完整与和谐，稳固了农村社会和谐稳定的情感基础。政府、企业、农民合作社、农户等主体在农业现代化过程中都有自己的特殊地位和作用。其中，政府是产业发展的裁判者，面对农业现代化既不能不管，也不能管得太死，而是需要恰到好处。企业是实现农产品价值的承担者，经济效益是首先需要考虑的，发现不均衡、制造不均衡才能站稳市场。农民合作社是农民权益的维护者，是以农民整体利益的最大化为总值的。农民是整个农业现代化的战斗者，以实现家庭利益最大化而决定农产品流向。他们在农业现代化的过程中各有优势，这不仅是一个市场均衡，而且是农村社会力量多元化的表现，创新了农村社会和谐稳定的治理结构。

二 农业现代化的概念辨析

"农业现代化"是一个既熟悉又陌生的名词，我们早有耳闻，但却无法将其说清楚、道明白。研究农业现代化问题必须首先弄清楚现代化、现代农业和农业现代化这几个核心概念。现代化是世界进步的潮流，农业现代化是整个现代化进程的主要组成部分。而现代农业是在农业现代化背景下的具体农业形态，是内容和形式、目标和方式的统一。

（一）现代化

人们常常会提到"现代化"，但究竟什么是现代化？人们的理解不尽相同，但都各有道理。现代化（modernization）一词不是从来就有的，它最早出现于1770年前后。18世纪，产业革命首先在英国兴起，纺织机械革命、蒸汽机革命将生产效率提高了几十倍、几百倍。人类社会发生了新的巨变，开始进入现代社会，创造了巨大的物质财富，改变了人们的生产、生活和思维方式。一般来说，所谓现代化就是从"传统"社会向"现代"社会的转变。现代化是社会变迁的过程，而并不是一种已然或必然的社会存在形式。早期的现代化理论家认为，现代化是一个彻底的转变过程，是一个系统的过程，是一个长期的过程，是一个阶段性的过程，是一个内在的过程，是一个全球化的过程，是一个趋同化的过程，是一个不可逆转的过程，是一个进步的过程。① 因此，现代化主要是指工业革命以来，以现代工业、科技革命为动力，实现传统农业社会向现代工业社会的大转变，使工业文明渗透到经济、政治、文化、思想各个领域并引起社会组织和社会行为深刻变化的过程。

马克斯·韦伯等人明确指出，现代化的基本精神就是"理性化"，特别是工具理性。现代化的各个方面都不过是社会生活"理性化"的不同表现。以自然科学知识为基础的技术的普遍运用可谓"技术现代化"，以机器大生产为基础的工业化可谓"经济现代化"，科层制的普及可谓"组织现代化"，以功能、绩效原则为基础的高度分化与流动的各种社会结构可谓"社会现代化"，等等。事实上，人们所设计的"现代"生活并未出现，工具理性也带来诸多恶果。到20世纪70年代以后，世界的现代化进程出现了一些新的情况，一些发达国家的工业的比重相对下降，城市化比重也相应下降，服务、知识产业的从业人数大大超过了工人数量，等等。丹尼尔·贝尔首先提出了"后工业社会"的概念，其著作《后工业社会的来临》详细论述了这种新变化。我国学者何传启称之为第二次现代化。传统现代化理论的"过时"，意味着现代化运动发展到了一个新阶段，至少以工业化、理性化为核心的现代化是有诸多值得商榷之处的。

一般认为，中国现代化开始于19世纪中叶，落后于西方发达国家100多年。中国虽然接受现代化相对较晚，但是，实现现代化是近代以来中国人民的美好愿望。百余年来，先进的中国人梦寐以求的理想，是把一个落后的中国发展成为民主、富强、文明、和谐的现代化中国。中国现代

---

① 参见谢立中《现代化理论的过去与现在》，《社会科学研究》1998年第1期，第76—68页。

化过程几乎与民族解放、国家独立的"救国"运动同时发展,历经一代又一代仁人志士前仆后继的不懈奋斗,几番起落才变成了整个中华民族的一项宏伟工程。中国的现代化不同于西方社会的现代化,是中国人民的现代化理想与世界现代化进程的客观要求的有机结合,是具有中国特色的社会主义现代化。

(二) 现代农业

农业发展已有上万年以上的辉煌历史,每一次技术的重大突破、劳动工具的改良和生产关系的进步,都将大大提升农业生产力。长期专注于农业经济发展研究的舒尔茨(T. W. Schultz)在《改造传统农业》中系统地分析了传统农业的特征形成机制和收益特点,并提出通过技术进步和提高人力资本的方法来改造传统农业,强调用"内涵式"的方式来发展现代农业。改革开放不久,我们就深刻地认识到,我国农业的根本出路在于由传统农业向现代农业的转变。随后,中央也多次强调这一论述,并提出了一系列支持现代农业发展的政策和建议。

什么是现代农业?张晓山认为,现代农业是指处于一个时期和一定范围内具有现代先进水平的农业形态,也是世界各国农业生产发展所追求的目标。具体来说,现代农业是指"用现代工业力量装备的、用现代科学技术武装的、以现代管理理论和方法经营的、生产效率达到现代先进水平的农业"[①]。温卡华则认为,"现代农业是传统农业通过不断应用现代科学技术,不断提高农业生产力过程中的物质技术装备水平,不断调整农业结构和农业的专业化、社会化分工,以实现农业总要素生产率水平的不断提高和农业持续发展的过程。其核心内容主要是用现代科学技术武装农业,用现代工业产品装备农业和采用现代科学技术管理体系管理农业"[②]。20世纪50年代初,美国哈佛大学的 John M. Davis 和 Roy A. Goldberg 在 *A Concept of Agribusiness* 中首次提出了"涉农产业"(Agribusiness)的概念,指从事农业生产资料的生产与供应、农产品的生产加工和运销以及从事与

[①] 张晓山:《发展现代农业——社会主义新农村建设的首要任务》,《前线》2007年第4期,第12页。

[②] 温卡华:《欠发达地区建设现代农业的研究》,中国农业科学院农业经济研究所,2002年第10卷。

农业有关的信贷、保险等相关产业①，涵盖了农业产前、产中、产后的过程，涉及了第一、第二和第三产业整个国民经济体系。因而，现代农业"是以现代产业的理念为指导、以产业关联关系为基础、以现代科技为支撑、以现代产业组织为纽带的可持续发展的包括农业产前、产中和产后环节的有机系统"②。

现代农业与传统农业的区别，突出表现在其产业化、商品化、科技化等的基本特征上。现代农业必须进行产业化经营，并非就农业（传统农业）而谈农业，并且整个产业链被大大延长，形成了农业产前、产中、产后紧密结合的产业体系，是整个复杂的国民经济系统的"缩影"。现代农业的产品不再仅仅是满足家庭成员的基本生活需要，而是要把产品推向市场进行交换，实现商品价值，产生巨大的经济效益。现代农业将最新科学技术运用到农业生产过程中，提高了生产力，保证了农产品的质量、产量，实现科技兴农、富农。如何发展现代农业？中央一号文件明确提出：要用现代物质条件装备农业，用现代科学技术改造农业，用现代产业体系提升农业，用现代经营形式推进农业，用现代发展理念引领农业，用培养新型农民发展农业，提高农业水利化、机械化和信息化水平，提高土地产出率、资源利用率和农业劳动生产率，提高农业素质、效益和竞争力。

（三）农业现代化

梳理新中国成立以来的农业史，"农业现代化"思想逐渐被各位学者和党政部门所接受，一条具有中国特色的农业现代化道路将越走越宽阔。实现农业现代化是农业发展规律的必然要求，是整个世界现代化进程中的题中要义。

1. 概念提出

新中国成立不久，现代化问题即被提上日程，农业现代化的思想也逐渐明晰。1954年，周恩来在《政府工作报告》中第一次提出了"四个现代化"的任务。他指出，"如果我们不建设起强大的现代化的工业、现代化的农业、现代化的交通运输业和现代化的国防，我们就不能摆脱落后和

---

① Davis, J. and Goldberg, R., *A Concept of Agribusiness*, Boston, Harvard University, 1957, p. 38.

② 周应恒等：《"现代农业"再认识》，《农业现代化研究》2007年第4期，第401页。

贫困，我们的革命就不能达到目的"①。"现代化的农业"论断是最早的农业现代化的提法。随后，毛泽东读完苏联《政治经济学教科书》后，反思现代化建设时说："建设社会主义，原来要求是工业现代化，农业现代化，科学文化现代化，现在要加上国防现代化。"②"农业现代化"概念首次出现在党的历史文献之中，是四个现代化的重要组成部分。但是在一段时期内，"现代化的农业"和"农业现代化"是混淆在一起用的。例如，中共八大将建设"现代化的农业"作为党的任务写进了党章，使用的是"现代化的农业"而不是"农业现代化"。这二者强调的重点不一样，或者说"现代化的农业"是初级的"农业现代化"。现代化的农业更强调从物质技术上发展农业，是在传统农业基础上的一种修改，没有跳出传统农业模式的思维限制，主要是搞机械化、化学化、电气化、科学化等。而农业现代化更强调以农业为中心的系统协调，是现代物质技术、科学技术、管理经验等要素的综合运用，囊括了第一、第二和第三产业。中国历史上曾出现了不少挫折，"四个现代化"都被一度搁浅，也就没有农业现代化的提法。1978年，党的十一届三中全会果断抛弃了"以阶级斗争为纲"的方针，"四个现代化"重新提上日程，农业现代化也获得新生。1979年，党的十一届四中全会指出：全面实现农业现代化，彻底改变农村面貌，这是我国历史上一场空前的大革命。我们要尽可能避免技术先进国家曾经出现的弊病，走出一条适合我国情况的农业现代化的道路。③ 至此，"农业现代化"的提法就基本确定。随着改革开放的深入推进，党和国家文献中多次强调指出了农业现代化（道路）的思想。例如，党的十七大报告指出，要走中国特色农业现代化道路，建立以工促农、以城带乡长效机制，形成城乡经济社会发展一体化新格局。④《中共中央关于推进农村改革发展若干重大问题的决定》中强调，坚持走中国特色农业现代化道路，坚持保障农民物质利益和民主权利，才能不断解放和发展农村社会生

---

① 参见中共中央文献研究室编：《建国以来重要文献选编》，第5册，中央文献出版社1993年版，第584页。

② 参见中共中央文献研究室编《毛泽东文集》，第8卷，人民出版社1999年版，第116页。

③ 参见中共中央《关于加快农业发展若干问题的决定》，http://cpc.people.com.cn/GB/64184/64186/66677/4493850.html1979-07-28/2014-10-08。

④ 参见胡锦涛《在中国共产党第十七次全国代表大会上的报告》，http://cpc.people.com.cn/GB/64093/67507/6429847.html2007-10-25/2014-10-08。

产力，推动农村经济社会全面发展。① 2012年，党的十八大报告要求走中国特色新型工业化、信息化、城镇化、农业现代化道路，促进工业化、信息化、城镇化、农业现代化同步发展。② 2014年，明确以"农业现代化"为名出台了中央一号文件《关于全面深化农村改革，加快推进农业现代化的若干意见》，这就使农业现代化以及农业现代化道路更加明晰。

2. 基本内涵

农业现代化作为我国社会经济发展的一项重大战略，指引着我国农业的发展方向。农业现代化具有哪些内涵？该如何认识农业现代化关系着整个国家社会主义现代化的进程，我们必须谨慎对待。事实上，对于农业现代化的内涵，国内的各位学者和专家的理解不一样，具有代表性的观点主要有以下几种。

第一种观点是过程（或者转换）论。持这种观点的人相对较多，认为农业现代化就是传统农业向现代农业的转变过程。这是一个动态的概念，是一个历史发展的过程，也可能没有终点，即没有固定不变的目标。③ 例如，叶普万和白跃世给出了更为详细的界定："农业现代化是用现代生产手段和现代技术逐步装备农业的过程，是用现代管理科学方法管理农业经济的过程，是用现代科技文化知识全面武装农业劳动者的过程，是保障农业可持续发展、创造优良生存环境的过程，是从传统农业向现代农业的转变过程。"④

第二种观点是技术论。持这种观点的人数量也很多，他们从支持、引导农业发展的核心力量进行分析指出，农业现代化就是运用最先进的现代物质装备替代落后的、传统的生产设施和生产工具，从而提高农业的机械化、自动化水平，提高农业生产率，提高农业抵御自然灾害的能力。例如，窦祥胜就曾直接指出："所谓农业现代化，简单地说，就是农业科学

---

① 参见中共中央《关于推进农村改革发展若干重大问题的决定》，http://cpc.people.com.cn/GB/64093/64094/8194418.html2008-10-20/2014-10-08。
② 参见胡锦涛《在中国共产党第十七次全国代表大会上的报告》，http://cpc.people.com.cn/GB/64093/67507/6429847.html2007-10-25/2014-10-08。
③ 参见王利民等《农业现代化的条件与选择——潍坊市农业现代化理论研讨会综述》，《中国农村经济》1999年第6期，第72—73页。
④ 叶普万、白跃世：《农业现代化问题研究述评——兼谈中国农业现代化的路径选择》，《当代经济科学》2002年第5期，第90页。

化、机械化和社会化。"①

第三种观点是制度论。认同制度论观点的学者也不在少数。制度经济学派认为,经济增长是制度变化的结果,没有制度的演变和创新,经济增长是不可能的。同理,没有农业制度的演变和创新,农业现代化的实现几乎也是不可能的。他们认为,制度从传统向现代化转变是农业现代化的前提。因此,农业现代化的过程也就是农村一系列基本制度现代化的过程。林毅夫、温铁军从技术创新和制度创新之间的关系来论述农业现代化,认为制度的因素会阻碍或者刺激农业领域的技术进步,从而影响农业的现代化进程。他们认为从结果和过程的角度考察,农业现代化的过程都是实现制度上的现代化,从而最终消除二元结构。②

第四种观点是板块论。部分学者认为农业现代化是由不同的板块构成的一个大系统。黄国祯总结前人的研究成果,对农业现代化的内涵进行了拓展。他认为,拓展后的农业现代化内涵应该包含农业产业现代化、农业环境现代化和农业主体现代化三大板块。其中,农业产业现代化是指作为物质生产部门的农业本身的现代化,主要涉及农业发展模式、结构布局、物质装备、技术手段、经营管理五个方面。农业环境现代化是指农业产业外部社会环境的现代化,主要涉及农业空间环境、经济环境、政治环境、文化环境等。而农业主体现代化是指农业劳动者的现代化,主要涉及农民的价值观念、文化素质、生产技能、生活方式。③

第五种观点是资源配置论。资源配置论者从微观主体的视角出发指出,农业的现代化实际上是指农业资源配置的效率更高,进一步提高土地产出率、劳动生产率以及资源的利用率。例如,康芸和李晓鸣在《试论农业现代化的内涵和政策选择》一文中就提出:"农业现代化不仅是一个现代生产要素引入或技术进步的过程,同时更重要的是,它是一个要素优化配置的过程或制度创新的过程。"④

第六种观点是可持续发展论。自《我们共同的未来》问世以来,

---

① 窦祥胜:《中国农业:市场化、产业化与现代化》,《中共福建省委党校学报》2000年第5期,第41页。
② 参见宁新田《我国农业现代化路径研究》,《中共中央党校》,2010年,第40页。
③ 参见黄国祯《"农业现代化"再界定》,《农业现代化研究》2001年第1期,第50页。
④ 康芸、李晓鸣:《试论农业现代化的内涵和政策选择》,《中国农村经济》2000年第9期,第10—11页。

农业的可持续发展问题也日益受到重视，大有市场。可持续发展论者认为农业现代化的完整含义应该是把传统农业改造成既有高度的生产力水平，同时又能保持和改善环境质量，保障可持续发展农业的过程。因此，宋晓倩和潘德华认为，农业现代化的基本内涵就是"要用现代工业装备农业，用现代科技武装农业，用掌握现代科技的劳动者从事农业，用现代经营管理方式管理农业，实现农业的专业化、商品化、社会化生产，实现资源的科学开发、合理利用，实现农业的可持续发展"①。

第七种观点是综合论。随着对农业现代化讨论的不断深入，有部分学者对前人的研究成果进行了总结，吸收了各派观点的合理内核，完成了农业现代化内涵的综合概括。例如，孙中艮、贾永飞和黄莉就认为农业现代化是一个不断发展的概念，是用现代科学技术和现代工业产品来装备农业，用现代经济理论管理农业，以先进的制度举措解放农业，全面推进农业生产率的不断提高，使传统农业转化为具有当代先进水平的现代农业。②

其实，上述每一种观点都有其合理性，我们不能粗暴地推翻任何一种。正如林毅夫教授指出的那样，每一个学者的研究都是"瞎子摸象"，每一个人都不可能在较短的时期内认识事物的全部本质，这也是符合马克思主义认识规律的。2007年的中央一号文件对农业现代化的内涵进行了明确的界定。而我们认为制度经济学派的观点，对我们具有很大的启发。正如制度学派指出的那样，没有制度的创新，农业现代化是很难推行的。改革开放30多年的实践证明，制度创新是我国社会进步的一支重要力量。因而，用现代制度创新助推农业发展理应成为农业现代化的内涵之一，实现农业现代化也必然要求制度的创新。中国这么大，制度设计不合理的代价是沉重的，如果没有制度的创新，很多东西就很难推行，也就很难取得成功。因此，从实践方式和要素来看，我国农业现代化的基本内涵应该包括用现代物质条件装

---

① 宋晓倩、潘德华：《农业现代化进程中的主要问题与对策》，《中共青岛市委党校学报》，2007年第3期，第39页。

② 参见孙中艮、贾永飞、黄莉《农业现代化内涵、特征及评估指标体系的建立》，《价格月刊》2009年第1期，第89页。

备农业，用现代科学技术改造农业，用现代产业体系提升农业，用现代经营形式推进农业，用现代发展理念引领农业，用培养新型农民发展农业，用现代制度创新助推农业。

三 农业现代化的研究现状

农业现代化是整个现代化进程中的重要组成部分，没有农业现代化是不完整的现代化。针对农业现代化的研究很多，在这里，我们仅梳理与我们研究息息相关的几个部分。

在西方社会，刘易斯（W. A. Lewis）、舒尔茨（T. W. Schultz）等是农业现代化研究的集大成者，为我们研究和实现农业现代化提供了必要的借鉴。刘易斯是发展经济学的成就者，他的"二元经济"理论表明：农业现代化并不再是一个单纯的技术理论概念，而是包括了经济结构和制度演进等多层面的内涵。当传统农业部门和先进工业部门之间的要素收益率趋同时，农业的现代化改造即告完成。[1] 舒尔茨（T. W. Schultz）改造传统农业的理论认为，农业现代化就是现代农业要素对低收益率的传统农业要素的替代过程[2]，当农业部门的投资收益率与其他部门大体平衡时，农业也就发展成为一个现代产业部门。[3] 此外，而速水佑次郎（Yujiro Hayami）和弗农·拉坦（Vernon W. Ruttan）在诱导技术变迁理论中指出："随着时代的发展和经济特征的变化，农业现代化不仅只意味着机械技术、生物化学技术的进步，而且也包括现代高新技术的引入，以及与自然生态环境的协调。"[4]

国内学者对农业现代化的研究也不在少数，特别是近几十年来，农业现代化的研究成果有迅速增长的趋势。在中国知网中以"农业现代化"为主题的文献在1978年仅有81篇，在1998年首次突破1000篇，到2013年文献总量达到55000多篇。通过对国内文献的梳理，我们发

---

[1] John W. Miller, *The Economics of Agricultural Development*, New York: Cornell University Press, 1966. 43.

[2] Johnson D. Gale, *World Agriculture in Disarray*, London: MacMillan, 1991, p. 3.

[3] 参见［美］舒尔茨《经济增长与农业》，北京经济学院出版社1992年版，第16页。

[4] Ha yami, Yujiro, *Rural-Based Development of Commerce and Industry*, Washington, D. C: World bank, 1966, p. 44.

现研究成果主要集中在理论梳理、指标构建、国情分析、特征描述和经验总结几个方面。图 0—1 统计了 2000—2013 年以"农业现代化"为主题的发文数量。

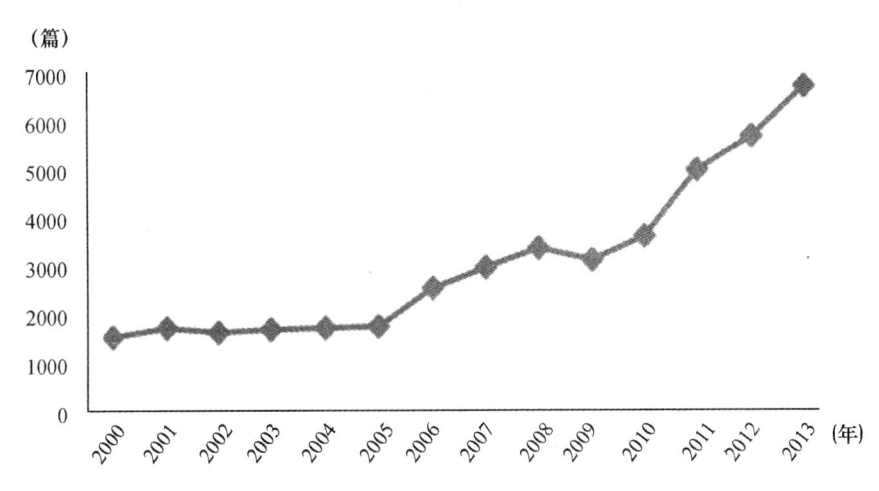

图 0—1 2000—2013 年以"农业现代化"为主题的发文数量统计

（一）农业现代化的理论梳理

自启蒙运动以来，人类社会的每一次进步几乎都是源于思想理论的进步与创新。农业现代化理论（思想）是农业现代化发展重要的思想支持和理论武装，没有思想的开放，按部就班、墨守成规是不可能取得长足的进步的。

1. 马克思主义的农业现代化思想

我国正处在中国特色社会主义现代化建设的关键时期，农业现代化是其必然要求。部分学者对马克思主义农业现代化思想进行了系统的研究和总结。他们认为，中国农业现代化不能从西方农业发展理论那里取得"真经"，而应该运用马克思主义基本原理，结合中国农业的具体实践，走中国特色的农业现代化之路。

有学者指出，马克思主义农业现代化思想是马克思主义学者运用马克思主义经济学原理，研究社会主义农业方式和生产关系这一农业基本问题过程中所形成的农业经济观点学说与政策的客观反映。肖芳和李安增对马克思主义农业现代化思想进行了高度概括，指出马克思主义农业现代化思想的核心是提高农业劳动生产率，本质是走社会主义大农业之路。① 刘世炜对马克思主义农业现代化的主要内容进行了总结，他指出，马克思主义农业现代化思想主要包括农业的基础地位思想、农业"合理化"思想、农业集约化经营三个部分。② 而王丰和邹学荣重点研究了马克思主义农业现代化思想的逻辑框架与动力机制。他们梳理了整个马克思主义农业现代化思想的脉络，将其内涵总结为：在以人为本的价值导向下，运用马克思主义经济学基本原理和分析方法考察农业发展的基本矛盾和演进规律，提出了以三次产业互动为基础，以农业制度和农业组织改进为保障，逐渐实现农业机械化、科学化、产业化、市场化、适度规模化的农业现代化路径，以期消除城乡对立与阶级矛盾，实现城乡统筹与阶级和谐，最终为农民增收以至自由全面发展提供坚实的物质基础的政策支撑和社会环境。③

此外，也有学者针对马克思主义农业现代化思想中的某一部分进行了探索研究。例如，倪浩哲以马克思和恩格斯、列宁、斯大林、毛泽东、刘少奇、邓小平、胡锦涛等马克思主义经典作家的贡献为线索，重点研究了农业合作化理论与中国的实践。而李一含重点研究了马克思主义农业现代化思想的产业化理论，指出高度专业化、市场化是农业现代化的主要标志。

2. 中国共产党的农业现代化思想

中国共产党是中国特色社会主义现代化建设的领导核心。历史表明，没有共产党就没有新中国，只有共产党才能发展中国。作为执政党，中国共产党的农业现代化思想是整个中国农业现代化的指导思想，直接影响着中国农业现代化的进程。因此，梳理中国共产党的农业现代思想，无论是对理论发展，还是对实践进步都有着重要意义。

有部分学者从共时性的角度系统概括了中国共产党的农业现代化思想。例如，毛黎娟认为，党在艰辛的实践探索中，不断进行理论创新，逐步形成了一些具有中国特色的农业现代化理论创新成果：以农业为基础，

---

① 参见肖芳、李安增《马克思主义农业现代化思想及其当代启示》，《山东社会科学》2009年第9期，第65—66页。

② 参见刘世炜《浅谈马克思主义农业现代化思想》，《经营管理者》2009年第21期，第342页。

③ 参见王丰、邹学荣《马克思主义农业现代化思想的逻辑框架与动力机制》，《东南学术》2013年第4期，第55—59页。

以工业为主导；农业的发展"一靠政策，二靠科学"；农业的改革和发展要有两个飞跃；以市场为导向是我国农业发展势在必行的深刻变革；统筹城乡发展，建设社会主义新农村。①孙迪亮总结了建国以来中国共产党推进农业现代化的基本经验后指出，提高思想认识是其逻辑前提，加强农业基础设施建设是其根本支撑，激发农民积极性、科技进步与制度创新是其基本动力，抓好粮食生产是其战略重点，强化以工促农和国家扶持是其外在保障。②杨俊对十三届四中全会以来的中国共产党农业现代化思想进行了概括，指出其思想内容主要包括高度重视农业现代化战略地位，深化农村经济体制改革，对农业和农村经济结构进行战略性调整等几个方面的内容。③

同时，部分学者是从历时性的角度，结合改革开放的伟大实践，对中国共产党农业现代化思想进行研究的。笔者总结了新中国成立以来中国共产党农业现代化思想的演进过程，先后经历了以机械化为核心的农业现代化思想，以科学技术为核心的农业现代化思想，以转变农业增长方式为核心的农业现代化思想，以与工业化、信息化、城镇化同步发展为核心的农业现代化思想。

3. 党和国家领导人的农业现代化思想

党和国家领导人历来都十分关注农业现代化问题，他们对农业现代化的战略思考，指引着中国农业现代化的前进方向，对中国农业现代化的实践有举足轻重的作用。

毛泽东的农业现代化思想。这位新中国的缔造者，对于农业现代化有着高瞻远瞩的认识。不少学者从毛泽东农业现代化思想的形成和发展进行了追溯。戚义明将毛泽东农业现代化思想的形成和发展分为三个阶段，并对其内容作了概括，即民主革命后期——明确提出革命胜利后实现工业化和农业近代化（或现代化）的发展方向和目标；社会主义改造时期——明确提出先搞合作化、再搞机械化的农业社会化步骤，与社会主义工业化

---

① 参见毛黎娟《中国共产党对农业现代化理论的创新》，《中共青岛市委党校：青岛行政学院学报》2008年第1期，第74—77页。

② 参见孙迪亮《建国以来中国共产党推进农业现代化的基本经验》，《中南林业科技大学学报》2012年第2期，第39—43页。

③ 参见杨俊《十三届四中全会前中国共产党的农业现代化思想研究》，华中师范大学，2004年，第9—15页。

的步骤相适应;社会主义建设时期——明确提出包括农业现代化在内的"四个现代化"的目标,指出"农业的根本出路在于机械化"。① 对毛泽东农业现代化思想的内涵也有很多不同的总结概括。杨生凤就将毛泽东农业现代化思想总结为重视农村生产,提倡农业机械化;鼓励发展商品经济,推进农业经济现代化;落实领导干部责任,注重农业管理科学化;改善农村产业结构,限制农村人口城市化转移;提高农民基本素质,加速农业发展知识化五个方面。② 而何景春则认为毛泽东农业现代化思想应该有六个方面的内涵,即农业生产的机械化、农业生产商品化、农业管理的科学化、农村人口城市化、农民的现代知识化、农村社会关系的现代法治化。③ 当然,对于毛泽东的农业现代化思想同样有一些批评的声音。

邓小平农业现代化思想。改革开放的总设计师邓小平改变了整个中国的历史,其农业现代化思想也充满着中国特色。邓磊从整体上将邓小平农业现代化思想总结为:不断调整生产关系,使生产关系适应农业生产力的发展;工业支持农业,促进农业现代化;大力发展科技,依靠科技解决农业现代化的问题。④ 而邹坤池则认为,邓小平农业现代化思想的理论要点可以分为六部分,即重视农业的基础地位是农业现代化的思想前提,加强农业基础设施建设是农业现代化的根本支撑,发展农业科技、创新农村制度是农业现代化的动力,紧抓粮食生产是农业现代化的战略重点,发展农村乡镇企业是农业现代化的依托,强化以工促农和国家扶持是农业现代化的外部保障。⑤ 吴付法认为,邓小平的农业现代化思想的内涵主要包括农业发展是国民经济的基础、中国农业的根本出路是实现农业现代化、"两个飞跃"思想、科学技术是第一生产力、先富带动后富的战略思想、发

---

① 参见戚义明《略论毛泽东的农业现代化思想及实践》,《中国延安干部学院学报》2009年第5期,第57—61页。
② 参见杨生凤《毛泽东农业现代化思想:源起内涵及启示》,《经济研究导刊》2011年第1期,第36—37页。
③ 参见何景春《重新解读毛泽东"农业现代化"理论命题的科学涵义》,《党史文苑》2005年第2期,第11—12页。
④ 参见邓磊《邓小平中国农业现代化思想简论》,《三峡大学学报》2006年第6期,第69—72页。
⑤ 参见邹坤池《浅析邓小平农业现代化思想的理论要点及时代启示》,《经济研究导刊》2011年第6期,第33—34页。

展乡镇企业和建设新型小城镇的新思路。①

江泽民农业现代化思想。江泽民作为党和国家的第三代领导核心，对农业现代化建设做出了巨大贡献。吴学凡认为，加强和巩固农业的基础地位；完善农村经营体制，深化农村改革；发展小城镇，推进城镇化是江泽民"三农"视角下的农业现代化思想的核心。②李高东和邵征翌论述了江泽民农业现代化战略思想。他们总结了科教兴农、农业可持续发展战略、农业产业化发展、农村城镇化发展等四大战略。③杜曙光等对江泽民农业现代化思想进行了系列概括。他们指出，土地集体所有、家庭承包经营和社会化服务是农业现代化的基本内涵；农业产业化经营是农业现代化的现实途径；始终把保证粮食生产作为农业开展多种经营的基本前提是农业现代化的战略重点；政策稳定、科技进步、结构调整、扶持保护和农民积极是农业现代化的基本动力；梯次推进、模式多样是农业现代化的发展格局；农业与非农产业相互支持、农村与城市相互促进（特别是逐步加大工业对农业、城市对农村的支持力度）是农业现代化不可或缺的重要外在保障。④

胡锦涛农业现代化思想。胡锦涛创造性地提出了科学发展观，为我国农业现代化发展提供了新的理论武装。胡锦涛的农业现代化思想是对中共三代中央领导集体农业现代化思想的继承和发展，并且深入透彻地分析了走中国特色农业现代化道路的客观依据，为推进农业现代化指明了方向。李高东对胡锦涛农业现代化思想进行了概括总结，即城乡统筹发展战略、农业产业化发展战略、农业可持续发展战略、科技兴农发展战略是胡锦涛农业现代化思想的主要内容。⑤赵俊兰和刘芳君指出，胡锦涛把建设社会主义新农村作为国家战略任务，把走中国特色农业现代化道路作为基本方向，把加快形成城乡经济社会发展一体化的新格局作为根本要求，把工业

---

① 参见吴付法《邓小平的农业现代化思想研究》，武汉工程大学，2012年，第15—34页。
② 参见吴学凡《论江泽民关于"三农"问题的指导思想》，《甘肃联合大学学报》2008年第5期，第1—3页。
③ 参见李高东、邵征翌《论江泽民农业现代化发展战略思想》，《常熟理工学院学报》2007年第5期，第26—29页。
④ 参见杜曙光等《江泽民与中国特色农业现代化道路》，《当代世界与社会主义》2009年第3期，第100—104页。
⑤ 参见李高东《论胡锦涛农业现代化发展战略思想》，《中共济南市委党校学报》2008年第4期，第49—52页。

反哺农业、城市支持农村和"多予、少取、放活"作为重要方针。①

(二) 农业现代化的指标构建

定量与定性是社会科学研究两大最基本的方法,二者的"争斗"一直从未停歇。针对农业现代化的研究,既有定量的,也有定性的。但不少学者困惑,农业现代化究竟是什么样子的?仅凭定性思考还不足以让人们感知现代化的魅力。因此,针对农业现代化的定量研究也很有市场。

1. 构建原则

构建农业现代化的指标并不是随意而为的,必须遵循一定的科学原则,以便全面、系统、科学地呈现农业现代化(水平)的面貌。学术界对构建农业现代化指标的原则多种多样,各有道理。

谢永良和任志祥综合前人的研究成果,将构建农业现代化指标的原则归纳为四点。他们指出,构建农业现代化指标必须坚持因地制宜原则。因为,农业系统具有较强的地域性,不同地区具有不同的特点,评价指标也应有所不同。构建农业现代化指标必须坚持点面结合的原则,要坚持重点与一般相结合,指标体系除应当反映系统功能、效率和效益外,还需要设置反映整个农业生态系统协调的指标和参数。构建农业现代化指标必须坚持适用性、可比性、可操作性强的原则。构建农业现代化指标必须坚持科学性、简明性原则。各种指标和参数虽然少,但却能精确反映真实情况。②

辛岭与蒋和平对评价农业现代化发展水平,建立评价指标体系提出了自己的设想。他们认为,建立指标体系应该遵循以下规则:要全面考虑农业现代化所涉及的各个方面及其内在联系,确保指标的系统性;既要考虑典型指标,也要兼顾关联性指标确保指标的综合性;要重点体现农业现代化发展水平确保指标的重点性;要选取能够反映各地农业现代化发展水平的内容确保指标的代表性;既要符合各地的实际,又在同一层次确保指标

---

① 参见赵俊兰、刘芳君《论胡锦涛的农业现代化思想》,《经济与社会发展》2013年第2期,第1—5页。

② 参见谢永良、任志祥《农业现代化及其评价方法》,《农业现代化研究》1999年第3期,第148—149页。

的可比性。①

学术界对农业现代化的评价指标非常多,我们究竟该选择哪些呢?韩士元给我们规定了几条基本的筛选原则。指标一是要具有可比性(纵向、横向);二是要具有连续性,即在较长时期内保持稳定和连续;三是要具有典型性(代表性);四是要具有系统性,即考虑到指标之间的内在联系;五是要具有可操作性。②

2. 具体指标

确定了构建原则,就应该着手具体指标的构建。从目前的资料来看,学者对于农业现代化指标的构建方法也是各抒己见。总地来看,主要有以下几种类型。

国家宏观指导性的指标体系。农业现代化早已上升到国家战略的高度,实现农业现代化是我们现代化建设的目标之一。从国家发展角度构建农业现代化的指标具有非凡的意义。事实上,国家为从宏观上指导各地的农业现代化建设,做出了不少努力,也得到不少有价值的成果。例如,1999 年,农业部农村经济研究中心就对农业现代化指标进行了一项研究。他们把农业现代化的指标体系分为农业外部条件指标、农业内部条件指标和农业生产效果指标三大组,分别对应的是农业的外部经济条件、投入水平和产出水平,该项指标体系共有 10 个项目。③ 2004 年,国家统计局统计科学研究所也对农业现代化评价指标体系进行了研究。他们以农业生产手段、农业劳动力、农业产出能力和农业生产条件四个要素为一级系统(指标),在每个一级系统中又分别选出 16 个具有代表性的指标,提出了一套具有较高理论和实际应用价值的指标体系。④

地方政府农业现代化建设的指标体系。地方政府是农业现代化的主要实践者,直接影响该地区的农业现代化水平。因此,地方政府通常会结合

---

① 参见辛岭、蒋和平《我国农业现代化发展水平评价指标体系的构建和测算》,《农业现代化研究》2011 年第 6 期,第 648 页。

② 参见韩士元《农业现代化的内涵及评价标准》,《天津社会科学》1999 年第 5 期,第 69 页。

③ 参见柯炳生《对推进我国基本实现农业现代化的几点认识》,《中国农村经济》2000 年第 9 期,第 7 页。

④ 参见刘晓越《农业现代化评价指标体系》,《中国统计》2004 年第 2 期,第 11 页。

本地区的现状,对国家农业现代化指标进行分解,制定更加详细的指标体系。例如,1999年,广东省"珠江三角洲农业现代化"课题组在总结过去研究的基础上,按照"目标—条件"的框架提出了一个由劳动生产率、土地生产率、投入产出率、科技贡献率、农民收入水平、农田标准化、操作机械化、服务社会化、管理科学化、生态良性化、城乡一体化等11个一级指标和19个二级指标组成的"五高六化"(各占50%的权重)农业现代化指标体系。① 江苏省农林厅、统计局借鉴国内外有关农业现代化的研究成果和资料,从农业生产水平、农业生产条件、农业生产技术、农业生产管理现代化角度出发,制定了一个由8类17个指标组成的农业基本现代化的指标体系。②

　　国内的专家学者自发构建的指标体系。专家学者是研究农业现代化的主力军,因此取得的成果也是最丰富的,构建了大量的农业现代化评价指标。例如,蒋和平和黄德林经过查阅大量资料和统计数据,总结出了包括农业投入、农业产出水平、农村社会发展水平、农业可持续发展4项准则指标以及劳均农业投入水平、农业科技投入水平等15项个体指标的农业现代化评价指标体系。③ 随后,蒋和平又缩减了3个指标,从而构成了4项准则指标和12项个体指标的农业现代化指标体系。④ 赵景阳等人建立了广义农业现代化评价指标体系,分为农业现代化、农村现代化和农民现代化水平3个一级指标,每层包含4个二级指标,共计12项个体指标。⑤ 倪惠等在总结现有研究成果、吸收专家意见的基础上,将农业现代化评价指标分为农业生产条件、农业产出水平、农业可持续发展水平、产业化及组织化程度、技术服务与农民素质水平5个一级指标,以及农机总动力、农林牧渔业增加值、农村网络覆盖率、农民参社比例、森林覆盖率等20

---

　　① 参见珠江三角洲农业现代化指标体系课题组《关于2010年珠三角基本实现农业现代化评价指标体系的说明》,《南方农村》1999年第3期,第9—13页。
　　② 参见鲍进《江苏农业现代化进程测评与发展思路》,《江苏统计》2001年第2期,第12—13页。
　　③ 参见蒋和平、黄德林《中国农业现代化发展水平的定量综合评价》,《农业现代化研究》2006年第2期,第87—88页。
　　④ 参见辛岭、蒋和平《我国农业现代化发展水平评价指标体系的构建和测算》,《农业现代化研究》2010年第6期,第647—648页。
　　⑤ 参见赵景阳、郭艳红、米庆华《广义农业现代化的内涵与评价研究——以山东省为例》,《农业现代化研究》2007年第1期,第30—31页。

个二级指标。①

3. 分析方法

社会科学研究十分重视方法选择。我们要测量农业现代化和农业现代化水平就必须选择一种适合的研究方法，以便得到科学的评价。就目前掌握的资料来看，在文献中有分析方法介绍的并不多，主要涉及以下几种方法。

一是专家咨询约束条件下的最大方差赋权法。专家评价法难免会有一定的主观随意性，并且成本非常高，在实际研究中并不是很适用。因此，有部分学者对专家评价法进行了改进，创造了这种方法。运用专家咨询约束条件下的最大方差赋权法确定评价指标的权重，能充分利用数据的信息量，最大限度地限制人为因素对结果的影响。这种方法先确定小指标的权重，后确定大指标的权重。由于这是一种后加权的方法，就是说在数据采集之前，各级权数尚未确定。因此，这种方法基本不会产生人为偏向。②刘晓越在《中国农业现代化进程研究与实证分析》中采用的就是这种方法。

二是层次分析法（Analytic Hierarchy Process，简称 AHP 法）。20 世纪 70 年代初，美国著名运筹学专家、匹兹堡大学的托马斯·莎迪（T. L. Satty）教授在为美国国防部研究"根据各个工业部门对国家福利的贡献大小而进行电力分配"课题时提出的一种层次权重决策分析方法。根据这种方法，首先需要把一个复杂的问题分为若干有序的层次，然后根据（研究者）对一定现实的判断，就每一层次各元素的相对重要性给出定量数值，构造判断矩阵，即通过求解判断矩阵的最大特征根所对应的标准化特征向量，计算出每一层次元素相对重要性的权重值，进而利用加权算术平均法算出最终结果。③ 这种方法的优点是将归纳法和演绎法结合成一个完整的逻辑体系，克服了专家评价法的主观随意性，是比较先进、客观的被广泛运用的一种方法。李荣喜的《农业现代化评价》和倪惠的

---

① 参见倪惠、张士云、江激宇《新时期农业现代化评价指标体系的构建》，《襄樊学院学报》2012 年第 5 期，第 59—61 页。

② 参见刘晓越《中国农业现代化进程研究与实证分析》，《统计研究》2004 年第 2 期，第 11—12 页。

③ 参见李荣喜《农业现代化评价》，硕士学位论文，西南交通大学，2002 年，第 15—18 页。

《新时期农业现代化评价指标体系研究》就对这种方法有一个较为详细的介绍。

三是综合评价法。目前,学术界采用的较多的就是这种综合分析的方法。这种方法的实质就是将高维空间中的样本投影到一条直线上,通过投影点来研究样本的(变化)规律。主要的做法有主成分分析法、聚类分析法、灰色关联分析法和综合指标体系法等。其中,主成分分析法能够将多指标问题转化为较少的新的指标问题,即为原来指标的主成分。这些指标之间彼此互不相关,但能综合反映原来多个指标的信息(原来多个指标的线性组合)。聚类分析法的基本思想是把每一个评价对象看成一类(N个对象就是N类),然后通过距离法和相似系数法缩小一类,直到所有的对象都并成一类为止。灰色关联分析法是由样本资料确定一个最优参考序列,通过计算各种样本序列与该参考序列的关联程度,进而做出综合分析。综合指标体系法是按照综合评分法的思路引进层次分析法,确定权重,运用模糊数学中隶属函数的理论确定分级,进行模糊综合判断的方法。这种方法的特点是在众多的评价指标基础上进行加权平均,得出一个无量纲的综合评价值,然后比较各评价对象的综合评价值大小。[1]

(三) 农业现代化的国情分析

早在民主革命时期,毛泽东就强调了认清中国国情的重要性——认清中国的国情,乃是认清一切革命问题的基本根据。[2] 在社会主义现代化建设时期,在复杂的社会实践中准确把握世情、国情,我们才能找准发力点,有的放矢。进行农业现代化建设,认清国情,特别是农业国情乃是关键的一步。

1. 发展现状

经过全国人民的艰辛探索,特别是30多年的改革开放,我国的农业现代化建设也取得了可喜的成就。我国的农业现代化究竟是什么样的状况?对此,有大量的总结。

从整个农业现代化的进程来看,目前我们正处于基本实现农业现代化

---

[1] 参见谢永良、任志祥《农业现代化及其评价方法》,《农业现代化研究》1999年第3期,第149—150页。

[2] 参见《毛泽东选集》,第2卷,人民出版社1991年版,第627页。

目标的关键时期。2010年，辛岭与蒋和平通过量化指标的方式对中国农业现代化进程的水平进行了测试。他们的研究表明，全国农业现代化的发展水平整体上处于上升趋势。但是东部、中部、西部地区的农业现代化发展水平差距明显，东部地区高于中部地区，而中部地区高于西部地区，依次递减。[①] 何传启在《中国现代化报告·2012——农业现代化研究》用农业劳动生产率、农业增加值比例和农业劳动力指标的年代差的平均值进行了比较。他指出，2008年中国农业现代化的水平比英国、美国和荷兰落后100多年，比瑞典、德国落后80多年，比丹麦、法国落后60多年。卫龙宝等对中国农业现代化进行了8个方面的总结：一是粮食生产稳定发展，并且产量不断提高；二是农业机械化水平不断提高，已由初级阶段成功跨入了中级阶段；三是农业科技贡献率与发达国家仍有较大差距；四是农业国际市场竞争力仍然较弱；五是农业劳动生产率与先进国家之间差距较为明显；六是农业土地产出率仍有挖掘空间；七是农业市场化水平和农产品商品化率低；八是农民增收仍然困难，城乡居民收入差距较大。[②]

2. 发展障碍

与世界发达国家相比，我国的农业现代化水平虽有提高，但仍然落后。从现实的角度来看，我国农业现代化还存在诸多发展障碍。学术界对此的研究也不胜枚举，具有代表性的观点有以下几种。

薛亮总结了我国农业国情的基本共识：人多地少，农业资源紧缺，农户经营规模小；农业生产力水平低，生产经营方式较为粗放；农业比较效益低，竞争力不强；城乡二元结构长期存在，农业发展的体制制约大等是我国农业现代化，特别是规模经营的主要障碍。[③] 柯炳生认为，我国农业现代化发展同发达国家相比较，还面临诸多方面的特殊条件，主要是：我国工业化、城市化快速发展，对农产品供求平衡压力较大；我国农户的平均经营规模狭小，产业化水平低；我国发展农业的要素基础薄弱，投入不够；我国农业发展区域差异和产业差异比较显著；我国的大国效应突出，

---

① 参见辛岭、蒋和平《我国农业现代化发展水平评价指标体系的构建和测算》，《农业现代化研究》2010年第6期，第646—650页。

② 参见卫龙宝等《中国特色农业现代化道路进程中的主要矛盾与对策》，《农业现代化研究》2009年第2期，第130页。

③ 参见薛亮《从农业规模经营看中国特色农业现代化道路》，《农业经济问题》2008年第6期，第6页。

国内与国际市场的相互作用关系更复杂。① 高布权研究发现制度、市场和科技是发达国家农业现代化的"三大动力系统"。因此，他从这三个方面对我国农业现代化的现状进行了分析。他指出，我国农业的管理体制落后，存在制度缺陷；农业的产业化步伐缓慢，存在市场缺陷；农业的科技水平急需提升，存在科技缺陷。② 王国敏专门研究了我国农业现代化的困境，指出了阻碍我国农业现代化发展的八大"瓶颈"：人口众多同耕地面积锐减之间的矛盾；农业的总产值低与农村劳动力众多之间的矛盾；大量农业劳动力转移同城市吸纳能力较弱之间的矛盾；农村劳动生产率低、土地零碎化严重同农民渴望增收愿望之间的矛盾；农村壮劳力的大量转移同农业现代化建设之间的矛盾；国家粮食安全同农民种粮积极性低之间的矛盾；粮食供给同需求之间的矛盾；农业基础设施薄弱同农业战略地位不相称之间的矛盾。③

3. 家庭经营

家庭联产承包经营在 1982 年得到官方认可，并以此作为我国最根本的农业经营制度。中央无论怎么强调改革，家庭经营的根基从未有过动摇，始终都是基础性的。2014 年中央 1 号文件指出，推进中国特色农业现代化，要立足国情农情，坚持家庭经营为基础与多种经营形式共同发展。然而，针对家庭经营，学术界并没有太多直接的讨论，主要是在讨论规模经营的限制条件时侧面烘托的。

部分学者认为，家庭经营是一种小农经济。要搞农业现代化，实现规模经营是一个必要的前提条件。而家庭经营，包产到户，土地分散，不利于集中管理。农业成本极大，难以形成经济效益，实现农民增收。纵观有关农业现代化的大部分文章，在谈到农业现代化的制约因素和障碍的时候，难以形成规模经营是一个重要的论点。在上文发展障碍的论述中，我们可以很明显地发现这一点。然而，家庭经营只是表象，背后的真正逻辑是土地问题。更有甚者有从农民那里"夺土地"的思想。但由于涉及我

---

① 参见柯炳生《关于走中国特色农业现代化道路的若干认识》，《农村经营管理》2008 年第 2 期，第 24—25 页。

② 参见高布权《论推动我国农业现代化的"三大动力系统"》，《生产力研究》2007 年第 13 期，第 14—15 页。

③ 参见王国敏《中国特色农业现代化道路面临的"瓶颈"约束研究》，《四川大学学报》2009 年第 5 期，第 91—97 页。

国最基本土地制度,对此的讨论往往也是浅尝辄止。以贺雪峰为代表的学者,坚持认为扶持小农经济才是"三农"政策的正途。他们从农民进城的成功概率出发,认为家庭经营必须是长期坚持的,这是农民最后的福利。因为,农民进城成功的毕竟只是少数。30年后,这些进城失败的农民该怎么办?他们没有了土地,失去了最后的退路,这很危险。贺雪峰提供了规模经营产量反低于小农经营的证据,并且说明农民种田难并非真难,而是当话语、政策、财政和基层组织建设不为小农服务,偏离小农目标,人为地制造出了小农种田难,而为大农、为资本农业提供了合法性。① 这样的争论从未停歇,王佳友和曾福生试图在二者之间做出调停的努力。他们对家庭经营进行了辩证的分析,指出小规模家庭经营对农业现代化的双重影响。一方面由于小农经营,农民缺乏种田积极性造成对技术使用的制约,难以与市场有效对接对农业产业化的制约,农户组织程度低对农业信息化的制约,农民收入缺乏提升空间对农民增收稳定化的制约农户生产、生活方式缺乏可持续性对农业发展可持续化的制约;另一方面,小规模家庭经营具有较好的效率和兼容性,家庭生产便于降低监督成本,存在强大的社会保障力是农业现代化的有力推动力量。②

(四) 农业现代化的特征描述

现代农业是传统农业的延续和发展,二者必然有着不同的表现形式,有着不同的特征。对于农业现代化特征的讨论也是农业现代化研究的一个重要方面,是认识农业现代化的重要途径。

1. 从农业过程来看

人们往往从农业生产过程来描述农业现代化的基本特征,对农业产前、产中和产后所涉及的基本要素(方面)进行总结。学术界有大量这方面的成果,其中,具有代表性的观点有以下几种。

孙中艮等从农业现代化的一般要求出发,认为农业现代化有六个最主要的特征,即农业生产技术化、生产过程机械化、农村劳动力的人力资本

---

① 参见贺雪峰《三农政策方向:扶持小农经济是正途》,http://www.qstheory.cn/economy/2014-06/03/c_1110972013.html.2014-06-03/2014-10-08。
② 参见王佳友、曾福生《小规模家庭经营对农业现代化的影响分析》,《湖南农业大学学报》2011年第1期,第22—24页。

化、农业经营规模化、增长方式集约化和农业发展可持续化。① 严立冬认为，从发达国家相继实现农业现代化的实践来看农业现代化的共同特征主要是：农业生产条件现代化，实现了机械化、电气化、水利化和化学化；农业生产技术现代化，实现了作物、畜禽、水产等良种化和种养技术科学化；农业生产管理现代化，农业生产经营实现产业化、区域化、商品化和服务社会化。②

而中国的农业现代化既有世界各国农业走向现代化的共性，同时应该更具有个性，有中国特色。早在1997年，万宝瑞就指出中国农业现代化要在数量很多的农户家庭经营的基础上实现农业的商品化、产业化和现代化；要以生物、化学技术为主，以机械技术为辅，寻求传统的精耕农作技术和现代化农业在保持生态良性循环下的有机结合；要以劳动集约和技术集约为主，以内涵发展来提高农业总体生产效率（就大多数地区而言）；要在提高农业生产力总体水平的同时提高农民的收入水平，缩小城乡差别、地域差别，逐步实现共同富裕。③ 高照军等在总结国外农业现代化发展经验后指出，要在农业现代化实践中把握中国的农业现代化的基本特征。具体来说就是，以农业机械化、电气化、园林化和水利化为核心的生产条件现代化；以运用农业科技为核心的生产技术科学化；以社会化大生产为核心的生产组织社会化；以可持续发展为核心的生产环境可持续化。④ 李岳峰和刘汶从世界农业发展的大趋势和发展环境来看，认为我国的农业现代化至少应具备十个方面的基本特征。一是农业生产技术高科技化；二是农业人力资源知识化；三是农业增长方式集约化；四是农业经营循环市场化；五是农业生产组织社会化；六是农业生产过程机械化；七是农业生产绩效高优化；八是农业标准化；九是农村社会城镇化；十是农业发展的可持续性。⑤ 刘显清和李世民认为，要充分发挥现代农业物质技术

---

① 参见孙中艮等《农业现代化内涵、特征及评估指标体系的建立》，《价格月刊》2009年第1期，第89—90页。

② 参见严立冬《农业现代化与农业产业化》，《中南财经大学学报》2001年第2期，第44页。

③ 参见万宝瑞《面向21世纪的中国农业》，《农业现代化研究》1997年第6期，第322页。

④ 参见高照军等《国外农业现代化模式对我国农业现代化道路的启示》，《现代农业科学》2008年第9期，第81页。

⑤ 参见李岳峰、刘汶《论我国农业现代化与农业机械化的内涵及基本特征》，《农业现代化研究》2008年第5期，第518—520页。

手段的作用，提高农业现代化水平，以此达到农业、农村与城镇化共同发展的目标。具体来说，实现现代化需要体现农业机械化、农业产业化、农业信息化、农业科学技术化、农业集约化、逐渐实现城镇化、发展生物农业和可持续农业七个方面的主要特征。①

2. 从现代化进程来看

正如前文指出的那样，现代化是一个动态的历史进程是被大多数人所接受的。从整个现代化的过程来看，农业现代化具有自身的特征。

徐星明和杨万江认为，农业现代化就是由传统农业向现代农业转变的过程，把握农业现代化应抓住三个基本特征。一是农业工业化的过程，即用现代科学技术和现代化的装备设施改造传统农业，用现代企业管理技术来经营和管理农业。二是农业市场化的过程，即实现农产品商品化和农业生产要素的商品化。三是农业可持续发展的过程，即农业现代化是一个动态的不断发展的历史过程。②而邱剑锋等则认为农业现代化的主要特征有四个。一是具有动态性。他们指出，农业现代化是一个相对概念，不同时期有不同内涵，只有阶段性目标，而没有终极目标。二是具有区域性。他们指出，农业生产具有较强的地域性，由于各国资源、文化禀赋以及技术和制度不同，因而从国外引进现代化生产要素和技术时必须加以改造以适应本国农业生产实际。三是具有世界性和时代性。他们指出，现代化是一个世界性的概念，具有开放性、历史过程性及与其他相关产业同步推进等特点。四是具有整体性。他们指出，农业现代化是一个相当复杂的系统工程，会随着经济社会的现代化而进步和发展。③

（五）农业现代化的经验总结

农业现代化是现代农业的发展方向。西方发达国家在这条路上走得比我们好、比我们远。它们积累了大量的经验和教训，是值得我们学习的。国内部分学者通过查阅资料和亲自调研的方式，对西方社会的农业现代化

---

① 参见刘显清、李世民《农业现代化的主要特征及发展趋势》，《现代化农业》2013年第4期，第42—43页。
② 参见徐星明、杨万江《我国农业现代化进程评价》，《农业现代化研究》2000年第5期，第276页。
③ 参见邱剑锋等《走新型农业现代化的道路》，《中国农业科技导报》2004年第6期，第22页。

的经验和教训进行了总结和传播,为我国的农业现代化发展提供了宝贵的资料。

1. 对单个模式的介绍

在世界范围内,真正实现农业现代化的国家和地区还非常少,多半都还在这条路上前行,美国这样的超级大国也不例外。学者们对单个比较成功的农业现代化模式进行了归纳,主要有以下几种模式。

一是美国模式。美国是世界上农业最发达的国家之一,平原面积广大、土壤肥沃、农业人口基数少、工业化水平高等是其农业现代化发展的有利条件。同时,政府的支持、市场竞争所形成的经营机制以及先进的生产方式与其农业现代化的发展也密切相关。黄庆华等则从生产规模的角度对美国农业现代化模式进行了总结。他们指出,美国形成了"农业资源丰富多样、现代物资投入量大、科技含量高、市场化程度高,以提高劳动生产率为主、提高土地生产率为辅的农业现代化发展模式,即规模经营型的大农业模式"[1]。而景丽等从运行方式的角度将美国农业现代化模式总结为"规模化生产+市场机制+政府保护"的运行模式。[2]

二是日本模式。日本国土面积狭小,其耕地面积仅占世界耕地面积总数的0.4%,人口却占世界人口的2.2%,日本与美国的农业国情差别较大,只能选择与美国不同的现代化道路。从农业现代化的限制因素来看,日本主要依靠技术创新、资本大量投入来加快实现农业现代化,属于典型的"土地节约型"模式。[3] 而从农业现代化的起步方式来看,日本农业现代化的突出特点是"把农业科技创新放在重要位置,通过改良农作物品种,加强农田水利设施建设,发展农用工业,增加化肥和农药的施用量,致力于提高单位面积产量,推行的是以提高土地生产率为主的农业现代化

---

[1] 黄庆华等:《发达国家农业现代化模式选择对重庆的启示》,《农业经济问题》2013年第4期,第104页。

[2] 参见景丽等《国内外农业现代化发展的主要模式、经验及借鉴》,《河南农业科学》2008年第10期,第16页。

[3] 参见扈云峰《美日法3国农业现代化模式的经验借鉴与思考》,《经济研究导刊》2013年第29期,第47页。

模式"。①

三是西欧模式。与美国和日本相比，西欧国家真是一块理想之地。这里既不像美国那样缺乏劳动力，也不像日本那样耕地紧张。因此，在农业现代化过程中，西欧国家可以把农业生产技术现代化和农业生产手段现代化放在同等重要的地位，实行物力投资和智力投资的同时并举，实现农业机械化、电气化、水利化、园林化多样化发展，既提高了土地生产率，也提高了劳动生产率，属于"中间道路"模式。② 其中，具有代表性的国家有法国、德国和英国。以法国为例，土地集中与农业社会化相结合，农业生产专业化，市场与政府共同推动，庞大且功能完善的合作社体系，发展壮大农业教育、科研、推广体系是法国农业现代化的成功探索。③

当然，世界上农业现代化走得好的国家和地区也并非只有美国模式、日本模式和西欧模式，它们也并非十全十美。例如，从生物链条和生态效益的角度来看，美国大规模的农业生产也有不足之处，圈养的动物会产生温室气体，抗生素等化学物质被放入动物饲料后，最终会进入人体，被人体吸收，这就会对人的健康产生不利影响。目前，关于转基因食品的讨论就是一个典型的例子。同时，大规模的种植业在生产过程中，大量使用化肥、农药等，会导致水源和土壤污染，破坏整个生态系统，这并非是我们所要的农业现代化。

2. 对整个世界的总结

从 20 世纪 30 年代开始，西方国家和地区对传统农业进行了全面的改造，完成了从传统农业向现代农业不同程度的转变。总地来看，这些发达国家和地区的成功具有某些共性，这是农业发展史上一笔宝贵的财富。

朱厚岩和梁青青对美国、日本和荷兰农业现代化发展进行了系统分析，找到了 5 点共性，那就是规划先行，因地制宜地确定发展模式和经营方式；重视农业科技创新，强化技术推广体系；支持建立农民组织，社会化服务程度较高；合理利用农业支持措施，建立高效的宏观管理体制；建

---

① 张清国：《农业现代化模式的国际经验与我国的选择》，《中国集体经济》2011 年第 3 期，第 191 页。

② 参见扈云峰《美日法 3 国农业现代化模式的经验借鉴与思考》，《经济研究导刊》2013 年第 29 期，第 48 页。

③ 参见黄庆华等《发达国家农业现代化模式选择对重庆的启示》，《农业经济问题》2013 年第 4 期，第 105—106 页。

立健全农业法律政策体系,为现代农业的发展保驾护航。① 高布权认为,发达国家农业现代化是有规律可循的,即推进农业管理制度创新是实现农业现代化的重要保障;促进农业产业化创新是实现农业现代化的关键因素;推进农业科技创新是实现农业现代化的主要动力。② 高照军等认为,国外农业现代化的有益借鉴主要有:政府对农业的支持,对于实现农业现代化至关重要;充分发挥资源优势,以市场为导向;农业合作经济组织是农业现代化的根基;走专业化、一体化和社会化的农业发展道路。③

同时,也有不少学者直接从发达国家和地区的农业现代化发展经验得到启示,为我国农业现代化发展提出建议。例如,邓汉慧等通过对发达国家农业现代化的研究指出,我国农业现代化应该鼓励土地适当集中,促进农业生产机械化;发展农业科技,完善现代农业科学技术的研究和推广体系;促进农村人力资源开发,提高农业从业人员综合素质,逐步实现农民职业化。④ 邱剑锋等从世界农业现代化的一般规律出发,认为我国农业现代化应该发展知识化农业、加强集约经营和技术创新、加强农业组织机制创新、保障农产品供给安全、增加农民福利、提高农民素质。⑤

综观整个世界农业现代化的发展经验,政府、市场、科技、合作组织、产业化等是一般共性。但是,理论(模式)的适用性取决于条件的相似性,我国特有的国情决定了我们不可能走与西方国家和地区相同的农业现代化道路,即使在西方也存在不同的农业现代化模式。正如邓小平指出的那样:"我国农业现代化,不能照抄西方国家或苏联一类国家的办法,要走出一条在社会主义制度下合乎中国的办法,要走出一条在社会主义制度下合乎中国情况的道路。"⑥ 因此,我们必须正确处理农业现代化

---

① 参见朱厚岩、梁青青《国内外现代农业发展的主要模式、经验及借鉴》,《农业经济》2013年第3期,第40—41页。

② 参见高布权《发达国家农业现代化的基本经验及其对我国西部农业现代化的启示》,《特区经济》2006年第9期,第276页。

③ 参见高照军等《国外农业现代化模式对我国农业现代化道路的启示》,《现代农业科学》2008年第9期,第18页。

④ 参见邓汉慧等《发达国家农业现代化经验对我国农业发展的启示》,《农业经济问题》2007年第9期,第108—109页。

⑤ 邱剑锋等《走新型农业现代化的道路》,《中国农业科技导报》2004年第6期,第24—25页。

⑥ 《邓小平文选》,第2卷,人民出版社1994年版,第362页。

与整个国家现代化、规模经营与家庭联产承包责任制、政府干预与市场调节、提高农业生产者素质与农村劳动力转移、借鉴国外经验与立足本国实际的关系，走出一条生产技术先进、经营规模适度、市场竞争力强、生态环境可持续的中国特色新型农业现代化道路。

改革开放后，我国全面进入社会主义现代化建设时期，农业现代化也取得了巨大进步，积累了不少经验，中国特色农业现代化道路也将越走越宽阔。偌大的一个中国，各地区在地形地貌、气候条件、人口分布、资源禀赋和耕作传统等方面的差异很大，因此结合我国具体的农业国情，分区域、分层次、有特色地实现农业现代化已达成一种共识。张新宁就明确指出，中国农业现代化必须注重区域差异化。① 张清国根据我国的自然条件、经济水平等条件，结合世界发达国家和地区的经验提出了我国农业现代化发展的四大模式，即东部地区的集约型发展模式；城郊地区的都市型发展模式；中部地区的产业化型发展模式；西部地区的特色型发展模式。② 郑高强等也指出中国特色农业现代化必须是在明确地域特色、地域层次差异以及地域经济发展现状的基础上进行。在他看来，东部应发展"外向主导型"农业现代化模式；中部应发展"'两化'结合推动型"农业现代化模式；西部应发展"特色农业带动型"农业现代化模式。③ 随着这些观点逐渐被大家所接受，山区农业现代化的探索之路也逐渐开启了。不少学者对山区农业现代化运行机制、发展模式等方面进行了研究。例如，王东阳立足我国丘陵山区自然经济条件的差异性，提出了山区农业现代化建设的四种典型的经营发展模式：多种经营脱贫型、立体农业种养型、乡镇企业发展型和现代发达产业型。④ 张鸿等人则以乐山国家农业科技园区为例，着重分析其"一区多园、一园多区"的建园模式，"主导产业+龙头企业+专业协会+农户"的经营模式，"政府引导、业主开发、

---

① 参见张新宁《中国农业现代化必须注重区域差异化》，《毛泽东邓小平理论研究》2010年第2期，第54—55页。
② 参见张清国《农业现代化模式的国际经验与我国的选择》，《中国集体经济》2011年第3期，第193页。
③ 参见郑高强等《中国特色农业现代化道路模式的选择》，《农业现代化研究》2008年第4期，第392—394页。
④ 参见王东阳《我国丘陵山区农业现代化建设的特点与模式研究》，《科技导报》1997年第3期，第51—52页。

科技支撑、市场化运作、产业化经营"的运行机制,等等。强调通过建立农业科技园区,突出重点产业和加工业,推进产学研结合,发展专业合作组织,建设创新服务平台实现农业现代化的发展。① 此外,也有不少学者研究了政府在山区农业现代化中的作用。例如,柯福艳基于仙居县杨梅产业现代化经验指出,政府在多个方面的作为直接加快了山区特色农业的现代化进程。②

2011年,国家确定了包含武陵山片区等14个集中连片特困区名单,每个片区内自然条件相似、经济水平相当、文化习俗相近。随着国家优化国土资源配置和主体功能区建设的大力推进,以片区为单位无疑是实现农业现代化的一种思路和新尝试。武陵山片区是国家级的贫困山区,其农业现代化是我们研究的重点。但针对武陵山片区的农业问题研究是近几年来才逐步兴起的,中国知网中以"山区""片区""区域"为主题的有关农业现代化的文章仅有2900多篇,因此研究成果也还十分有限,主要涉及以下内容。

黄泽海以共生理论作为分析问题的逻辑起点,对武陵山片区农业现代化的现实路径进行了深入思考。他指出,运用观念拉动机制,使发展遗憾与发展机遇互惠互存;建立利益联结机制,使生产组织与合作组织共进共赢;推进技术创新机制,使生产活动与生态环境共生共赢;利用市场诚信机制,使生产过程与消费过程互惠互利;驱动产业链接机制,使食品短链与食品长链优势互补是武陵山农业现代化的现实路径选择。③

邓磊以武陵山片区为例,从"四化同步"的视角对山区农业现代化问题进行了研究。他指出,实现山区(武陵山片区)农业现代化必须坚持以发展农业合作社和龙头企业为主导,变个体农业为集体农业以增强农产品的市场竞争力;坚持以农业信息化和品牌营销战略为根本,为农业注入现代化理念,推进农业生产方式改革;坚持以特色农业和观光农业为主

---

① 参见张鸿等《丘山区农业科技园区发展模式与运行机制》,《科技管理研究》2010年第20期,第15—18页。
② 参见柯福艳《山区特色农业现代化进程中政府职能研究——基于仙居县杨梅产业现代化经验》,《浙江农业学报》2013年第2期,第379—385页。
③ 参见黄泽海《武陵山片区农业现代化共生崛起的现实路径》,《农村经济与科技》2013年第8期,第6—8页。

体,转变农业发展方式,提升农业的比较效益。①

蒋辉、蒋和平和彭成圆等人以武陵山片区椪柑生产经营为例,对集中连片特困地区的特色农业适度规模经营的实现路径进行了探讨。他们总结了专业合作社带动型、产业协会带动型、政府扶持型、园区带动型、龙头企业带动型、品牌带动型和生产经营大户带动型七种类型,并指出农业发展并没有一成不变或万试万灵的模式,不同产业、不同地区、不同时期和不同阶段下,农业适度规模经营的实现形式都不尽相同。②

何治江对武陵山片区特色农业发展的基本现状进行了描述,从产业结构、基础设施建设、农业科技投入、组织化程度方面指出了武陵山农业现代化存在的主要问题,并针对性地提出了5条对策建议。③李忠斌则以恩施州为例,对武陵山片区特色农业发展的困境及其转向进行了详细分析。

此外,不少学者重点研究了武陵山片区的观光农业、生态农业和绿色农业等,对金融支持、农产品差异化、农业科技成果转化、农业机械化运用等方面也有不少涉猎。

综上所述,综观现有的农业现代化问题的研究,虽然取得了大量成果,但是,我们认为还存在诸多不足。例如,①对山区(片区)农业现代化的关注不够。长期以来,我们把农业机械化当作农业现代化的主要指标和必要条件,按照大平原的思维重视、关注和研究农业现代化问题。仅以中国知网的数据来看,有关农业现代化的研究有55000多篇,而有关山区、片区和区域农业现代化的研究仅有2900多篇,只占5%左右(参见图0—2)。但在现阶段,若是没有山区(片区)的农业现代化,全面建成小康社会的目标就会受到较大冲击,整个中国的现代化进程也难以迈开矫健的步伐。②对农业现代化问题的研究,特别是对山区(片区)农业现代化问题的研究不够深入。农业现代化是整个现代化的重要组成部分,农业也是国民经济的基础产业,就目前的研究成果来看,针对农业现代化的研究多集中在理论的梳理、指标的构建、特征的描述等方面,缺乏较为深

---

① 参见邓磊《"四化同步"视角下山区农业现代化问题研究——以武陵山片区为例》,《华中师范大学学报》2013年第6期,第22—24页。

② 参见蒋辉、蒋和平、彭成圆《集中连片特困地区特色农业适度规模经营实现路径研究——以武陵山片区椪柑生产经营为例》,《贵州社会科学》2014年第7期,第130—132页。

③ 参见何治江《武陵山片区特色农业发展研究》,《改革与开放》2012年第22期,第56—58页。

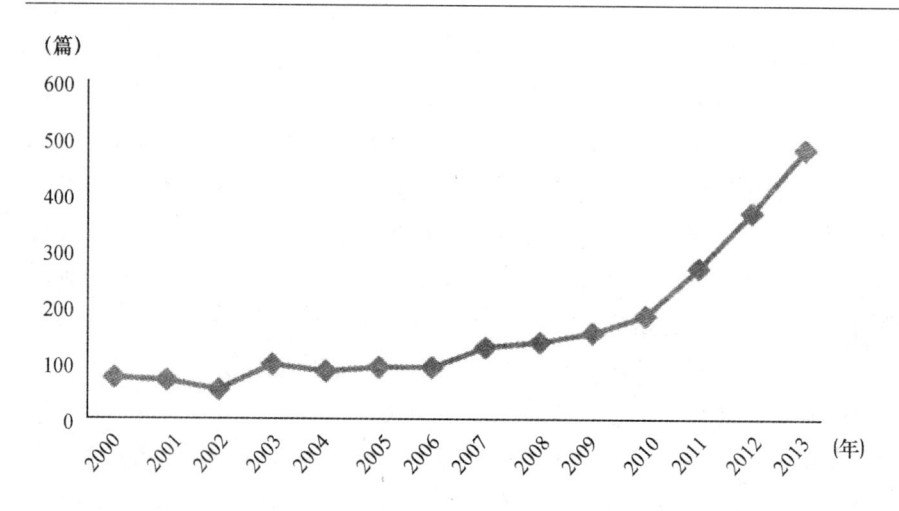

图 0-2　2000—2013 年，以"山区、片区和区域农业现代化"
为主题的发文数量统计

入的研究。而对山区（片区）农业现代化的研究多在强调结合当地实际，走特色发展之路，但缺乏有深度的研究，研究成果也还十分有限。③对农业现代化问题的研究，特别是对山区（片区）农业现代化问题的研究缺乏系统性。实现农业现代化不仅局限在农业范围内，它既属于"三农"问题，也在"四个现代化"之中，我们一定要跳出农业来发展农业。目前的研究成果大多数都在就农业谈农业，缺乏对整个国民经济系统和整个现代化进程的系统思考，往往就会局限在一些不重要的小问题上，也难以找到农业现代化真正的现实路径。具体到山区（片区）农业现代化研究而言，多数学者由于缺乏系统思考，多数仅限于农业机械化、规模化与现实条件之间的矛盾泥潭中而难以自拔，从而也就缺乏对山区（片区）农业现代化的系统研究。④对农业现代化问题的研究，特别是对山区（片区）农业现代化问题的研究，目前研究者多数采用的是文献研究和引用文献研究的方式，不可避免地会出现重复研究的现象。而一些定量的研究主要是通过对历史统计数据的分析，来判断我国的农业现代化水平。但是对于山区农业现代化问题的研究多集中在文献研究的层次上，缺乏实证研究。即使有，也只是在某一小范围内进行的，缺乏跨省级的研究，从而难以形成真正代表山区（片区）农业现代化的研究。正是存在这样诸多的不足，才使我们找到问题的突破口，选择研究武陵山农业现代化问题，以提高人们对山区（片区）农业现代化的认识，在研究的具体问题、系统性和方法上做出新的努力,为武陵山农业现代化做出贡献。

四 我国农业现代化理论的演进历程[①]

通过文献梳理,我们发现针对中国农业现代化理论的研究多集中在党和国家领导人思想的论述上,缺乏对整个现代化进程实践的总结。在新中国成立后的60多年里,随着我国农业生产力水平的不断提高和生产关系的不断变化,中国共产党关于农业现代化的理论也在不断演进。新中国成立后的头30年,我国农业现代化以机械化为核心内容,同时实行先集体化后机械化,试图以农业集体化推动农业现代化。党的十一届三中全会以后,我国农业现代化以科学技术为核心内容,同时,推行家庭联产承包责任制和发展适度规模经营来推动农业现代化。20世纪90年代以后,我国农业现代化以转变农业增长方式为核心内容,同时稳定以家庭承包经营为基础、统分结合的双层经营体制来推动农业现代化。21世纪以来,我国农业现代化以与工业化、信息化、城镇化同步发展为核心内容,同时,关注农业生产经营的科学化、组织化和产业化,注重培育新型农业经营主体来推动农业现代化。

(一) 以机械化为核心的农业现代化

新中国成立之前,毛泽东针对我国农业生产力水平低、占国民经济比重大的现状,提出我国农业必须走现代化道路。他在党的七届二中全会上指出:"占国民经济总产值百分之九十的分散的个体的农业经济和手工业经济,是可能和必须谨慎地、逐步地而又积极地引导它们向着现代化和集体化的方向发展的,任其自流的观点是错误的。"[②] 新中国成立后,毛泽东在勾画社会主义建设蓝图的时候,把农业现代化作为重要目标纳入其中。1953年,毛泽东在修改审定《关于党在过渡时期总路线的学习和宣传提纲》时说:"实现国家的社会主义工业化,就可以促进农业和交通运输业的现代化,就可以建立和巩固现代化的国防。"1954年,周恩来在一

---

① 参见邓磊《中国共产党农业现代化理论演进初探》,《江汉论坛》2013年第12期,第16—20页。

② 《毛泽东选集》,第4卷,人民出版社1991年版,第1432页。

届全国人大一次会议上的政府工作报告中提出，经济建设就是要建设起强大的现代化的工业、现代化的农业、现代化的交通运输业和现代化的国防。1964年，周恩来根据毛泽东的建议，在三届全国人大一次会议上的政府工作报告中提出要把我国建设成为一个具有现代农业、现代工业、现代国防和现代科学技术的社会主义强国，将农业现代化列为四个现代化之首。在中国，农业如何搞现代化？毛泽东从生产力和生产关系两个方面作了三步走的规划：第一步，消灭农村的封建地主土地所有制，让农民获得土地；第二步，改造和消灭分散的个体经营方式，将农民的个体劳动转变为集体劳动；第三步，发展农村社会生产力，实现以机械化为主要内容的农业现代化。

用农业集体化来推动农业现代化是新中国成立后头30年的根本选择。新中国成立后，我国在农村着力实行土地改革。通过土地改革，农民生产的积极性和主动性空前高涨，农业生产力获得很大解放，有效地推动了农业的发展。但是，世世代代流传下来的以私有制为基础的小农经济结构并没有改变，分散的个体经济的局限性也没有得到克服。在这种汪洋大海般的小农经济条件下，农村经济基础薄弱、增长缓慢。毛泽东指出："在农民群众方面，几千年来都是个体经济，一家一户就是一个生产单位，这种分散的个体生产，就是封建统治的经济基础，而使农民自己陷于永远的穷苦。"[①] 要在这种国情下实现农业现代化，毛泽东认为必须走集体化的道路，他说："土地革命，是第一个革命。但是，如果不进行从个体劳动转到集体劳动的第二个生产关系即生产方式的改革，则生产力还不能进一步发展。"[②] 我国农业现代化的道路就是"要将大约一亿一千万农户由个体经营改变为集体经营，并且进而完成农业的技术改革"[③]。他认为，通过合作化的方式，可以把公私劳动力组织起来，发动群众的生产积极性，从而提高劳动效率，发展农业生产。

农业机械化是新中国成立后30年农业现代化的核心内容。毛泽东说："什么是生产力呢？除人力以外就是机器。"[④] 在对个体农业完成集体化改

---

① 《毛泽东选集》，第3卷，人民出版社1991年版，第931页。
② 《毛泽东文集》，第3卷，人民出版社1996年版，第70页。
③ 《毛泽东文集》，第6卷，人民出版社1999年版，第422页。
④ 《毛泽东文集》，第8卷，人民出版社1999年版，第16页。

造之后，毛泽东将注意力集中到农业机械化上。党中央在《1956年到1967年全国农业发展纲要（草案）》中就提出："随着国家工业的发展，逐步地实行农业机械化。"① 1959年4月，毛泽东在《党内通信》中指出："农业的根本出路在于机械化，要有十年时间。四年以内小解决，七年以内中解决，十年以内大解决。"② 在中国这样一个有着几千年手工小农经济历史的农业大国要全面实现农业机械化绝非易事，需要长期的努力。1959年底至1960年初，毛泽东在读《苏联政治经济学教科书》时认识到："我们要实现全盘机械化，第二个十年还不行，恐怕要第三个十年以至更长的时间。"③ 实现农业机械化，苏联用了20年，美国用了30年，英国用了17年，法国用了20年，对于我国这样幅员辽阔、农业生产力发展水平极不平衡的国家来说，用的时间会更长。根据毛泽东的建议，党的八届十中全会提出我国1980年实现农业机械化。

先集体化后机械化是我国农业现代化理论的一大创新。新中国成立初期，我国在农业现代化道路上是学习苏联的。苏联的农业现代化道路是先机械化后集体化。毛泽东等逐步了解、研究了美国、日本等发达国家农业发展的情况后，清楚地认识到苏联的农业与发达资本主义国家有着巨大的差距。由此，毛泽东质疑："苏联的农业不是基本上机械化了吗？是何原因至今陷于困境呢？此事很值得想一想。"④ 反思的结果是中国选择了与苏联相反的路径：先集体化后机械化。这是因为：第一，土地如不实行集体化，归亿万农民个人所有，就不能规模经营，就会影响机械化的实现。第二，资本主义发展历程中有过尚未采用蒸汽动力机械而依靠工场分工、统一经营形成新生产力的工场手工业阶段。第三，新中国成立初期我国农业生产合作社的实践证明：在中国当时的条件下，即使没有先进的农业机械，也能实行集体化。1953年，毛泽东在了解了一些地方农业互助合作的情况后说："看来，农业不先搞机械化，也能实现合作化，中国不一定

---

① 《1956年到1967年全国农业发展纲要（草案）》，http://wenku.baidu.com/view/24f249385727a5e9856a61c0.html1957-12-25/2014-10-08。
② 《毛泽东文集》，第8卷，人民出版社1999年版，第49页。
③ 同上书，第125页。
④ 同上书，第428页。

仿照苏联的做法。"① 先集体化后机械化这一选择，符合中国国情，行之有效，是马克思主义中国化的一个重要成果。但是，毛泽东忽视了生产力的决定作用，夸大了生产关系对生产力的促进作用，在生产关系上急躁冒进，试图在生产力不发达的情况下通过变革生产关系建立纯而又纯的公有制，这对我国的农业现代化进程产生了误导，阻碍了我国农业现代化的发展。

（二）以科学技术为核心的农业现代化

在现代化的历史进程中，国际上大体上有两种农业现代化的方式：一种是以美国为代表的国家，在资本主义制度下通过并依靠生产的社会化来实现农业的现代化；另一种是以苏联为代表的国家，在社会主义制度下，通过并依靠大规模的、有计划的集中生产来实现农业现代化。美国方式要求有大量的资金、先进的技术、丰富的资源作为保证；苏联方式要求全部生产资料均由国家统一调配，整个农业生产严格按照国家的计划进行。新中国成立后的头30年，农业现代化虽然被纳入国家发展战略予以推进，但由于方法路径上的选择局限，不仅没有实现农业现代化，反而致使农民吃不饱、穿不暖甚至发生了饿死人的情况。中国的农业现代化道路究竟应该怎样走？走美国道路行不通。因为"中国十亿人口，现在还处于落后状态，如果走资本主义道路，可能在某些局部地区少数人更快地富起来，形成一个新的资产阶级，产生一批百万富翁，但顶多也不会达到人口的百分之一，而大量的人仍然摆脱不了贫穷，甚至连温饱问题都不可能解决"②，更不用说现代化了，走苏联的道路也不行。因为，新中国成立后的头30年走的就是苏联的道路。邓小平认为："我国农业现代化，不能照抄西方国家或苏联一类国家的办法，要走出一条在社会主义制度下合乎中国情况的道路。"③

在中国农业现代化道路上农业生产关系的调整必须实行"两个飞跃"。邓小平指出："中国社会主义农业的改革和发展，从长远的观点看，

---

① 逄先知、金冲及编：《毛泽东传（1949—1976）》（上），中央文献出版社2003年版，第246页。

② 《邓小平文选》，第3卷，人民出版社1993年版，第207—208页。

③ 《邓小平文选》，第2卷，人民出版社1994年版，第362页。

要有两个飞跃。第一个飞跃，是废除人民公社，实行家庭联产承包为主的责任制。这是一个很大的前进，要长期坚持不变。第二个飞跃，是适应科学种田和生产社会化的需要，发展适度规模经营，发展集体经济。这是又一个很大的前进，当然这是很长的过程。"① 我国是一个人口众多、农业生产力水平低下的农业大国，新中国成立后的头30年里，党的第一代领导人试图用超越现实生产力水平的生产关系来推动农业社会生产力的发展。实践证明，这一做法忽视了生产力对生产关系的决定作用，不仅没有实现农业现代化，反而抑制了农民的生产积极性，阻碍了生产力的发展。邓小平认为："生产关系究竟以什么形式为最好，恐怕要采取这样一种态度，就是哪种形式在哪个地方能够比较容易比较快地恢复和发展农业生产，就采取哪种形式；群众愿意采取哪种形式，就应该采取哪种形式，不合法的使它合法起来。"② 1978年我国拉开了改革开放的大幕，农村的改革就是从调整生产关系入手的，即废除人民公社，推行家庭联产承包责任制。家庭联产承包责任制调动了亿万农民的劳动积极性，推动了农业社会生产力的提高。但是，中国的农业仅靠包产到户或包干到户是不能够走上现代化道路的。因为，包产到户或包干到户把生产资料——土地分给了若干不同的经营者，不利于实现机械化和规模经营。要实现农业现代化，必须在高水平生产力的基础上实行高水平的生产关系。正如邓小平预言的那样：实行包产到户的地方"将来会怎么样呢？可以肯定，只要生产发展了，农村的社会分工和商品经济发展了，低水平的集体化就会发展到高水平的集体化，集体经济不巩固的也会巩固起来"③。"两个飞跃"从生产关系的角度阐明了我国农业现代化的路径。

科学技术是我国改革开放后农业现代化的核心内容。新中国成立近30年内，许多人简单地把农业现代化等同于农业机械化，认为实现了农业机械化就是实现了农业现代化。20世纪70年代末80年代初，邓小平访问美国、日本等国家后，对我国农业现代化的认识有了新的发展。邓小平指出：我们"有些搞农业的人，实际上还不知道什么是现代化农业，不知道我们究竟应当怎样搞现代化农业"，"总以为只要有了农业机械化

---

① 《邓小平文选》，第3卷，人民出版社1993年版，第355页。
② 《邓小平文选》，第1卷，人民出版社1993年版，第323页。
③ 《邓小平文选》，第2卷，人民出版社1994年版，第315页。

就行了"①。他认为,现代化农业的核心是农业与科学技术的结合,不仅是与农业科学技术的结合,也包括与非农业科学技术的结合,农业现代化的核心是一个跨行业的综合科学技术问题。在邓小平看来,要实现中国农业现代化,仅靠调整生产关系还不行,还必须靠科学技术。针对我国人口多、耕地面积少的特点,他认为,要生产更多的粮食,单靠机械化还不能解决问题,更多的还要靠科学技术。邓小平指出:"农业的发展一靠政策,二靠科学。科学技术的发展和作用是无穷无尽的。"②"将来农业问题的出路,最终要由生物工程来解决,要靠尖端技术。对科学技术的重要性要充分认识。"③邓小平的这些论断,标志着以科学技术为核心的农业现代化阶段的诞生,充分体现了党的第二代领导人对农业现代化的新认识。

(三) 以转变农业增长方式为核心的农业现代化

党的十一届三中全会以后,我国农村实行了以家庭联产承包责任制为主的经济体制改革,这一改革激发了农民的劳动积极性和创造性,极大地解放了农村生产力,粮食增产、农民增收,促进了我国农业现代化的发展。但是,经过十多年的发展,到了20世纪90年代以后,一些新的问题出现了:一是农民思想出现动摇,第一轮土地承包即将到期,是否会继续实行家庭联产承包责任制,农民对国家政策没有底,一些有害农业发展的短期行为时有发生;二是在传统农业发展方式下,由于受资源、环境的影响,农业的社会生产力难以获得较快的提高,农民收入增幅放缓,农业比较效益下降,部分地方出现土地弃耕④;三是农业基础设施薄弱,尤其是包产到户后,原有的一些农业基础设施年久失修,抵御自然灾害的能力减弱,严重制约了农业的发展。面对诸多新情况、新问题,如何推进我国的农业现代化成为党的第三代领导集体思考的重大问题。以江泽民为核心的党的第三代中央领导集体关于农业发展的决策为我国农业现代化理论注入了新的内容。

---

① 中共中央文献研究室编:《邓小平年谱(1975—1997)》(上),中央文献出版社2004年版,第303页。
② 《邓小平文选》,第3卷,人民出版社1993年版,第17页。
③ 同上书,第275页。
④ 参见陈世伟、尤琳《国家与农民的关系:基于执政党土地政策变迁的历史考察》,《社会主义研究》2012年第4期,第79—81页。

稳定以家庭承包经营为基础、统分结合的双层经营体制是我国农业现代化的必由之路。在十多年的家庭联产承包责任制的实践中，包产到户的模式既发挥出了调动农民生产积极性的作用，也暴露出了其不利于规模化经营、影响我国农业现代化进程的缺陷。在新的形势下，尤其是在第一轮家庭联产承包责任制结束之后，如何确定农村的生产关系，成为举国上下关注的问题。江泽民1998年在安徽考察工作时指出："农业以家庭经营为基础，是由农业生产的规律决定的，也是生产关系一定要适应生产力发展要求的规律决定的……从实践看，家庭承包经营再加上社会化服务，能够容纳不同水平的农业生产力，既适应传统农业，也适应现代农业，具有广泛的适应性和旺盛的生命力，不存在生产力水平提高以后就要改变家庭承包经营的问题。"① 2002年通过的《中华人民共和国农村土地承包法》（2002年8月29日中华人民共和国主席令第73号公布）以法律的形式将家庭承包经营为基础的双层经营体制作为党在农村的一项长期政策明确下来，给农民吃了定心丸。江泽民在党的十六大报告中强调指出："坚持党在农村的基本政策，长期稳定并不断完善以家庭承包经营为基础、统分结合的双层经营体制。有条件的地方可按照依法、自愿、有偿的原则进行土地承包经营权流转，逐步发展规模经营。"② 以家庭承包经营为基础、统分结合的双层经营体制把家庭联产承包改成了家庭承包经营，同时提出了双层经营，为农业规模化发展提供了政策空间，是家庭联产承包责任制的发展。

转变农业增长方式是世纪之交我国农业现代化的核心内容。改革开放以来，我国农业发展取得了举世瞩目的成绩，但是，这些成绩却是我们以牺牲资源和环境的沉痛代价换来的。我国土地等农业资源有限，靠传统的农业增长方式，我国农业发展在20世纪末就遇到了严峻的挑战。要应对这种挑战，就必须实行农业增长方式的转变，把农业由粗放型经营转变为集约经营。③ 转变农业增长方式关键是做好三件事情。第一，要走农业产业化的道路。我国农村经济现状要求把分散的小农户有效引入市场经济的

---

① 《江泽民文选》，第2卷，人民出版社2006年版，第212页。
② 同上书，第546页。
③ 参见陈军亚、郭熙保《改革开放以来中国共产党关于转变经济发展方式的探索》，《社会主义研究》2011年第2期，第29—33页。

大市场中，实现农业生产经营方式的根本转变，农业产业化经营正是这一要求的产物。因为农业产业化经营，一头连着国内外市场，一头连着千家万户，使农户与市场建立了稳定的联系，促进了农业的规模经营和集约经营。第二，要依靠科学技术。我国人口多、农业资源相对稀缺，且自然灾害频发，振兴我国农村经济最终取决于农业科学技术的重大突破和广泛应用，因而，我们必须牢固树立科学技术是第一生产力的观点，充分运用现代科学技术改造传统农业，尽快缩短我国农业科技同国际先进水平的差距。江泽民指出："要切实抓好农业科研攻关、先进适用技术推广和农民科技培训，使农业增长真正转到依靠科技进步和提高劳动者素质的轨道上来。"① 第三，要坚持可持续发展。农业的可持续发展就是要农民科学地选择各种农业技术，既要发展农业生产、增加农民收入，又要永续利用农业资源和保护生态环境。我国农业资源人均占有量较小，随着人口的增加和经济的发展，对资源总量的需求更大，对环境的保护难度也更大。因而江泽民指出："在现代化建设中，必须把实现可持续发展作为一个重大战略。"②

（四）"四化同步"的农业现代化

根据《中国现代化报告》（2012）的研究结果，我国粮食单产已经达到发达国家的平均水平，但我国农业劳动生产率约为世界平均值的47%、高收入国家平均值的2%、美国和日本的1%。之所以产生这样的结果，主要是因为我们把农业现代化当成了农业领域的事情，我们用科技的手段解决了粮食单产的问题，但我们既没有解决地少人多的问题，也没有解决农业生产规模小、劳动生产率低的问题。一方面，从世界范围看，我国的城镇化水平明显低于发达国家，也低于发展阶段相近的发展中国家。按照美国经济学家钱纳里的模型，当一国的工业化率达到40%时，城镇化率一般在75%以上。根据国家统计局的数据，2013年我国的工业化率为47%，但城镇化率刚过53.73%，城市化率低导致转移农村剩余人口的能力有限。另一方面，土地城镇化进程远快于人口城镇化进程，使得有限土地容纳农村人口的比例进一步增加。例如，2000—2011年，我国城镇建

---

① 《江泽民文选》，第2卷，人民出版社2006年版，第215—216页。
② 《江泽民文选》，第1卷，人民出版社2006年版，第463页。

成区面积增长了76.4%,而同期城镇人口只增长了50.5%。这些问题告诉我们,农业现代化不只是农业发展的问题,它是一个系统问题,必须多方面联动才能解决农业现代化进程中的诸多问题,才能真正推进我国农业现代化的实现,才能加快全面建成小康社会的步伐。

进入21世纪以来,关注生产经营的科学化、组织化和产业化成为我国农业现代化的重点。2007年中央一号文件《关于积极发展现代农业,扎实推进社会主义新农村建设的若干意见》阐释了新时期我国农业现代化的内涵:用现代物质条件装备农业,用现代科学技术改造农业,用现代产业体系提升农业,用现代经营形式推进农业,用现代发展理念引领农业,用培养新型农民发展农业。党的十七届三中全会进一步提出:家庭经营要向采用先进科技和生产手段的方向转变,增加技术、资本等生产要素投入,着力提高集约化水平;统一经营要向发展农户联合与合作,形成多元化、多层次、多形式经营服务体系的方向转变,发展集体经济、增强集体组织服务功能,培育农民新型合作组织,发展各种农业社会化服务组织,鼓励龙头企业与农民建立紧密型利益联结机制,着力提高组织化程度。党的十七届五中全会提出,要在工业化、城镇化深入发展中推进农业现代化。2012年,党的十八大报告指出:"坚持走中国特色新型工业化、信息化、城镇化、农业现代化道路,推动信息化和工业化深度融合、工业化和城镇化良性互动、城镇化和农业现代化相互协调,促进工业化、信息化、城镇化、农业现代化的同步发展。"① 农业现代化被纳入系统建设中统筹考虑。

培育新型农业经营主体是新时期农业生产关系调整的重点。2013年中央一号文件《关于加快发展现代农业,进一步增强农村发展活力的若干意见》强调,要尊重和保障农户生产经营的主体地位,培育和壮大新型农业经营组织,充分激发农村生产要素潜能构建集约化、专业化、组织化、社会化相结合的新型农业经营体系。长期稳定并不断完善以家庭承包经营为基础、统分结合的双层经营体制被作为党的政策和国家的法律固定下来,但若不实行规模化经营,仅凭亿万农户的个体经营,中国很难真正走上农业现代化的道路。必须通过土地流转培植新型农业经营主体,以扩

---

① 胡锦涛:《坚定不移沿着中国特色社会主义道路前进,为全面建成小康社会而奋斗》,http://www.xj.xinhuanet.com/2012-11/19/c_113722546_4.htm2012-11-19/2014-10-08。

大经营规模，提高农业效益，推进农业现代化，构建以小规模经营的兼业农户为主要形式，以新型农业经营主体为我国农业商品生产和农业现代化主体的农业发展格局。新型农业经营主体主要包括专业农户、家庭农场、农民合作社、农业企业等。培育新型农业经营主体，不改变农业土地的集体性质，但是改变了经营主体；不是强制性回到大集体的模式，但是通过农民自愿的土地流转实现了农业的规模经营。因此，实现农业现代化，必须坚持家庭经营在农业中的基础性地位，推进家庭经营、集体经营、合作经营、企业经营等共同发展的农业经营方式的创新。

与工业化、信息化、城镇化同步发展是新时期农业现代化的核心内容。工业化、信息化、城镇化与农业现代化相互影响、相互促进。农业现代化是实现工业化的基础，只有推进农业现代化才能提高农业劳动生产率，才能将农业劳动力从土地上解放出来，转移到工业和第三产业，推动工业化的发展。城镇化依赖农业现代化，只有农业集约经营，提高农业生产效益，才有可能在保证农业安全的前提下为城镇化提供足够的土地资源。工业化是城镇化的经济支撑，城镇化需要大量的投入，没有工业化的支撑，城镇化就无法实现。工业化为农业现代化的发展提供技术条件，为农业现代化的实现提供物资和装备支持。城镇化是工业化的空间依托，没有城镇的拓展，就没有工业发展的空间。城镇化将大量的农村劳动力转移到城镇中去，为农业规模经营以及农民素质提高创造条件。工业化、城镇化、农业现代化都离不开信息化，信息化能有力地推进工业化、城镇化和农业现代化。一个国家的经济发展要求工业化、信息化、城镇化、农业现代化的协调同步。"四化"之中出现任何一块"短板"都将导致经济发展的不协调、不平衡、不可持续，并容易引发不同程度的社会问题。只有"四化同步"，农业现代化才可能真正实现。以与工业化、信息化、城镇化同步发展为核心的农业现代化凸显了我国农业现代化的时代性，为我国新时期的农业现代化指明了方向。因此，2014年中央一号文件《关于全面深化农村改革，加快推进农业现代化的若干意见》明确指出：要始终把改革作为根本动力，立足国情农情，顺应时代要求，坚持家庭经营为基础与多种经营形式共同发展，传统精耕细作与现代物质技术装备相辅相成，实现高产高效与资源生态永续利用协调兼顾，加强政府支持保护与发挥市场配置资源决定性作用功能互补，努力走出一条生产技术先进、经营规模适度、市场竞争力强、生态环境可持续的中国特色新型农业现代化道路。

五 研究思路、方法与新进展

在文献梳理的过程中，我们就已经指出现有研究存在的诸多不足，并且指出未来的研究中需要进一步拓展研究思路创新研究方法，全面系统地把握和研究武陵山片区农业现代化问题。

（一）武陵山片区农业现代化的研究思路

武陵山片区是国家级集中连片的特困地区，跨渝、鄂、湘、黔4省市，包括71个县（市）、区、、600多万人，少数民族聚居多，贫困人口分布广，同步全面小康任务艰巨，本地区农业现代水平直接影响到了整个全面建成小康社会的目标。党和国家领导人高度关注武陵山片区的经济社会发展，多次强调了集中连片贫困地区对于全面建成小康社会的重要意义。2012年，时任国务院副总理的李克强来武陵山腹地恩施调研。他在与村民的对话中指出，恩施要多发展产业，要让大家在家门口就业。2013年，习近平总书记在湖南湘西调研武陵山扶贫攻坚问题，为武陵山片区农业现代化发展增添了信心。在这样的背景下，研究武陵山农业现代化问题有重要现实意义。一是有利于推进武陵山片区农民脱贫致富；二是有利于民族地区和谐社会建设；三是有利于实现全面建成小康社会；四是有利于国家基本实现现代化。

基于上述认识，我们以农业现代化为核心，坚持理论联系实际的原则，以中国共产党农业现代化的理论（思想）与政策为指导，从武陵山片区的实际情况出发，围绕以下四个主要问题，构建武陵山片区农业现代化问题研究的总体框架。

一是武陵山片区农业现代化的理论基础是什么？

二是武陵山片区农业发展的现状是什么？

三是武陵山片区农业现代化的困境有哪些？

四是武陵山片区农业现代化的道路该怎么走？

（二）武陵山片区农业现代化的研究方法

能否运用科学的研究方法是关乎一项研究成败的关键因素。采用科学的研究方法有助于我们掌握真实、有用的资料，有助于我们合理利用它们得出较为真实、客观的结论。而使用非科学的研究方法，或者错误使用一些研究方法就会把我们引入歧途，迷惑我们的双眼，从而得出一些不切合实际的谬误。因此，为了在现有的情况下最大限度获取真实的资料，得出科学的结论，我们主要采用的是文献研究法、实证研究法和系统研究法。

（1）文献研究法。文献研究是对现有研究成果的收集和整理，我们可从中了解到该领域目前的研究状况，发现现有研究的不足，从而完善我们自己的研究。同时，文献回顾可以为某些问题寻求相关的理论解释。农业现代化研究也有一定的历史了，现有的文献资料对我们的研究至关重要。我们以《毛泽东文集》（1—6卷）、《邓小平文选》（1—3卷）、《江泽民文选》（1—3卷）、胡锦涛同志的系列讲话为主要资料，同时参考了党和国家的相关文件资料，梳理我国农业现代化的理论演进。

（2）实证研究法。实证研究属于典型的经验研究范式，是指从大量的经验事实中通过科学归纳总结，然后通过科学的逻辑演绎方法推导出某些结论或规律，再将这些结论或规律拿回到现实中进行检验的方法论思想。我们先后到恩施和湘西的多个县市召开了县、乡镇主要农业干部和科技干部以及企业代表座谈会了解相关情况，走访了一大批农业龙头企业和农民合作社等经营主体，到田间地头征求单个农户对农业现代化的意见和建议，收集了大量的一手资料，对整个武陵山片区农业发展的现状有了较为清楚的认识，也找到了农业现代化的困境所在。

（3）系统研究法。农业现代化是一项系统工程，既属于"三农"问题，也属于"四个现代化"的主要部分，不能单就农业而大谈农业。因此，要把武陵山片区农业现代化问题置于武陵山片区"四化同步"发展的大系统进行研究，充分考虑工业化、城镇化和信息化对农业现代化产生的深远影响，站在武陵山片区整体发展的高度，探求武陵山片区农业现代化的现实之路。

（三）武陵山片区农业现代化的研究新进展

一项好的研究必然有其特殊之处，也就是所谓的新进展。我们的武陵山片区农业现代化问题研究的新进展，主要体现在以下两点。

一是研究对象新。我们打破了传统的以行政区划为主导的地域研究，选取武陵山片区这个大范围的同类区域为研究对象，探求本区域内农业现代化困境与应对之策,突出了研究对象的特殊性。武陵山片区集革命老区、民族地区和贫困地区于一体,是跨省交界面大、少数民族聚集多、贫困人口分布广的连片特困地区,自然条件相似、经济水平相当、文化习俗相近,农业发展很大程度上也具有相似性。因此,研究这一特殊对象有利于国家出台"特殊"政策,采取"特别"措施,扶持武陵山片区的农业现代化发展,为整个国家现代化夯实基础。

二是研究方法新。我们综合运用文献研究法、实证研究法掌握了大量的有关农业现代化的理论材料和现实资料,采用系统研究方法,将武陵山片区农业现代化问题置于"四化同步"大背景下进行系统研究,重点讨论了武陵山片区农业现代化面临的困境和应对之策,突出了研究方法的创新。新型工业化、城镇化、信息化和农业现代化是相互影响的,不把农业现代化的研究置于"四化同步"的大系统研究,就难以得到全面准确的结论,而系统研究方法有利于克服传统研究分散的弊端。

第一章

武陵山片区农业发展现状

长期以来,武陵山片区受经济水平、教育文化、历史背景、地理环境等因素的制约,农业发展延续传统粗放生产方式,比较效益不足,现代农业发展道路任重道远;片区内,广大农村经济发展缓慢,农民收入水平低,贫困依然是农业发展的老大难问题。但与此同时,随着生产力水平的不断提高、国家支持力度的不断加大,武陵山片区农业发展优势不断凸显,新型农业经营主体日益壮大,特色农业产业加快发展,农业发展成效较为突出。道路是曲折的,前途是光明的。总体来说,武陵山片区农业发展正在不断克服困难,凝聚发展力量,逐步由传统农业向市场化、科技化、产业化的现代农业迈进。

一 农业发展优势不断凸显

武陵山片区拥有丰富的水、光热、生物、农用矿产以及生态旅游等农业资源,农业发展潜力巨大。同时,片区内农特产种类繁多,并有相关部门认定的地理标志商标及地理标志产品,这成为片区农业特色产业发展的"品牌"支撑。近年来,随着国家对武陵山片区扶持力度的不断加大,多项惠农政策陆续出台,片区农业发展动力不断增强,发展优势不断凸显。

(一) 农业自然资源丰富

农业资源包括农业自然资源和农业社会资源。其中,农业自然资源主要包括土地资源、水资源、气候资源、矿产资源和生物资源等,农业社会资源主要包括劳动力、资金、信息、技术、品牌、交通、物流等。农业资源是农业生产的物质基础,为农业生产提供生产资料、劳动力和劳动对象,共同构成了农业生产力。武陵山片区的多数地区是国家西部开发的老、少、边、穷山区,受历史条件、民族构成、区域地理环境、经济发展水平、基础设施、教育发展程度等因素的限制,农业社会资源相当缺乏。但是,武陵山片区地跨湖北、湖南、重庆、贵州四省市,共辖71个县、市(区)行政区域,片区地域辽阔,总面积多达17.18万平方公里,从而使得该片区的农业资源非常丰富,开发和利用的潜力巨大。

1. 地形地貌多样

武陵山片区的经纬度范围是 $27°28'—30°05'N$,$107°02'—111°33'E$,东邻雪峰山,西连大娄山,南至苗岭,北抵巫山。武陵山片区位于我国地势分布的第二阶梯,片区海拔总体处于500—2000米。巨大的海拔差异使得武陵山片区的地形地貌多样,地势起伏大,并形成了"以山地为主,地势垂直差异明显"的特征。例如,位于武陵山片区的恩施土家族苗族自治州,州境内最高海拔3032米,最低175米,全州平均海拔1000米左右,海拔1200米以上的占29.4%,海拔800—1200米的占43.6%,海拔800米以下的占27%。[①]

武陵山片区地势起伏大,山地垂直差异明显,不同海拔高度的地方降水、气温以及植被都有较大区别,地形特征可谓山峦起伏、谷深坡陡、沟壑纵横。片区主要由山地、小平坝组成,兼有丘陵和小盆地,片区内有低山地、中山地、山原地、丘陵地、河滩地、冲积平地、沟谷平坝地、岗台地等多种土地类型,土壤有红壤、山地黄壤、山地黄棕壤、石灰土、紫色土、潮土和水稻土等类型。片区内具有多样独特的地形地貌和土壤结构,有利于发展山区特色农业、立体农业。平坝、河滩、丘岗地等地貌地势较平阔,水源较充足,光热条件好,适宜发展粮食种植业。丘陵地、低山地坡度相对较小,植被以亚热带常绿阔叶林为主,水热资源相对充足,适合发展山地畜牧业以及油茶、果木等多种经济林、果的栽培;海拔1000—1500米的中山地水热相适,利于林牧混合发展;海拔1500—2000米的高山地带广布着暖温带落叶阔叶林,宜于林材、药材等的发展。

2. 水利资源充足

武陵山片区水利资源充足。一方面降水充足,区内地表水、地下

---

① 恩施土家族苗族自治州林业局:《恩施州林业自然环境》,http://www.eszly.gov.cn/html/shengtai/gaikuang/20101230/107.html.2010 - 12 - 30/2014 - 10 - 08。

水资源相当丰富；另一方面，片区内蕴含了巨大的水能资源。基于充足的水利资源，可在供水、灌溉、发电、养殖、捕捞、航运、淡化等方面进行综合开发利用，从而满足武陵山片区现代农业的发展需要。

武陵山片区位于我国季风气候区，属于亚热带季风性湿润气候。片区内雨量充沛，降水资源丰富，雨日一般在 120—150 天，空气湿度多在 80% 左右，年降水量多达 1000—1500 毫米。充足的降水量为水稻、油菜等喜水农作物以及茶叶、杜仲等林果木的生长提供了雨水保障。降水在季节上的差异也较为明显，春秋季雨水偏少，夏季雨水偏多。春季晴天多，阴雨天少，一利于农作物春播的顺利进行，二可有效地抑制或减少农作物病害的发生；同样，秋季雨日较少，有利于农作物后期成熟，保障秋收硕果累累。6 月到 9 月期间，武陵山片区受海洋气团的控制，进入雨水高峰期。片区内鄂、湘、渝、黔四省市所辖的 71 个县、市（区）大部分地区降水量达到 800—1200 毫米。夏季热量相对充足，光、雨、热同季，相互配合，有效性能好，为各种农作物和林果木的生长发育提供了有利的条件，这是武陵山片区能形成粮食作物和经济木优质高产的重要保障。

武陵山片区内有清江、乌江、澧水、沅江、资水等主要河流，水能资源蕴藏量巨大。武陵山片区降水充足，水资源相对丰富，因此，水系较为发达，河川纵横，河网密度较大，而且，河流多年平均径流量较大；由于片区内地形以山地为主，众多河流基本穿行于山地峡谷之中，水流落差大，水力资源丰富。所以，武陵山片区水能资源蕴藏量相当大，仅湖南湘西土家族苗族自治州就有 1100 万千瓦，占湖南省的 44%，可开发量在 700 万千瓦以上，是全国十大水电基地之一，贵州铜仁地区有 203 万千瓦，可开发量 149 万千瓦；湖北恩施土家族苗族自治州有 509 万千瓦，可开发量 34911 万千瓦，占湖北省的 10.6%。[①]

3. 光热条件优良

武陵山片区的地理位置处于秦岭—淮河以南，北回归线以北，青藏高原以东，按照我国温度带划分属于亚热带。武陵山片区属于中亚热带山地季风湿润气候，片区内多数地区年平均气温在 12—17℃，1 月平均气温普

---

① 王习花、叶玉龙：《武陵山区农业资源特点及其可持续利用战略》，《山地农业生物学报》2007 年第 2 期，第 162—163 页。

遍在0℃以上，7月平均气温一般为28℃左右，武陵山片区大于等于10℃的年积温在4500℃左右。由于片区内多数地区位于北亚热带、中亚热带，片区年日照在1200—1600小时，年太阳辐射量在80—130千卡/平方厘米，无霜期为220—300天，作物生长期为300—365天。以恩施土家族苗族自治州为例，全州的实际年日照时数平均为1160—1600小时，日照百分率在26%—37%。在地域分布上，以长江河谷最高，全年日照百分率为37%，其余地区在26%—34%，高山多于低山，二高山与低山相近。全州地区太阳辐射年总量在85—100千卡/平方厘米，以长江河谷地区为最多，为98千卡/平方厘米，其余地区在85—95千卡/平方厘米，高山大于低山。其月分布为12月最小，8月最大，7月次之，高山地区7月略高于8月。① 总体而言，与同经度、纬度地区相比，武陵山片区热量资源相对充足，光照条件也较为优良，光、热资源配合协调，从而使得片区内农作物耕作制度可以达到一年二熟至三熟，可以广泛种植水稻、冬麦、棉花、油菜等农作物以及茶叶、棉花、药材等经济作物。

武陵山片区内气候呈明显的山地特性。一是除海拔在1200米以上的高山地区外，武陵山片区内多数为中低山区、平坝地区，冬季偏暖，霜冻期较短。由于东北—西南走向的武陵山脉和巫山山脉对来自西北内陆强大的冬季冷气流形成了阻挡和屏障作用，因此，武陵山片区与同纬度地区相比，受寒冷干燥的冷气团控制较弱，冬季温度偏高，气候偏暖，冬寒期较短。冬季1月平均气温普遍在0℃以上，冬季农作物和部分经济果林木仍可继续生长发育；冬季虽然白昼时间较短，太阳高度角较低，但由于阴雨天较少，晴天较多，因此，光照仍可满足部分冬季作物的需求，从而保证作物全年都能有效进行光合作用。冬季优良的光热条件，有利于提高作物复种指数，实现作物产量的增加。总的来说，武陵山片区这种独特的冬季气候资源为种植反季节蔬菜，栽培薯、芋、高粱、水稻等粮食作物和有机茶、烟草、棉花、中药材等经济林木以及发展禽畜养殖创造了适宜的气候条件。二是武陵山片区内四周环山的盆地、平坝和山麓地段，冬春季逆温效应较为明显，暖区、暖带分布较多，从而可以利用山区逆温暖带这一优

---

① 参见恩施州农业局：《光能资源》，http://www.hbesagri.gov.cn/esny/zqjj/4812.html. 2005-07-13/2014-10-08。

势，很大程度上减少冬季或早春冷空气的不良影响，避免农作物和果林木受冻害。三是武陵山片区内多数山地地区海拔较高，云层较薄，白天散热效果和夜晚保暖作用都较弱，因此，昼夜温差较大，从而有利于农作物营养糖分的积累。白天农作物进行光合作用，产生大量的有机物，瓜果类植物则产生糖类。而由于夜晚温度偏低，植物的呼吸作用相对较弱，从而可以减少有机物的消耗，因此，有利于提高农作物的质量和产量。

4. 生物资源繁多

武陵山片区地域广阔，地形地貌多样，气候条件好，森林覆盖率高，生态环境优良，是我国亚热带森林系统核心区，也是长江流域重要的水源涵养区和生态屏障区。在经纬度、水源、气候、地形等各种要素的共同作用下，武陵山片区形成了十分适合亚热带、温带生物栖息繁殖的自然环境，从而孕育了种类繁多的动植物，武陵山片区也因此堪称"华中动植物基因库"。

以武陵山片区的湖北省恩施土家族苗族自治州为例，恩施州的生物多样性保存相对完好。一是森林资源丰富。恩施州有省属国有林场21个（巴东原3个合并为1个），总面积90万亩，占林业用地面积的3.7%，蓄积量326万立方米，占6.5%；县办国有林场5个，面积3.298万亩，蓄积量15.2万立方米；乡村集体林场684个，面积126.26万亩，占林业用地面积6.2%，蓄积量462.46万立方米，占总蓄积量的9.25%。现有森林公园9个，面积32.4万亩。二是植物种类丰富。恩施州现有植物种类215科、900多属、3000多种。其中，有木本171科、645属、1264种，约占全国的1/7，国家重点保护植物37种。国家一级保护植物有水杉、珙桐、光叶珙桐、红豆杉、南方红豆杉、钟萼木、银杏和莼菜8种。其中，水杉是第四纪冰川袭击后留下的最古老、珍稀、孑遗单种属植物。国家二级保护植物有33种，省级保护的珍贵树种约70种。恩施州陆生脊椎野生动物28目、86科、435种。其中，国家一级保护动物8种，国家二级保护动物62种，省级重点保护动物116种。三是州域经济植物种类丰富。恩施州已知植物中有药用植物188科、854属、2088种，在国内外久负盛名的道地药材品种有紫油厚朴、湖北贝母、五鹤续断、中国板党、鸡爪黄连、杜仲、天麻、丹皮、首乌、竹节参、江边一碗水、头顶一颗珠等。另外，恩施州主要经济动物有60余种。①

又如湖南湘西土家族苗族自治州，州内森林覆盖率高达63.5%，草场面积200万公顷，是我国著名的天然动植物基因库和野生经济动植物产区。州内竹木、茶叶、水果等经济作物分布广泛，野生动植物资源多达3982种，开发利用价值很大。野生植物资源共有2860种，包括药用植物资源、工业用植物资源、食用植物资源、观赏植物资源和珍稀植物资源等。其中，药用植物资源种类最多，分布最为广泛，共占1800多种，名贵药材如黄芪、秦芙、大黄、贝母、羌活、当归、党参等在国内中药材市场占有十分重要的地位。野生动物资源有1122种，有药用、毛皮、肉用、观赏和珍稀动物、农林有益动物等。②

5. 农用矿产资源丰富

农用矿产资源是指在大农业（农、林、牧、副、渔）上可利用或有潜在利用价值的天然矿物和岩石以及某些可利用的工业尾矿或废料，即指一切直接或间接应用或可应用于农、林、牧、副、渔业中的岩、矿原料。③ 农用矿产资源按其应用领域，可分为肥料用矿产、土壤改良用矿产、畜牧水产养殖用矿产、园林栽培用矿产以及农药用矿产和粮食干燥用矿产等。用作肥料的矿产包括磷矿、钾矿、硫矿、各种含钾岩石、叶蜡石、珍珠岩等；用作土壤改良的包括沸石、膨润土、高岭土、蛭石、麦饭石、碳酸盐岩等；用作园林栽培的有沸石、膨润土、珍珠岩、硅藻土、海泡石、凹凸棒石等；用作饲料添加剂的矿物岩石有岩矿类矿物、盐类矿物和黏土矿物；用作农药的矿产有硅藻土、叶蜡石、海泡石、凹凸棒石等；用作粮食干燥的有沸石、膨润土等。④ 武陵山片区农用矿产资源品种多样，其中，磷矿、钾矿、重晶石等矿产储藏量较大。表1—1是武陵山片区恩施州、湘西州、怀化市、邵阳市、遵义市、铜仁地区、黔江区等地区

---

① 参见恩施州林业局网站，http://www.eszly.gov.cn/html/shengtai/gaikuang/20101230/105.html. 2010-12-30/2014-10-08。

② 参见王习花、叶玉龙《武陵山区农业资源特点及其可持续利用战略》，《山地农业生物学报》2007年第2期，第162页。

③ 参见李铁军、韩长寿、肖俊岭《舞钢市农用矿产资源及开发利用前景》，《西部探矿工程》2008年第11期，第144页。

④ 参见张兴辽《中国农用矿产资源概况及其发展战略与对策建议》，《河南地质》1999年第4期，第248—249页。

的农用矿产已探明储量统计。

表1—1　　武陵山片区部分地区农用矿产已探明储量统计　（单位：万吨）

矿产地区	恩施州	湘西州	怀化市	邵阳市	遵义市	铜仁市	黔江区	丰都县
磷矿	13000	37600	41.6	188	89.6	977.2	1600	417.8
钾矿	3739.6	20000	980	746	1615	1299	490	800
硫矿	12676	6780	1500	500	32959	471.5	2760	568.6
重晶石	305	112.2	180	132	437.8	373.8	200	6
高岭土	1064	429.4	532		958	361		155
硅石	553.7	569	2850	354	18140	438	457	183
石膏	4000	397	800	2000	1260	146	1500	12
耐火黏土	5892.3		255.4		353	782	268	

注：表中数据分别来源于《恩施土家族苗族自治州矿产资源总体规划（2010—2015年）》《湘西土家族苗族自治州矿产资源总体规划（2008—2015年）》《怀化市矿产资源总体规划（2008—2015年）》《邵阳市矿产资源总体规划（2010—2020年）》《遵义市矿产资源总体规划（2010—2015年）》《铜仁市矿产资源总体规划（2011—2015年）》《丰都县矿产资源总体规划（2010—2020年）》。需要说明的是，邵阳市、遵义市所辖的少部分县、市并不属于武陵山片区，但为方便研究，在此直接以全市的情况进行统计。

除了以上农业矿产资源以外，武陵山片区部分地区稀有元素矿产十分丰富。其中，蕴藏量最大、最具经济价值的就是硒矿。恩施土家族苗族自治州是整个武陵山片区硒矿最为丰富的地区。州境内有目前世界上唯一被发现的独立硒矿床，恩施州也由此被誉为"世界硒都"。据统计，恩施州矿石中硒含量一般在0.07%—0.56%，平均含量2%。全州已查明极高硒区达240个村，总面积2000多平方千米。[①] 科学研究证明，硒元素是人体必需的元素之一，对调节免疫、抵制细胞突变、防治癌症作用重大，而我国70%以上的地区属于低硒地区。因此，恩施州的硒资源具有极高的经济开发利用价值。丰富的硒资源使农产品、水源以及动植物中的硒含量较高，从而有利于硒产业的发展。

---

① 参见恩施州政府网《矿产资源》，http：//www.enshi.gov.cn/esys/20131218/16698.html. 2013 - 12 - 18/2014 - 10 - 08。

6. 生态旅游资源丰富

观光农业——农业与旅游业边缘交叉的新型产业，是农业现代化的重要发展方向。观光农业以农业和农村为载体，把农业生产和生态旅游有机结合起来，从而不仅具有生产性功能，还具有改善生态环境质量和为人们提供观光、休闲、度假的生活性功能。随着人们收入水平的提高、闲暇时间的增多以及旅游观念的变化，长期生活在城市中的人们期望到农村进行休闲和旅游，因此，观光农业发展前景十分广阔。

武陵山片区是一个多元文化交融区，片区内许多地区拥有厚重悠久的历史文化、神奇旖旎的自然风光、丰富多样的民俗物产和浓郁独特的民族风情，生态旅游资源极其丰富，开发潜力巨大，从而为片区观光农业的大力发展奠定了坚实基础。一是武陵山片区民族文化浓郁，民族风情绚丽多彩。武陵山片区是我国内陆少数民族最大的聚居区，有汉、土家、苗、侗、瑶、仡佬、白、维吾尔、蒙古等30多个民族。片区现有3个自治州、15个自治县、113个民族乡，片区内有少数民族人口1622.54万人，占总人口的63.14%，占中国少数民族人口总数的16%。例如，恩施土家族苗族自治州就有土家女儿会、土家摆手舞、撒尔荷、哭嫁、薅草锣鼓等民族习俗，有土家吊脚楼、侗乡风雨桥、苗家大寨等特色民族建筑以及腊肉、合渣、榨广椒等民族食品。此外，还有靖州苗族歌鼟、湘西苗族鼓舞、凤凰傩戏、辰河高腔、秀山花灯、侗族大歌等众多的国家级非物质文化遗产以及丰富的民间工艺等。二是武陵山片区自古为荆楚、巴蜀之地，又是近代革命抗战的重要基地，历史文化底蕴深厚，红色革命文化资源丰富。片区内有屈原、柳宗元、周敦颐、魏源、沈从文等名人文化资源，有湘西凤凰古城、龙山里耶古城、恩施土司城、铜仁梵净山等文化旅游精品，还有叶挺纪念馆、怀化粟裕大将故居、张家界贺龙元帅故居、芷江抗日受降纪念馆等爱国主义教育基地。三是武陵山片区地形复杂，地貌多样，如诗如画的山水风光、光怪陆离的奇洞异穴、鬼斧神工的高山峡谷……神奇的自然景观数不胜数，令人叹为观止。如恩施自治州的恩施大峡谷、利川腾龙洞、梭步垭石林、建始野三河、咸丰坪坝营、巴东神农溪，张家界的国家级森林公园、天子山、索溪峪自然保护区；还有景色隽秀的乌江、风情万种的铜仁锦江、清澈透亮的石阡温泉、神秘怡人的黔江、惊险刺激的清江闯滩、气势磅礴的沱江泛舟等诸多自然景观。

（二）国家地理标志多样

国家地理标志主要是对传统名优特产（如农产品、酒类、食品、工艺品、纺织品等广义的特产）的保护，属农业知识产权的重要组成部分，包括地理标志产品、地理标志商标及农产品地理标志。① 武陵山片区地跨湖北、湖南、重庆和贵州四省份，辖 71 个县、市（区）行政区域，整个片区形成了有相当规模和比较著名的名优特产品。这些名优特产品由于具有一定的历史文化背景、传统种植技术和明显的地域品牌特色，因此，容易被冠名地理标志商标或成为地理标志产品。

1. 地理标志商标

地理标志商标是标示某种商品来源于特定地域，并且表明该商品的特定质量、产品品质、信誉或其他特征主要由来源地区的自然环境因素、历史人文因素所决定，并以地域名称冠名的特有商标。申请地理标志证明商标是目前国际上保护特色产品的一种通行做法。通过申请地理标志证明商标，可以充分、合理地利用与保存自然资源、人文资源和地理遗产，有效地保护优质特色产品，推动特色行业的发展。截至 2014 年 6 月，经国家工商行政管理总局商标局审核批准的属于武陵山片区 71 个县、市（区）行政区域的国家地理标志商标共有 119 件，其中湖北有 25 件，湖南有 35 件，重庆有 45 件，贵州有 14 件。②

湖北恩施土家族苗族自治州共注册 14 件国家地理标志商标，其中恩施市有 3 件，利川市有 5 件，宣恩县有 1 件，来凤县有 1 件，巴东县有 2 件，咸丰县有 2 件。湖北省宜昌市所辖的秭归县、长阳土家族自治县和五峰土家族自治县共注册 11 件国家地理标志商标③，其中秭归县有 1 件，长阳县有 1 件，五峰县有 4 件（参见表 1—2）。

---

① 参见孙志国等《武陵山片区农业资源优势及区域产业化发展对策》，《湖南农业科学》2013 年第 4 期，第 37 页。

② 参见中国商标网，《中国已注册和初步审定地理标志商标名录（截至 2014.6）》，http://sbj.saic.gov.cn/2014-09-09/2014-10-08。文章中有关地理标志商标的表格资料均来源于此。

③ 其中包括宜昌市申请的 5 件国家地理标志。由于这 5 件国家地理标志划定的产地保护范围包含秭归、长阳、五峰 3 个县，因此可算。

表1—2　　　　武陵山片区湖北县市国家地理商标统计

省份	商标	注册人	商品	所属行业
湖北	恩施玉露	恩施玉露茶产业协会	茶	茶
湖北	恩施富硒茶	恩施市茶业协会	茶	茶
湖北	板桥党参	恩施市本草药业产业协会	党参	中药材
湖北	利川天上坪白萝卜	利川市蔬菜行业协会	白萝卜	蔬菜
湖北	利川天上坪大白菜	利川市蔬菜行业协会	大白菜	蔬菜
湖北	利川天上坪甘蓝	利川市蔬菜行业协会	甘蓝	蔬菜
湖北	利川山药	利川市团堡镇蔬菜协会	山药	蔬菜
湖北	利川黄连	湖北省利川市黄连协会	黄连	中药材
湖北	伍家台贡茶	宣恩贡茶产业协会	茶叶	茶
湖北	来凤金丝桐油	来凤县金丝桐油协会	桐油	桐油
湖北	巴东红三叶	巴东县牧工商技术服务中心	红三叶鲜草	中药材
湖北	巴东五香豆腐干	巴东县豆制品行业协会	豆腐干	副食
湖北	小村红衣米花生	咸丰县小村红衣米花生协会	加工过的花生	副食
湖北	小村红衣米花生	咸丰县小村红衣米花生协会	新鲜花生	粮油
湖北	宜昌白山羊	宜昌畜牧绿色产业研究所	羊肉、非活羊	肉蛋禽
湖北	宜昌路山羊板皮	宜昌畜牧绿色产业研究所	羊生皮、羊皮	肉蛋禽
湖北	宜昌白山羊	宜昌畜牧绿色产业研究所	活羊	肉蛋禽
湖北	宜昌蜜橘	宜昌市柑橘产业协会	蜜橘	水果
湖北	宜昌天麻	宜昌市天麻协会	天麻	中药材
湖北	资丘木瓜	长阳土家族自治县资丘木瓜协会	木瓜	水果
湖北	五峰香葱	五峰香葱协会	干香葱	副食
湖北	秭归脐橙	秭归县柑橘协会	脐橙	水果
湖北	五峰绿茶	五峰土家族自治县茶叶专业经济协会	茶叶	茶
湖北	白溢稻	五峰白溢寨贡米产业协会	米	粮油
湖北	五峰烟叶	五峰烟草种植协会	烟叶、烟丝	烟草

湖南湘西土家族苗族自治州共注册10件国家地理标志商标。其中，古丈县有1件，凤凰县有2件，龙山县有4件，泸溪县有1件，湘西州申请的有2件。湖南省邵阳市所辖的8个县、市共注册6件国家地理标志商

标。其中，邵阳县有1件，隆回县有2件，武冈市有3件。湖南怀化市所辖县市共注册10件国家地理商标。其中，沅陵县有1件，洪江市有1件，麻阳苗族自治县有2件，新晃侗族自治县有1件，芷江侗族自治县有3件，靖州苗族侗族自治县有2件。湖南常德市石门县注册国家地理标志商标1件，常德市申请的国家地理标志商标也有1件。湖南省益阳市安化县共注册3件国家地理标志商标。湖南张家界市申请的国家地理标志商标有3件。湖南娄底所辖县市暂无注册国家地理标志商标（参见表1—3）。

表1—3　　　　武陵山片区湖南县市国家地理商标统计

省份	商标	注册人	商品	所属行业
湖南	湘西黄牛	湘西土家族苗族自治州畜牧工作站	牛	肉蛋禽
湖南	湘西黄牛	湘西土家族苗族自治州畜牧工作站	牛肉	肉蛋禽
湖南	古丈毛尖	古丈茶叶发展研究中心	茶叶	茶
湖南	凤凰姜糖	凤凰县姜糖协会	姜糖	副食
湖南	凤凰血粑鸭	凤凰县古城商会	血粑鸭	副食
湖南	龙山萝卜	龙山县蔬菜产业协会	萝卜	蔬菜
湖南	里耶脐橙	龙山县柑橘产业协会	脐橙	水果
湖南	龙山百合	龙山县百合产业协会	鲜百合	蔬菜
湖南	龙山百合	龙山县百合产业协会	百合干	副食
湖南	泸溪椪柑	湖南省泸溪县柑橘协会	椪柑	水果
湖南	武冈铜鹅	武冈市特色产业开发办公室	铜鹅肉	肉蛋禽
湖南	武冈铜鹅	武冈市特色产业开发办公室	活铜鹅	肉蛋禽
湖南	武冈卤菜	武冈市特色产业开发办公室	卤豆腐、卤铜鹅等	副食
湖南	隆回金银花	隆回县农业产业化协会	金银花	中药材
湖南	隆回龙牙百合	隆回县农业产业化协会	百合干	副食
湖南	邵阳茶油	邵阳县油茶产业发展办公室	茶油	粮油
湖南	芷江绿壳鸡蛋	芷江县大洪山乡绿壳鸡蛋专业合作协会	蛋	肉蛋禽
湖南	芷江鸭	芷江侗族自治县芷江鸭研究会	活鸭	肉蛋禽

续表

省份	商标	注册人	商品	所属行业
湖南	芷江鸭	芷江侗族自治县芷江鸭研究会	鸭肉	肉蛋禽
湖南	靖州茯苓	靖州苗族侗族自治县茯苓专业协会	茯苓	中药材
湖南	靖州杨梅	靖州苗族侗族自治县杨梅专业协会	杨梅	水果
湖南	碣滩茶	沅陵县茶叶协会	茶	茶
湖南	大崇金秋梨	洪江市大崇金秋梨协会	梨	水果
湖南	新晃黄牛	新晃侗族自治县牛业协会	黄牛	肉蛋禽
湖南	麻阳柑橘	麻阳苗族自治县柑橘协会	柑橘	水果
湖南	麻阳白鹅	麻阳苗族自治县养鹅协会	活鹅	肉蛋禽
湖南	鼎城茶油	常德市鼎城区油茶协会	茶油	粮油
湖南	石门柑橘	石门县柑橘协会	柑橘	水果
湖南	石门银峰	石门县茶叶产业协会	茶	茶
湖南	安化千两茶	安化县茶业协会	茶	茶
湖南	安化黑茶	安化县茶业协会	茶	茶
湖南	安化茶	安化县茶叶协会	绿茶	茶
湖南	张家界椪柑	张家界市名特优水果协会	椪柑	水果
湖南	张家界葛根粉	张家界市黄狮寨葛根粉研究所	葛根粉	副食
湖南	张家界大鲵	张家界市武陵大鲵研究所	活大鲵	肉蛋禽

武陵山片区重庆市县区共注册45件国家地理标志商标，数量为鄂、湘、黔、渝四省市之最。其中，彭水苗族土家族自治县注册的国家地理标志商标多达21件，又位于武陵山片区所有县市之首。此外，丰都县共注册10件，武隆县共注册5件，秀山土家族苗族自治州共注册4件，酉阳土家族苗族自治州共注册3件，石柱土家族自治县共注册2件（参见表1—4）。

表1—4　　　　武陵山片区重庆县区国家地理商标统计

省份	商标	注册人	商品	所属行业
重庆	武隆高山白菜	武隆县蔬菜产业发展办公室	白菜	蔬菜
重庆	武隆高山萝卜	武隆县蔬菜产业发展办公室	萝卜	蔬菜

续表

省份	商标	注册人	商品	所属行业
重庆	沧沟西瓜	武隆县沧沟乡西瓜产业办公室	西瓜	水果
重庆	武隆板角山羊	武隆县畜禽生产站	活山羊	肉蛋禽
重庆	武隆猪腰枣	武隆县林木种苗管理站	鲜枣	水果
重庆	丰都锦橙	丰都县农产品协会	锦橙	水果
重庆	丰都红心柚	丰都县农产品协会	柚子	水果
重庆	丰都龙眼	丰都县龙眼协会	龙眼	水果
重庆	丰都肉牛	丰都县肉牛协会	肉牛	肉蛋禽
重庆	保合梨橙	丰都县农产品协会	梨橙	水果
重庆	董家花椒	丰都县董家镇农业服务中心	花椒	副食
重庆	丰都肉牛	丰都县肉牛协会	牛肉	肉蛋禽
重庆	丰都红心柚	丰都县农产品协会	柚子	水果
重庆	丰都锦橙	丰都县农产品协会	锦橙	水果
重庆	丰都榨菜	丰都县农产品协会	榨菜	副食
重庆	石柱黄连	石柱土家族自治县黄水黄连专业经济协会	黄连	中药材
重庆	石柱长毛兔	石柱土家族自治县畜牧技术推广站	长毛兔	肉蛋禽
重庆	酉阳青蒿	酉阳青蒿管理办公室	青蒿	中药材
重庆	酉州乌羊	酉阳土家族苗族自治县畜牧技术推广站	活乌羊	肉蛋禽
重庆	麻旺鸭	酉阳土家族苗族自治县畜牧技术推广站	活鸭	肉蛋禽
重庆	秀山金银花	秀山县金银花专业经济协会	金银花	中药材
重庆	秀山土鸡	秀山土家族苗族自治县家禽养殖专业经济协会	活鸡	肉蛋禽
重庆	秀山土鸡	秀山土家族苗族自治县家禽养殖专业经济协会	非活鸡	肉蛋禽
重庆	秀山白术	秀山土家族苗族自治县农业技术服务中心	白术	中药材
重庆	彭水魔芋	彭水苗族土家族自治县农业技术推广站	魔芋	蔬菜

续表

省份	商标	注册人	商品	所属行业
重庆	彭水苗家土鸡	彭水苗族土家族自治县畜牧技术推广站	活鸡	肉蛋禽
重庆	彭水龟池大米	彭水苗族土家族自治县双龙乡农业服务中心	米	粮油
重庆	彭水雷公盖白菜	彭水苗族土家族自治县汉葭街道农业服务中心	白菜	蔬菜
重庆	彭水黑山羊	彭水苗族土家族自治县鹿角镇农业服务中心	山羊	肉蛋禽
重庆	彭水七跃山蜂蜜	彭水苗族土家族自治县太原乡农业服务中心	蜂蜜	副食
重庆	彭水油茶	彭水苗族土家族自治县油茶管理协会	油茶	茶
重庆	彭水大脚菌	彭水苗族土家族自治县农业开发经营管理协会	大脚菌	蔬菜
重庆	彭水苦荞	彭水苗族土家族自治县苦荞协会	苦荞	粮油
重庆	彭水生姜	彭水苗族土家族自治县生姜管理协会	生姜	蔬菜
重庆	彭水高粱	彭水苗族土家族自治县农业开发经营管理协会	高粱	粮油
重庆	彭水马铃薯	彭水苗族土家族自治县马铃薯管理协会	马铃薯	蔬菜
重庆	彭水西瓜	彭水苗族土家族自治县西瓜协会	西瓜	水果
重庆	彭水辣椒	彭水苗族土家族自治县辣椒管理协会	辣椒	蔬菜
重庆	彭水紫苏油	彭水县紫苏协会	紫苏油	粮油
重庆	彭水小米花生	彭水苗族土家族自治县小米花生协会	花生	粮油

续表

省份	商标	注册人	商品	所属行业
重庆	彭水雷公盖萝卜	彭水苗族土家族自治县雷公盖蔬菜种植协会	萝卜	蔬菜
重庆	靛水萝卜干	彭水苗族土家族自治县靛水街道农业服务中心	萝卜干	副食
重庆	彭水山地黄牛	彭水苗族土家族自治县畜牧技术推广站	黄牛	肉蛋禽
重庆	彭水晶丝苕粉	彭水苗族土家族自治县红薯专业技术协会	苕粉	副食
重庆	彭水黄豆	彭水苗族土家族自治县黄豆管理协会	黄豆	粮油

贵州省遵义市所辖的正安县、凤冈县、湄潭县、余庆县、道真仡佬族苗族自治县、务川仡佬族苗族自治县中共注册5件国家地理标志商标。其中，湄潭县有2件，正安县有1件，凤冈县有1件，余庆县有1件。贵州铜仁地区所辖的相关县区共注册9件国家地理标志商标。其中，石阡县有1件，思南县有1件，江口县有2件，德江县有1件，玉屏侗族自治县有1件，印江土家族苗族自治县有1件，沿河土家族自治县有2件（参见表1—5）。

表1—5　　武陵山片区贵州县、市国家地理商标统计

省份	商标	注册人	商品	所属行业
贵州	湄潭翠芽	贵州省湄潭县茶业协会	茶	茶
贵州	遵义红	贵州省湄潭县茶业协会	茶	茶
贵州	正安白茶	贵州省正安县茶业协会	白茶；茶	茶
贵州	凤冈锌硒茶	凤冈县茶叶协会	茶	茶
贵州	余庆苦丁茶	余庆县茶叶行业商会	茶	茶
贵州	石阡苔茶	石阡县茶业协会	茶	茶
贵州	德江天麻	德江县天麻行业协会	天麻	中药材
贵州	玉屏箫笛	玉屏侗族自治县箫笛行业协会	箫；笛	工艺品
贵州	思南黄牛	思南县畜禽品种改良站	牛	肉蛋禽

续表

省份	商标	注册人	商品	所属行业
贵州	梵净山翠峰茶	印江土家族苗族自治县茶业管理局	茶	茶
贵州	江口萝卜猪	江口县畜牧技术推广站	猪肉	肉蛋禽
贵州	江口萝卜猪	江口县畜牧技术推广站	猪	肉蛋禽
贵州	沿河山羊	沿河土家族自治县畜牧产业发展办公室	山羊	肉蛋禽
贵州	沿河沙子空心李	沿河土家族自治县经济作物工作站	李子	水果

2. 地理标志产品

地理标志产品是指产自特定地域，经审核批准以地理名称进行命名的产品。产品所具有的品质、声誉等特性取决于产地的自然因素、人文因素及社会因素。地理标志产品包括来源于种植、养殖、摘采等农业活动中的初级产品，以及原材料全部来自本地区或其他地区，并在本地区按照特定工艺生产和加工的产品。武陵山片区内注册的地理标志商标众多，所包含的相应地理标志产品种类及数量也较多。其中，水果类地理标志产品有8件，蔬菜类地理标志产品有3件，肉蛋禽类地理标志产品有6件，茶类地理标志产品有9件，中药材类地理标志产品有5件，副食类地理标志产品有3件，工艺品类地理标志产品有1件（参见表1—6至表1—12）。

表1—6　　　　武陵山片区水果类地理标志产品统计

省份	地标产品	注册人	产品名称
湖北	资丘木瓜	长阳土家族自治县资丘木瓜协会	木瓜
湖北	秭归脐橙	秭归县柑橘协会	脐橙
湖北	宜昌蜜橘	宜昌市柑橘产业协会	蜜橘
湖南	石门柑橘	石门县柑橘协会	柑橘
湖南	泸溪椪柑	湖南省泸溪县柑橘协会	椪柑
湖南	张家界椪柑	张家界市名特优水果协会	椪柑
湖南	麻阳柑橘	麻阳苗族自治县柑橘协会	柑橘
重庆	丰都龙眼	丰都县龙眼协会	龙眼

表1—7　　　　　　　武陵山片区蔬菜类地理标志产品统计

省份	地标产品	注册人	产品名称
重庆	武隆高山白菜	武隆县蔬菜产业发展办公室	白菜
重庆	武隆高山萝卜	武隆县蔬菜产业发展办公室	萝卜
湖南	龙山百合	龙山县百合产业协会	鲜百合

表1—8　　　　　　　武陵山片区肉蛋禽类地理标志产品统计

省份	地标产品	注册人	产品名称
重庆	丰都肉牛	丰都县肉牛协会	肉牛
重庆	秀山土鸡	秀山土家族苗族自治县家禽养殖专业经济协会	非活鸡
贵州	思南黄牛	思南县畜禽品种改良站	牛
湖南	芷江绿壳鸡蛋	芷江县大洪山乡绿壳鸡蛋专业合作协会	蛋
湖南	芷江鸭	芷江侗族自治县芷江鸭研究会	活鸭
湖南	武冈铜鹅	武冈市特色产业开发办公室	活铜鹅

表1—9　　　　　　　武陵山片区茶类地理标志产品统计

省份	地标产品	注册人	产品名称
湖北	恩施富硒茶	恩施市茶业协会	茶
湖北	伍家台贡茶	宣恩贡茶产业协会	茶叶
湖南	古丈毛尖	古丈茶叶发展研究中心	茶叶
湖南	石门银峰	石门县茶叶产业协会	茶
湖南	安化千两茶	安化县茶业协会	茶
湖南	安化黑茶	安化县茶业协会	茶
湖南	安化茶	安化县茶业协会	绿茶
贵州	湄潭翠芽	贵州省湄潭县茶业协会	茶
贵州	正安白茶	贵州省正安县茶业协会	白茶；茶

表1—10　　　　　　武陵山片区中药材类地理标志产品统计

省份	地标产品	注册人	产品名称
湖北	利川黄连	湖北省利川市黄连协会	黄连
湖北	宜昌天麻	宜昌市天麻协会	天麻
湖南	隆回金银花	隆回县农业产业化协会	金银花
重庆	石柱黄连	石柱土家族自治县黄水黄连专业经济协会	黄连
重庆	酉阳青蒿	酉阳青蒿管理办公室	青蒿

表1—11　　　　　　武陵山片区副食类地理标志产品统计

省份	地标产品	注册人	产品名称
湖南	龙山百合	龙山县百合产业协会	百合干
湖南	隆回龙牙百合	隆回县农业产业化协会	百合干
湖南	武冈卤菜	武冈市特色产业开发办公室	卤豆腐；卤铜鹅；卤猪肉

表1—12　　　　　　武陵山片区工艺品类地理标志产品统计表

省份	地标产品	注册人	产品名称
贵州	玉屏箫笛	玉屏侗族自治县箫笛行业协会	箫；笛

（三）惠农政策大力扶持

近十年来，国家一直高度重视和支持农业的发展。2011年，中央率先启动武陵山片区区域发展与扶贫攻坚试点工作，财政、发改、农业、国土等有关部门纷纷制订武陵山片区发展规划，出台片区"三农"发展的支持政策，从此，武陵山片区农业的发展步入了"快车道"，农业发展前景日益广阔。

1. 武陵山片区区域发展规划

2012年10月，国家发改委制定的《武陵山片区区域发展与扶贫攻坚规划》（以下简称《规划》）正式出台。《规划》指出，除湖南省鹤城区、洪江市、吉首市、武陵源区、永定区、冷水江市和贵州省余庆县等7个县（市、区）外，片区内其余64个县（市、区）享受国家连片特困地区特定的扶贫开发政策。

财政、税收和金融政策。中央财政有关专项转移支付向片区内重点区域倾斜，四省市财政专项扶贫资金向片区倾斜，加大对片区农业发展的支持。片区内的农业企业，可按政策享受相应的税收优惠。深化片区农村信用社改革，支持发展村镇银行，培育贷款公司、农村资金互助社等新型农村金融机构，落实涉农贷款税收优惠政策，发展特色农业保险。

投资和产业政策。中央投资向片区农业产业、扶贫开发、基础设施和生态环境等领域倾斜。适当提高片区农村小型基础设施建设补助标准，加大特色产品生产基地和商贸流通体系建设的支持力度。片区特色农业享受重点支持，可在用地、信贷等方面优先获得优惠政策。

土地政策。加快推进片区农村集体土地确权登记发证工作，规范农村集体土地流转试点，深化集体林权制度改革，简化农用地转用审批手续。保障农民合法权益。鼓励合理利用荒山、荒地、滩涂等发展生猪养殖。

生态补偿政策。继续实施退耕还林、水土保持、天然林保护、防护林体系建设和沙漠化治理等重点生态修复工程。把武陵山片区作为国家生态补偿试点地区，对贫困村具有水土保持和碳汇生态效益的生态林进行生态补偿。

帮扶政策。加大中央和国家机关、国有企业、军队系统等单位对武陵山片区的定点扶贫。四省市党政机关和企事业单位对片区的定点扶贫要落实到乡，工作到村，帮扶到户。

2. 种粮补贴政策

种粮农民直接补贴政策。种粮农民直接补贴是国家为了保护种粮农民利益、调动种粮积极性、提高粮食产量和促进农民增收，面向种粮农民的一项政策性补贴，简称粮食直补。政策依据是《中共中央国务院关于促进农民增加收入若干政策的意见》2004年一号文件。武陵山片区湖北、湖南、重庆、贵州四省市目前实施情况较好，各省对相关县市内从事农业种粮生产的农民进行补贴，补贴标准按照粮食播种面积、三年平均粮食产量、粮食商品量各占一定比例进行计算分配确定；补贴资金通过"粮食风险基金专户"汇到各县（市、区），由县乡财政部门测算分配到每一种粮农户，并一次性发放到惠农存折上，由乡镇政府进行公示。

良种补贴政策。良种补贴是指国家对农民选用优质农作物品种而给予的补贴，目的是支持农民积极使用优良作物种子，提高良种覆盖率。政策依据是，每年农业部办公厅、财政部办公厅"关于印发××年中央财政农作物良种补贴项目实施指导意见的通知"及湖北、湖南、重庆、贵州四省市财政厅、农业厅"关于拨付××年农作物良种补贴资金及印发良种补贴项目实施方案的通知"。片区四省相关县市的水稻、小麦、玉米、棉花和油菜良种在补贴范围中，财政系统按每亩水稻15元、玉米10元、油菜10元、小麦10元、棉花15元的补贴标准把补贴资金通过乡镇财政所录入发放至生产中使用农作物良种的农户的一卡通。

农资综合补贴政策。农资综合补贴是指国家对农民购买农业生产资料（包括化肥、柴油、农药、农膜等）实行的一种直接补贴制度。政策依据是2006年一号文件《中共中央国务院关于推进社会主义新农村建设的若干意见》。

3. 新型农业经营主体发展政策

培育新型职业农民政策。2014年，农业部将进一步扩大新型职业农民培育试点工作，重点面向专业大户、家庭农场、农民合作社、农业企业等新型经营主体中的带头人、骨干农民等，围绕主导产业开展从种到收、从生产决策到产品营销的全过程培训，培养造就大批高素质农业生产经营者。

扶持家庭农场发展政策。2014年2月，农业部下发了《关于促进家庭农场发展的指导意见》，从工作指导、技术支持、土地流转、落实支农惠农政策、强化社会化服务、人才支撑等方面提出了促进家庭农场发展的具体扶持措施。

扶持农民合作社发展政策。党的十八届三中全会指出："鼓励农村发展合作经济，扶持发展规模化、专业化、现代化经营，允许财政项目资金直接投向符合条件的合作社，允许财政补助形成的资产转交合作社持有和管护，允许合作社开展信用合作。"[①] 农民合作社享受四项税收减免优惠政策，政策依据是国家财政部、国家税务总局印发的《关于农民专业合作社有关税收政策的通知》；农民合作社享受"登记不收费处罚不罚款"工商政策，政策依据是国家工商行政管理总局印发的《农

---

① 《中共中央关于全面深化改革若干重大问题的决定》，http://www.china.com.cn/news/2013-11/15/content_30615132.html. 2013-11-15/2014-10-08。

民专业合作社登记管理条例》《关于农民专业合作社登记管理的若干意见》。

培育壮大龙头企业政策。支持龙头企业通过兼并、重组、收购、控股等方式组建大型企业集团。创建农业产业化示范基地，促进龙头企业集群发展。政策依据是 2013 年一号文件《中共中央国务院关于加快发展现代农业，进一步增强农村发展活力的若干意见》。

4. 农机农技支持政策

农业机械购置补贴政策。农业机械购置补贴是指农机（具）购置补贴，是国家对农民个人、农场职工、农机专业户和直接从事农业生产的农机作业服务组织，购置和更新农业生产所需的农机具给予的补贴，目的是提高农业机械化水平和农业生产效率。政策依据是农业部办公厅、财政部办公厅印发的《2014 年农业机械购置补贴实施指导意见》，中央财政资金补贴机具种类范围为：耕整地机械、种植施肥机械、田间管理机械、收获机械、收获后处理机械、农产品初加工机械、排灌机械、畜牧水产养殖机械、动力机械、农田基本建设机械、设施农业设备和其他机械 12 大类、48 个小类、175 个品目机具。[①] 武陵山片区内各省市在此基础上对补贴农机目录进行了补充，并自行制定了非通用类农机产品补贴标准。

农业技术下乡推广政策。农业技术推广是指各省（市、自治区）、市（州）、县（市、区）农技推广中心（站）承担种植业技术推广与技术服务的职责，从而推广种植业技术，促进农业发展。政策依据是《中华人民共和国农业技术推广法》，鄂农技、湘农技、黔农技、渝农技《关于印发省（市）农技推广总站 2014 年工作要点的通知》。政策具体内容包括做好农业生产技术培训指导，推广重大生产技术，建设技术试验示范区，实施重大科技项目等。

5. 农村建设惠民政策

农村新型洁净能源政策。适宜开展用沼气建设的农户，因地制宜地引导开展以沼气为纽带的"四位一体""猪沼果""五配套"等生态家园模式建设，推广沼气综合利用技术，帮助建池农户取得综合效益。政策依据

---

① 参见中国农业机械化信息网，http：//www.amic.agri.gov.cn/nxtwebfreamwork2014-02-11/2014-10-08。

是 2003 年《农村沼气建设国债项目管理办法（试行）》，以及每年度中央预算内农村能源建设项目及资金计划通知。具体到武陵山片区的农村户，沼气池建设每户每口国家补贴 2000 元；小型沼气工程按供气户数，每户国家补贴 2400 元；大型沼气工程每处国家补贴 100 万—150 万元（以当年计划批文为准）。

农村、农垦危房改造政策。农村危房改造是国家对居住在危房中的农村分散供养五保户、低保户、农村贫困残疾人家庭和其他贫困户进行的危房改造政策。政策依据是 2011 年《国务院办公厅关于保障安居工程建设和管理的指导意见》。2014 年国家继续加大了农村、农垦危房改造力度，完善政策措施，加快改善广大农村困难群众住房条件，计划完成农村危房改造任务 260 万户左右，完成农垦危房改造 24 万户，支持建设农垦危房改造供暖、供水等配套基础设施建设。

农村饮水安全工程用地政策。农村饮水安全工程是农村的一项公益性基础建设，对农民生活、农业发展意义重大。政策依据是 2011 年《国土资源部水利部关于农村饮水安全工程建设用地管理有关问题的通知》，确保农村饮水安全工程建设土地供应，切实保障农村饮水安全工程建设顺利实施，让广大农民群众尽早喝上放心水。

6. 农村社会保障政策

农村居民最低生活保障政策。农村居民最低生活保障指政府对家庭年人均纯收入低于当地农村居民最低生活保障标准的农村常住居民家庭实行的基本生活救助制度。政策依据是《湖北省农村居民最低生活保障办法》《湖南省农村居民最低生活保障办法》《贵州省农村居民最低生活保障办法》《重庆市农村居民最低生活保障办法》。

农村五保供养政策。为了做好农村五保供养工作，保障农村五保供养对象的正常生活，建立和完善农村社会保障制度，依照国家和本办法规定，在吃、穿、住、医、葬方面给予村民的生活照顾和物质帮助。政策依据是《湖北省农村五保供养办法》《湖南省农村五保供养办法》《贵州省农村五保供养办法》《重庆市农村五保供养办法》。

新型农村合作医疗政策。新型农村合作医疗，简称"新农合"，是指由政府组织、引导、支持，农民自愿参加，个人、集体和政府多方筹资，以大病统筹为主的农民医疗互助共济制度。新型农村合作医疗是由我国农民自己创造的互助共济的医疗保障制度，在保障农民获得基本卫生服务、缓解农民因病致贫和因病返贫方面发挥了重要的作用。政策依据是湖北、湖南、贵州、重庆四省市卫生计生委、财政厅印发的《关于做好2014年新农合工作的通知》。

农村社会养老保险政策。农村社会养老保险是以保障农村居民年老时的基本生活为目的，建立个人缴费、集体补助、政府补贴相结合的筹资模式，由政府组织实施的一项社会养老保险制度。政策依据是国务院印发的《关于建立统一的城乡居民基本养老保险制度的意见》，人社部、财政部联合印发的《城乡养老保险制度衔接暂行办法》。

二　新型经营主体日益壮大

新型农业（含种植业、林业、渔业、畜牧业、养殖业）经营主体是指在家庭承包经营制度下，有文化、懂技术、会经营的职业农民和经营规模大、集约化程度高、市场竞争力强的农业经营组织，主要包括专业大户、家庭农场、农民专业合作社和农业企业四种形式，广义上还包括职业经理人（职业农民）和农产品批发市场。专业大户也叫种养大户，相对传统农户而言，专业大户实现了规模化经营。家庭农场是农民家庭租赁、承包土地或者经营自有土地的农业经营形式，家庭农场以家庭成员作为主要劳动力，以农场收入为家庭的主要收入来源，征地期限较长，经营的土地较稳定，其经营规模的大小取决于农业机械化和社会化服务水平的高低。农民专业合作社是在农村家庭承包经营基础上，同类农产品的生产经营者或者同类农业生产经营服务的提供者、利用者，自愿联合、民主管理的互助性经济组织。农民专业合作社以其成员为主要服务对象，提供农业生产资料的购买，农产品的销售、加工、运输、储藏以及与农业生产经营有关的技术、信息等服务。农业企业是从事农、林、牧、副、渔业等生产经营活动，实行自主经营、独立经济核算，具有法人资格的营利性的经济组织。

相对于传统农业经营主体（自给自足小农户）而言，新型农业经营主体规模化、集约化、专业化、市场化和社会化程度更高，盈利水平更高。实践表明，新型农业经营主体是农业先进生产力的代表，是推动粮食增产、农业增效、农民增收的主要力量，是带动特色农业、现代农业发展和推进农业转型升级的"火车头"。近年来，武陵山片区所辖县、市的新型农业经营主体数量不断增多,经营范围覆盖主导产业,发展质量不断提高,服务内容更加广泛,辐射带动能力逐步增强,有效推动了武陵山片区现代农业的发展。

(一) 分布地域遍及全区

1. 湖北省相关县市新型农业主体发展现状

2013年,恩施土家族苗族自治州新型农业经营主体突破万家,总数达到10208家。一是专业大户和职业经理人,全州专业大户总数达到737个,占新型农业经营主体的7.2%;农村经纪人总数达到176个,占新型农业经营主体的1.7%。二是家庭农场,全州符合标准的家庭农场数量达到488家(在工商部门注册36家,农业部门认定90家),占新型农业经营主体的4.8%。三是专业合作社,全州农民专业合作社总数达到3759家,占新型农业经营主体的36.8%。四是农业龙头企业,全州农业龙头企业总数达到4986家(内资企业431家、私营企业949家、小型加工厂3606家),占新型农业经营主体的48.8%,其中,国家级重点龙头企业2家,省级重点龙头企业35家,州级重点龙头企业194家。五是农产品批发市场,全州各类农产品批发市场总数达到62个,占新型农业经营主体的0.6%。[①]

2013年,宜昌市秭归县新进省级龙头企业3家、农民合作社示范社5家,注册家庭农场125家;五峰土家族自治县2013年新增农业企业23家,使全县主营收入2000万元以上规模农业企业达到37家;2013年,长阳土家族自治县新增省级重点龙头企业2家,达到8家,农民组织化程度不断提升,农民专业合作社达到630家,居全市第一,其中,省级示范社6家。[②]

2. 湖南省相关县市新型农业主体发展现状

2013年,湘西土家族苗族自治州农民专业合作社达到950个,农民专业合作社成员达到6.5万人;农产品加工企业增至629个,州级以上龙头企业增至111家。2013年,怀化市拥有市级以上农业产业化龙头企业

[①] 资料来源于课题组在恩施州地区的实践调研。

[②] 参见秭归县、五峰县、长阳县的"2013年国民经济和社会发展计划执行情况与2014年计划草案的报告"。

169家（其中，国家级1家、省级24家、市级144家），较上年净增23家；农民专业合作组织增至1727个，入社社员10.96万人。2013年，张家界市全市农产品加工企业798家，其中，国家及省级龙头企业13家；全市农民专业合作社680个，合作社成员7.5万户。2013年，邵阳市农产品加工企业达到4182家。2013年，娄底市全市农产品加工企业达到1126家，农民专业合作社发展到1034个，家庭农场发展到780家。2013年，常德市石门县全县农产品加工企业增至914家，其中，省级龙头企业4家；农民专业合作社增至170家，成员数1.7万。2013年，益阳市安化县新增农民专业合作社62家，各类农民专业合作社达164家（参见表1—13）。①

表1—13　　湖南省相关县、市新型农业主体基本情况统计

指标地区	湘西州	怀化市	张家界市	邵阳市	娄底市	石门县	安化县
农民专业合作社（个）	950	1727	680	1942	1034	170	164
合作社成员（万人）	6.5	10.96	7.5			1.7	
农产品加工企业（家）	629	169	798	4182	1126	914	

3. 重庆市相关县市新型农业主体发展现状

2013年，石柱土家族自治县新发展农民合作社46个，注册重庆市首个家庭农场；彭水苗族土家族自治县培育市级产业化龙头企业25家、新型股份合作社60个、家庭农场45个；黔江区新培育8个国家级和市级农民专业合作示范社；武隆县新发展农民合作社101个，新增市级示范社4个，新培育和申报市级龙头企业4家，培育新型职业农民600人，培训农村实用人才10000人次；秀山土家族苗族自治县新增农业龙头企业25家、农村合作经济组织85个、家庭农场201户；酉阳土家族苗族自治县全县产业大户、规模经营组织增至3200个。

4. 贵州省相关县市新型农业主体发展现状

2013年，遵义市共有种养大户6万户、家庭农场150户，市级以上

---

① 资料来源于湘西州、怀化市、张家界市、邵阳市、娄底市、石门县、安化县的《2013年国民经济和社会发展统计公报》。其中，邵阳、娄底两市所包括县市未全部属于武陵山片区，但为方便研究，此处直接采用两市的统计数据，也可在相当程度上说明问题。

龙头企业达 330 家,农民专业合作社达 2152 个。铜仁市专业合作社增至 220 家。①

(二) 创立人类型多样

专业大户、家庭农场、农民合作社、农业企业、农产品批发市场等新型农业经营主体中,专业大户和家庭农场属于家庭经营,农民专业合作社、农业企业及农产品批发市场属于合作经营、集体经营或者企业经营。不同的经营主体的经营性质不同,创立人类型也有区别。

以湖北省恩施土家族苗族自治州鹤峰县的农民专业合作社的发起人类型为例,在全县,已创办的各类 230 家合作社中,企业联办的有 52 家,村干部牵头领办的有 35 家,农村专业大户创办的有 77 家,同类生产经营者联合设立的有 48 家,返乡农民工或回乡大学生自主创业组建的有 18 家。②

(三) 发展水平不断提高

近年来,武陵山片区的新型农业经营主体发展势头较快,且发展质量不断提高。片区内,部分农民专业合作社被评为 2014 年国家农民合作社示范社,一些农业企业也先后被评为农业产业化国家重点龙头企业,片区内一些农产品批发市场也达到了全国大型批发市场的规模。

1. 2014 年武陵山片区的国家农民合作社示范社

2014 年 9 月 10 日,全国农民合作社发展部际联席会议在京公布了国家示范社公示名单。名单公示了 3767 家国家示范社,包括 424 家来自全国供销合作社系统的农民合作社。武陵山片区共有 119 家合作社成为国家示范社,其中,湖北省相关县市共有 23 家,占全省国家示范社的 13.94%;湖南省相关县市共有 49 家,占全省国家示范社的 34.03%;贵州省相关县市共有 14 家,占全省国家示范社的

---

① 资料来源于遵义市、铜仁市的《2014 年政府工作报告》。
② 资料来源于课题组在鹤峰县的实践调研。

28.57%；重庆市相关县区共有15家，占全市国家示范社的10.79%。①无论是相对于四省市相关县市占全省市的面积比例，还是占全省市的行政区划比例来说，四个省市的国家示范社比例都偏高。这表明武陵山片区农业专业合作社的整体发展速度较快，发展质量和水平日益提高（参见表1—14）。

表1—14　　　　武陵山片区国家农民合作社示范社统计

项目省份	湖北	湖南	贵州	重庆	合计
数量（个）	23	49	32	15	119
占全省（市）比例（%）	13.94	34.03	28.57	10.79	20.88

2. 武陵山片区农业产业化国家重点龙头企业基本情况

武陵山片区农业龙头企业发展质量不断提高。截至目前，武陵山片区共有25家农业产业化国家重点龙头企业。其中，湖北省恩施、宜昌地区共有4家，占全省农业重点龙头企业的10.26%；湖南省相关县市共有12家，占全省农业重点龙头企业的30%；重庆市相关县、区共有2家，占全市农业重点龙头企业的8%；贵州省相关县市共有7家，占全省农业重点龙头企业的29.17%（参见表1—15）。②

表1—15　　　武陵山片区农业产业化国家重点龙头企业名单汇总

省份	县市	企业名称
湖北	恩施州鹤峰县	湖北长友现代农业股份有限公司
	宜昌市	湖北裕波纺织集团股份有限公司
	宜昌市	宜昌三峡茶城有限责任公司
	恩施市	湖北省思乐牧业集团有限公司

---

① 参见中国农业信息网，《全系统农民合作社入围国家示范社公示名单》，http://www.agri.gov.cn/2014-09-12/2014-10-08。

② 参见中国农业信息网，《农业产业化国家重点龙头企业名单汇总（2000—2011年）》，http://www.agri.gov.cn/2011-10-14/2014-10-08。

续表

省份	县市	企业名称
湖南	常德市	湖南金健米业股份有限公司
	怀化市	湖南正清制药集团股份有限公司
	常德市	湖南洞庭水殖股份有限公司
	益阳市	湖南油中王实业股份有限公司
	湘西州保靖县	湖南喜阳食品工业集团股份有限公司
	益阳市	湖南益阳粒粒晶粮食购销有限公司
	湘西州吉首市	湖南老爹农业科技开发股份有限公司
	常德市	常德广积米业有限公司
	邵阳市	湖南李文食品有限公司
	益阳市	益阳益华水产品有限公司
	益阳市	口口香米业股份有限公司
	娄底市	娄底市庆阳牧业食品有限公司
重庆	丰都县	重庆恒都农业开发有限公司
	酉阳县	重庆南方金山谷农牧有限公司
贵州	遵义市湄潭县	贵州湄潭兰馨茶业有限公司
	遵义市凤冈县	贵州凤冈黔风有机茶业有限公司
	遵义市湄潭县	贵州茅贡米业有限公司
	遵义市湄潭县	贵州省湄潭县栗香茶业有限公司
	遵义市湄潭县	贵州湄潭盛兴茶业有限公司
	铜仁市	贵州东太农业股份有限公司
	遵义市湄潭县	遵义陆圣康源科技开发有限责任公司

3. 武陵山片区全国大型农产品批发市场相关情况

目前，武陵山片区共拥有 11 家全国大型农产品批发市场。其中，湖北省共有 2 家分别位于恩施、宜昌地区，占全省大型农产品批发市场的

9.1%;湖南相关县市共有 6 家,占全省大型农产品批发市场的 42.86%;贵州省共有 3 家,占全省大型农产品批发市场的 25%;重庆市相关县市暂时还没有大型农产品批发市场(参见表 1—16)。

表 1—16　　武陵山片区全国大型农产品批发市场统计

省份	县市	名称
湖北	恩施市	华西生态园批发市场
	宜昌市	金桥农产品有限公司果菜批发市场
湖南	邵阳	江北农产品大市场
	常德市	甘露寺蔬菜批发市场
	常德市	谢家铺牲猪交易大市场
	慈利县	大世界市场管理站
	益阳市	团洲蔬菜批发市场
	吉首市	吉首蔬菜果品批发大市场
贵州	铜仁市	贵州铜仁玉屏牲畜产地批发市场
	遵义市	遵义金土地绿色产品交易有限公司
	遵义市	遵义坪丰农副产品综合批发市场

(四)经营范围覆盖主导产业

湖北省恩施土家族苗族自治州在主导产业培育壮大过程中,新型农业经营主体实现了领域全覆盖,并依托主导产业发展。从农民专业合作社产业分布看,烟叶、茶叶、蔬菜、干鲜果品、药材、畜牧六大支柱产业占全州合作社总数的 80% 以上;从龙头企业产业分布看,主要集中在茶叶、蔬菜、畜牧、干鲜果品等领域,占全州龙头企业总数的 65% 以上。[①]

2014 年,武陵山片区的 119 家国家农民合作社示范社主要集中在茶叶、蔬菜、药材、林业、畜牧、干鲜果品、农特产品等农业特色产业。其

---

① 资料来源于课题组在恩施州地区的实践调研。

中，有 20 家示范社分布在畜牧产业，有 17 家示范社分布在茶叶产业，有 17 家示范社分布在干鲜果产业，有 17 家示范社分布在蔬菜产业，有 13 家示范社分布在林业产业，有 12 家示范社分布在农特产品产业，有 11 家示范社分布在药材产业，有 9 家示范社分布在谷粮种植产业，还有 3 家示范社分布在农业机械产业。[①] 详情见表 1—17—表 1—25。

表 1—17　　武陵山片区茶业类国家农民合作社示范社统计表

省份（直辖市）	州、市	合作社名称
湖北	恩施州	湖北长阳瘭君茶叶专业合作社
	恩施市	恩施市芭蕉源发茶叶专业合作社
	恩施市	恩施市屯堡乡花枝山村有机茶专业合作社
	宜昌市	宜昌高山云雾产业专业合作社
	宜昌市	秭归县九畹溪镇峡口茶叶专业合作社
湖南	湘西州	慈利县三合口生态茶叶专业合作社
	湘西州	吉首市隘口茶叶专业合作社
	湘西州	保靖县茗旺黄金茶产销专业合作社
	湘西州	古丈县牛角山茶叶专业合作社
	怀化市	沅陵县辉煌茶叶合作社
	怀化市	通道侗族自治县独峰茶叶专业合作社
	邵阳市	洞口县茶铺茶叶专业合作社
贵州	遵义市	道真仡佬族苗族自治县瑶山垭茶叶专业合作社
	遵义市	湄潭县落花屯茶叶专业合作社
	铜仁市	石阡县五德镇翠红茶叶生产农民专业合作社
重庆		重庆市彭水县极地油茶专业合作社
		武隆县洪山茶叶专业合作社

---

① 参见中国农业信息网，"全系统农民合作社入围国家示范社公示名单"，http://www.agri.gov.cn/2014-09-12/2014-10-08。

表 1—18　　武陵山片区药材类国家农民合作社示范社统计

省份（直辖市）	县市	合作社名称
湖北	恩施州	利川市竹溪黄连专业合作社
	恩施州	利川市金土源药材产销专业合作社
	恩施州	利川市团堡镇农安药材产销专业合作社
湖南	娄底市	新化县唐奇中药材种植专业合作社
	娄底市	新化县亿园中药材种植专业合作社
	湘西州	桑植县万祥中药材农民专业合作社
贵州	遵义市	湄潭县复兴中药材种植合作社
重庆		酉阳县和发中药材种植专业合作社
		秀山县裕农金银花专业合作社
		石柱土家族自治县大歇中药材专业合作社
		石柱土家族自治县六塘中药材专业合作社

表 1—19　　武陵山片区林业类国家农民合作社示范社统计

省份（直辖市）	县市	合作社名称
湖北	宜昌市	宜昌市大华园林专业合作社
	恩施州	鹤峰县林海林业专业合作社
	恩施州	巴东县清太银杏种植专业合作社
湖南	邵阳市	邵阳市筱溪库区玫瑰花农民专业合作社
	益阳市	益阳春光花卉苗木专业合作社
	怀化市	靖州苗族侗族自治县茯苓专业合作社
	怀化市	新邵县三门滩苗木种植专业合作社
	怀化市	沅陵县麻伊溪银杏种植专业合作社
	湘西州	吉首市阳林生态果木专业合作联社
贵州	遵义市	正安县庙塘正鑫竹业农民专业合作社
重庆		重庆市丰都县奇森林木专业合作社
		重庆市石柱县青源花木股份合作社
		重庆市酉阳县天龙林业专业合作社

表 1—20　武陵山片区畜牧类国家农民合作社示范社统计

省份（直辖市）	县市	合作社名称
湖北	恩施州	鹤峰县燕子启盛畜牧养殖专业合作社
	恩施州	巴东县大兴牧业养殖专业合作社
	宜昌市	宜昌成祥养羊专业合作社
	宜昌市	五峰巴人牧业专业合作社
	宜昌市	宜昌民富畜禽养殖农民专业合作社
湖南	湘西州	桑植县金土地烟叶种植专业合作社
	常德市	湖南四通生猪养殖专业合作社
	怀化市	中方县大山牧业专业合作社
	怀化市	洪江市恒源畜禽养殖销售专业合作社
	怀化市	会同县新兴渔业专业合作社
	怀化市	新晃县东岭田鱼养殖专业合作社
	娄底市	冷水江富民生猪养殖专业合作社
	邵阳市	隆回海星鸽业养殖专业合作社
	铜仁市	石阡县鸿宇畜禽生态养殖农民专业合作社
重庆		武隆县凰呈生猪养殖专业合作社
		丰都县恒心畜牧专业合作社
		秀山立强家禽养殖专业合作社
		彭水县向前土鸡养殖股份合作社
		武隆县鑫凤鸽子养殖专业合作社
		武隆县林宏畜禽养殖专业合作社

表1—21　　武陵山片区干鲜果品类国家农民合作社示范社统计

省份（直辖市）	县市	合作社名称
湖北	宜昌市	长阳磨市柑橘专业合作社
	宜昌市	秭归县后山脐橙专业合作社
	恩施州	宣恩县富源贡水白柚专业合作社
湖南	湘西州	泸溪县红山柑橘专业合作社
	湘西州	凤凰县红心猕猴桃专业合作社
	湘西州	永顺县长官果王柑桔专业合作社
	常德市	湖南亚辉柑橘专业合作社
	常德市	石门县恒园果业专业合作社
	怀化市	芷江侗族自治县宏源优质桃类专业合作社
	张家界市	慈利县湘慈柑橘专业合作社
	张家界市	张家界天门山水果供销专业合作社
	邵阳市	武冈市兴业红提专业合作社
贵州	铜仁市	松桃金果子生态种植专业合作社
重庆		武隆县华斌水果专业合作社
		丰都县楠竹柑橘股份合作社
		重庆市秀山县民信猕猴桃股份合作社
		酉阳县后溪百果园水果专业合作社

表1—22　　武陵山片区谷粮种植类国家农民合作社示范社统计

省份（直辖市）	县市	合作社名称
湖北	恩施州	巴东县易达聚农杂粮专业合作社
	恩施州	建始县三里香米专业合作社
	恩施州	来凤县三丰薯业专业合作社
	恩施州	巴东县兴余绿色农产品种养专业合作社
湖南	常德市	常德市穗丰优质稻农民专业合作社
	邵阳市	邵阳县金土地高粱专业合作社
	邵阳市	绥宁县宝顶山生态香米生产专业合作社
	怀化市	新晃侗藏红米稻种植专业合作社
	益阳市	益阳市金雁子水稻种植统防统治专业合作社

表1—23　　武陵山片区蔬菜类国家农民合作社示范社统计

省份（直辖市）	县市	合作社名称
湖北	恩施州	巴东县兴余绿色农产品种养专业合作社
湖南	怀化市	靖州苗族侗族自治县阳光农副产品专业合作社
湖南	怀化市	湖南省洪江市乐园绿色蔬菜专业合作社
湖南	娄底市	涟源市桥头河种植专业合作社
湖南	湘西州	龙山县绿康蔬菜农民专业合作社
湖南	湘西州	花垣县星盛果蔬种植专业合作社
湖南	益阳市	益阳市顺风蔬菜种植专业合作社
湖南	益阳市	安化县富民食用菌专业合作社
湖南	常德市	常德市湘北食用菌农民专业合作社
贵州	铜仁市	铜仁市碧江区盛丰蔬菜种植专业合作社
重庆		丰都县联鑫蔬菜股份合作社
重庆		彭水县岩角蔬菜种植股份合作社
重庆		秀山县新明蔬菜股份合作社
重庆		石柱土家族自治县临溪辣椒专业合作社
重庆		石柱土家族自治县河嘴辣椒专业合作社
重庆		重庆市黔江区嘉荣蔬菜种植专业合作社
重庆		丰都县联众果蔬专业合作社

表1—24　　武陵山片区农特产品类国家农民合作社示范社统计

省份（直辖市）	县市	合作社名称
重庆		秀山县川河盖蜜蜂养殖专业合作社
重庆		彭水县长乐蜜蜂养殖专业合作社
重庆		彭水县郁山镇龙须晶丝苕粉专业合作社
重庆		酉阳县宜佳农产品专业合作社
湖南	湘西州	保靖县西水蜂蜜产销专业合作社
湖南	怀化市	靖州县绿源种养专业合作社
贵州	铜仁市	沿河县华桥农民专业合作社
贵州	铜仁市	沿河县黄土乡农特产品农民专业合作社
贵州	铜仁市	铜仁市碧江区茅溪村环态农业专业合作社
贵州	铜仁市	贵州德江天上生态农业专业合作社
贵州	铜仁市	思南县晨曦生态农业专业合作社
贵州	铜仁市	松桃苗族自治县继梅养殖专业合作社

表1—25　　武陵山片区农业机械类国家农民合作社示范社统计

省份（直辖市）	县市	合作社名称
湖南	怀化市	辰溪县永发生态农业机械化服务专业合作社
重庆		丰都县隆大哥农机股份合作社
		秀山县沙南农机服务专业合作社

（五）生产服务内容更加广泛

武陵山片区各类新型农业经营主体广泛参与农业产业链的各个环节，生产服务内容越来越广泛。以龙头企业、专业合作社为代表的新型农业经营主体在引领农民发展特色产业，实现标准化、规模化、专业化、品牌化生产经营等方面，已经显示出强劲的活力和明显的成效，已由过去向农户提供单纯的生产、技术合作，逐步向提供生产、技术、信息、加工、销售等综合服务方向发展，合作层次不断提高，经济效益不断增多。

以湖北省恩施土家族苗族自治州为例，2013年，在全州一万多家农民专业合作社中，单纯以生产、购买、服务、运销、加工等形式为主的专业合作社已下降至21%，而以产加销一体化服务为主的专业合作社已提高到70%。①

（六）辐射带动能力逐步增强

武陵山片区各类新型农业经营主体充分发挥自身优势，相互促进，融合发展。通过"龙头企业+农户+基地""龙头企业+合作社+农户+基地""协会+龙头企业+合作社+农户+基地"等方式，促进农村土地流转，实行规模化、专业化农业生产，推动了特色农业产业的快速发展，带动了片区广大农民脱贫致富。

2013年，湖北省恩施土家族苗族自治州在新型农业经营主体与农户之间初步形成了技术服务、股份合作（含土地入股）、利润返还、保底收购等多种利益联结模式。全州龙头企业、农民专业合作社自建基地面积达到110多万亩，带动农户58.6万户（次），占农户总数的60%，户均增收1200元以上。土地流转趋于集中化、规模化，各类新型农业经营主体共流转耕地面积43.8万亩，占全州家庭承包经营耕地总面积的12%。到

---

① 资料来源于课题组在恩施州地区的实践调研。

2013年底，恩施州鹤峰县农民合作社的数量达到263家，社员2.18万人，带动农户4.58万户，基地面积10.59万亩，实现销售收入28750万元，社员盈利556万元；全县8家从事农产品深加工的规模以上专业合作社，销售收入达到16000万元，实现盈余1267万元，社员二次返利644万元，股金分红365万元。①

2013年，湖南省怀化市25家国家级、省级龙头企业实现销售收入26.69亿元，实现利税2.85亿元。邵阳市农产品加工企业4182家，实现销售收入357.71亿元，其中，规模企业226家，销售收入241.23亿元；农村土地流转面积120万亩，比上年增加26万亩。张家界市全市13家国家及省级龙头企业实现销售收入557942万元，增长20.9%；实现利税46872万元，增长15.2%；实现利润40040万元，增长15.1%。②

三 特色农业产业加快发展

近年来，武陵山片区相关县市深入推进"四化同步"，大力发展现代高效农业，以转变农业发展方式为主线，促进农业规模化生产、农产品现代化加工、农产品多元化销售、市场品牌化竞争、农业产业效益化经营，片区现代特色农业整体上呈现快速发展的良好态势。

（一）农业产业规模化

武陵山片区各类新型农业经营主体的迅速发展推动了片区特色农业产业不断壮大，蔬菜、茶叶、干鲜果品、烟叶、林业、药材、畜牧、谷粮种植等传统农业产业结构不断优化，特色农业基地规模不断扩大，农业产业实现规模化发展。

1. 湖北省相关县市特色农业产业发展规模③

恩施土家族苗族自治州现已基本形成以烟叶、茶叶、蔬菜、干鲜果

---

① 资料来源于课题组在恩施州地区的实践调研。
② 资料来源于怀化市、张家界市、邵阳市的《2013年国民经济和社会发展统计公报》。
③ 资料来源于恩施土家族苗族自治州、五峰土家族自治县《2013年国民经济和社会发展统计公报》。

品、中药材、畜牧业及魔芋、马铃薯为主导产业"六百双五"工程的特色农业发展格局，全州特色农业基地总规模达到 500 多万亩，其中，烟叶、茶叶、高山蔬菜、中药材、魔芋、马铃薯均处于全省第一位。2013年，全州茶园面积 110.39 万亩，采摘面积达到 83.13 万亩，茶叶产量 6.44 万吨。全州现有水果种植面积 53 万亩，产量 25.15 万吨；现有柑橘种植面积 10 余万亩；现有梨园 10 万亩，产量 4.5 万吨；现有核桃和板栗种植面积 55 万亩。2013 年，全州建成了华中地区最大的药用植物园，保育优质种子资源 1400 余种。2013 年，全州出栏生猪 505 万头，全州标准化规模养殖示范场总数达 4716 个，家庭牧场总数达 12667 个，已建成万头猪场 19 个、各类养殖小区 633 个、家庭牧场 10517 户。2013 年，全州共种植烟叶 52.67 万亩，收购烟叶 130.06 万担。其中，烤烟 97.94 万担，白肋烟 32 万担，雪茄烟 0.12 万担，白肋烟总产量占全国的 80% 左右，出口量占全国出口总量的 90% 左右。2013 年，全州蔬菜种植面积 180 万亩，总产量 220 万吨，其中高山蔬菜 87 万亩，为湖北省最大的高山蔬菜基地；魔芋播种面积 27 万亩。

宜昌市五峰土家族自治县特色农业产业全面丰收。种植业增产明显。全年粮食产量 83035 吨，增长 3.1%。油料产量 5745 吨，增长 1.5%。蔬菜瓜果种植面积 103902 亩，蔬菜瓜果产量 173970 吨，增长 4.3%。年末茶叶总面积达到 188208 亩，茶叶产量 18814 吨，增长 5.7%。烟叶面积 35219 亩，产量 5612 吨。魔芋种植面积 22245 亩，产量 23568 吨。药材产量 3936 吨。林业发展好，林产品产量高。2013 年全年人工造林 18127 亩，育苗面积 466 亩，低产林改造 1600 亩，成林扶育作业面积 15000 亩。主要林产品产量：生漆 3 吨，油桐籽 10 吨，油茶籽 38 吨，五倍子 237 吨，核桃 164 吨，板栗 218 吨，棕片 152 吨，杜仲 282 吨，辛夷花 237 吨。牧业发展较好。年末，大牲畜存栏 13934 头，生猪存栏达到 36.67 万头，羊存栏 9.89 万只，家禽存笼 57.30 万只，养蜂 5929 箱。出栏肉牛 1843 头，出栏生猪 36.07 万头，出栏山羊 9.94 万只，出笼家禽 47.80 万只。肉类总产量 30243 吨，禽蛋产量 1910 吨，蜂蜜产量 21 吨。2013 年，全县水产养殖面积达到 570 亩，水产品产量 82 吨。

2. 湖南省相关县市特色农业产业发展规模①

湘西土家族苗族自治州特色农业产业稳步发展。2013年全州粮食总产量是82.5万吨，比2012年下降3%；蔬菜产量73.6万吨，增长2.7%；油料产量8.8万吨，增长4.2%；茶叶产量0.18万吨，增长4.9%；水产品产量2.1万吨，增长1.8%。烤烟产量3.5万吨，下降3.2%；猪肉产量7.7万吨，下降0.3%。全州特色产业面积240万亩。椪柑产业完成"品改"1.2万亩，茶叶产业扩面提质21.6万亩，猕猴桃品改和培管12.5万亩，完成猕猴桃标准化示范基地建设2.9万亩，百合生产和培管10万亩，种植优质烟叶30.1万亩，蔬菜新扩商品蔬菜基地2万亩，商品蔬菜面积达到45万亩。

怀化市特色农业产业规模递增。2013年，全市粮食播种面积32.27万公顷，增长2.2%。其中，稻谷播种面积28.7万公顷，增长2.0%，优质稻播种面积所占比重为45.6%；蔬菜播种面积7.38万公顷，增长4.2%；油料播种面积11.65万公顷，增长4.5%。粮食产量177.03万吨；油料产量15.17万吨，增长8.0%；水果产量122.81万吨，增长6.2%；蔬菜产量127.92万吨，增长7.2%；年末存栏生猪251.30万头；全年出栏生猪334.99万头，增长0.3%；禽蛋产量1.56万吨，增长3.3%；水产品产量6.65万吨，增长7.0%。

邵阳市特色农业产业协调增产。2013年，全市粮食产量达到311.97万吨，比上年下降2.1%，油料总产量15.37万吨，增长14.4%，烟叶产量1.49万吨，增长12.0%，水果总产量75.11万吨，增长8.8%。年内出栏生猪955.98万头，增长0.3%，肉类总产量78.42万吨，增长2.7%，禽蛋产量1.81万吨，增长3.2%，牛奶产量4.28万吨，增长6.0%。水产品总产量10.25万吨，增长5.8%。全市优质稻种植面积286.21千公顷，比上年增长2.8%，占水稻种植面积的65.4%。

张家界市特色农业产业全面推进。2013年全市粮食种植面积139千公顷，增长5.4%；棉花种植面积0.96千公顷，增长1.1%；油料种植面积43.84千公顷，增长10.1%；蔬菜种植面积29千公顷，增长4.5%；烟叶种植面积7.6千公顷，增长7.3%。全年粮食产量59.19万吨，减产

---

① 资料来源于湘西土家族苗族自治州、怀化市、邵阳市和张家界市《2013年国民经济和社会发展统计公报》。

3.0%；油料7.17万吨，增产5.9%；棉花0.12万吨，减产3.5%；烤烟1.55万吨，增产8.6%；水果28.72万吨，增产7.9%；蔬菜57.25万吨，增产8%；猪肉7.84万吨，增产0.1%；水产品1.43万吨，增产5.8%；禽蛋1.35万吨，增产2.1%。全年出栏生猪103.01万头，增长0.1%。出栏牛5.74万头，增长1.1%。出栏羊19.19万只，增长3.2%。年末存栏生猪76.49万头，比上年下降3.5%。

3. 贵州省相关县市特色农业产业发展规模①

遵义市现代农业稳步发展。2013年，全市种植蔬菜、辣椒、高粱570多万亩，新增茶叶、中药材、干鲜果品和改造竹林近60万亩；粮食种植面积768.99千公顷，比2012年增加13.38千公顷；油料种植面积142.84千公顷，增加0.31千公顷；烤烟种植面积68.03千公顷，增加2.56千公顷。全年粮食产量259.8万吨；全年油料产量26.49万吨，比2012年增长1.8%；糖料产量0.42万吨，下降24.9%；烤烟产量11.63万吨，增长3%；茶叶产量4.34万吨，增长28.2%。全年肉类总产量47.73万吨，比上年增长4.2%。全年水产品产量4.7万吨，增长22.8%。

铜仁市农业经济较快发展。2013年，全市主要农作物播种面积稳步增长。粮食作物播种面积363543公顷，增长3.3%；油料作物播种面积81577公顷，增长6.8%；蔬菜播种面积80922公顷，增长6.5%。年末实有茶园面积81938公顷，增长17.6%；果园面积24521公顷，增长2.4%。

全市主要粮食作物产量小幅下降，经济作物持续增长。全年实现粮食总产量117.3万吨，比2012年下降3.4%，其中稻谷产量41.88万吨，下降8.1%；油料产量13.37万吨，增长9.4%；茶叶产量2.43万吨，增长63.1%；水果产量22.18万吨，增长26.4%。

4. 重庆市相关县区特色农业产业发展规模②

石柱土家族自治县特色效益农业快速发展，辣椒、中药材、兔业等优势产业巩固提升，烤烟、冷水鱼、水果等高效产业势头强劲。2013年建

---

① 资料来源于遵义市、铜仁市的《2013年国民经济和社会发展统计公报》。
② 资料来源于彭水苗族土家族自治县武隆县、秀山土家族自治县和丰都县的《2014年政府工作报告》，石柱土家族自治县、酉阳土家族自治县的《2013年国民经济和社会发展统计公报》。

成100亩冷水鱼养殖基地，建成农业标准化生产基地70万亩，建成28个种植专业村、20个规模养殖园。全年粮食产量25.64万吨，增产0.5%。肉类总产量3.67万吨，增长5.1%。禽蛋产量0.32万吨，增长2.7%。水产品产量0.28万吨，增长12.2%。

彭水苗族土家族自治县大力发展特色农业。2013年，烟叶产量稳居全市首位，魔芋、油茶、高淀粉红薯种植规模位居全市前列，获评"全国生猪调出大县""中华蜜蜂之乡"。

武隆县特色农业产业发展成效较大。2013年，粮食作物播种面积75.58万亩，产量16.53万吨。蔬菜播种面积36.75万亩，产量45万吨；烤烟产量17.7万担。出栏生猪47.7万头、山羊12.6万只、家禽104.4万只，分别增长3.84%、10.3%和8.35%。

秀山土家族苗族自治县药材、畜牧、水产、茶叶等特色产业加快发展。2013年生产粮食30.2万吨、蔬菜25.9万吨；出栏生猪46.3万头，出栏土鸡1191万只；收购金银花3.2万亩；油茶、茶叶、高端猕猴桃基地面积分别达到12.7万亩、7.5万亩、3万亩。

酉阳土家族苗族自治县特色效益农业迅猛发展。麻旺鸭、兴隆大鲵、涂市山羊、宜居茶叶、后坪苦荞、龚滩现代烟草、两罾蜂蜜、泔溪青花椒、腴地中药材、圆梁山高山蔬菜、偏柏脐橙等特色产业基地迅速壮大。全年农作物总播种面积13.53万公顷，其中，粮食作物播种面积8.87万公顷。全年实现粮食产量36.31万吨；油料产量2.60万吨，比上年增产4.4%；烟叶产量1.38万吨；茶叶产量0.11万吨，增产5.7%；水果产量1.82万吨，增产9.0%；蔬菜产量26.15万吨，增产6.8%。全年肉类产量6.39万吨，增产4.3%，其中猪肉产量4.88万吨，增产3.2%；牛肉产量0.74万吨，增产10.1%；羊肉产量0.40万吨，增产7.9%。水产品产量0.14万吨，增产9.9%。

丰都县2013年实现肉牛产业转型发展，发展500头规模养殖场10个、庭院牧场503户，新增肉牛饲养量5.5万头。此外，全年建成武平国家级、三坝市级烟叶基地单元，收购烟叶10.8万担；打造5000亩以上林业基地3个；种植榨菜16.5万亩；新发展红心柚2万亩。

（二）产品加工现代化

武陵山片区农业自然环境优良，物产丰富，很多农、林、牧、渔业的初级农产品具有地域特色，营养丰富，经济价值极高。但以往由于缺乏相关农业加工企业，片区农产品无法得以很好地加工而销往各地。近年来，国家逐步加大对武陵山片区金融、技术、人才等方面扶持，片区社会经济发展环境不断改善，因此农产品加工企业如雨后春笋般迅速发展起来，而且在数量不断增多的同时，农产品加工企业的发展质量也在不断提升。随着现代生产技术的广泛运用，片区内的初级农产品开始换上新装，坐上车、船，出现在全国乃至世界各地。

1. 湖北省相关县市农产品加工企业的发展情况

湖北省恩施土家族苗族自治州现有茶叶加工厂家1000余家，其中，年加工能力在500吨以上的8家，250吨以上的15家，50吨以上的209家。现有药业工业、药材基地、药材营销各类企业89家，药材专业合作经济组织179家。其中，国家高新技术企业中有5家药业企业。此外，有5家制药企业通过国家GMP认证，药品生产文号180余个。全州以肉食品为主的畜产品规模以上加工企业十余家，拥有固定资产3亿多元，设计年屠宰加工能力达到240多万头。全州现有饲料生产企业21家，年生产能力近10万吨，生产能力3万吨以上的规模企业达3家。①

表1—26　　　　恩施州部分农产品加工龙头企业统计

所在地	公司名称	经营项目
恩施市	恩施市润邦国际富硒茶业有限公司	茶叶
鹤峰县	湖北长友现代农业股份有限公司	薇菜、食用菌、板栗、魔芋、特色蔬菜等
恩施市	湖北省思乐牧业集团有限公司	家畜屠宰、肉食及肉制品加工、冷冻产品

表1—26统计了恩施州部分农业产业的代表性企业。润邦国际富硒茶业有限公司是一家生产、加工、销售绿茶、红茶、乌龙茶、白茶、黑茶、花茶等多系列名优茶的湖北省重点农业产业化龙头企业。企业占地面积92亩，厂房面积近20000平方米，拥有加工设备1500余台（套），拥有目前国内最先进的蒸汽杀青自动化生产线、富硒绿茶精制生产线、名优红茶生产线、乌龙茶生产线，年生产能力3000吨，有专业技术人员90多人。长友现代农业股份有限公司是一家集农产品收购、科研开发、生产加

---

① 资料来源于课题组在恩施州地区的调研。

工、贸易出口于一体的农业产业化国家重点龙头企业。公司注册资本金 8200 万元，下设 6 个子公司、3 个分公司和 1 个现代特色农业科技示范园。思乐牧业集团有限公司总资产达 2 亿元，具有年屠宰生猪 60 万头、肉牛 2 万头、山羊 10 万只，加工肉制品 10000 吨的生产能力。①

2. 湖南省相关县市农产品加工企业的发展情况

怀化市农业产业化水平相对较高。全市现有 1 家国家级龙头企业，27 家省级龙头企业，117 家市级龙头企业。表 1—27 统计了怀化市部分农业产业的代表性企业。

表 1—27　　　　　怀化市部分农产品加工龙头企业统计

所在地	公司名称	经营项目
新晃县	新晃老蔡食品有限责任公司	牛肉休闲食品
溆浦县	湖南雪峰食品发展有限公司	片片橘及浓缩果汁
洪江市	洪江华宇竹业有限公司	竹地板及竹制品
靖州县	靖州县四通粮油有限责任公司	大米、植物油
怀化市	怀化绿紫园蔬菜科技有限公司	土特产、蔬菜制品、腊肉腊鱼
沅陵县	湖南省沅陵碣滩有机茶开发有限公司	茶叶

新晃老蔡食品有限责任公司总资产 2928 万元，占地面积 7000 亩，建筑面积 7500 亩，有 1 个屠宰分割车间、4 个深加工车间、240 吨冷冻冷藏库，拥有国内先进食品加工设备 200 余台（套）。雪峰食品发展有限公司现有固定资产 3400 万元，厂房面积 6.3 万平方米，年生产能力超过万吨。洪江华宇竹业有限公司现已建立年供应优质楠竹 300 万根的原材料基地，旗下三家公司拥有目前国际先进水平的加工制造竹地板、竹木复合地板、集成材的生产线 20 条，全套成品生产线两条，年生产能力 80 万平方米。靖州四通粮油有限责任公司总资产 1620 万元，现有日产 180 吨高档精米生产线一条。怀化绿紫园蔬菜科技有限公司总资产 5218 万元，现有无公害蔬菜基地 4000 亩，年产无公害蔬菜 6000—7000 吨；绿色蔬菜基地 500 亩，年产绿色标准蔬菜、食用菌 600—800 吨。沅陵碣滩有机茶开发有限

---

① 参见恩施州农业局网，《龙头企业》，http：//www.hbesagri.gov.cn/bsym/ltqy/index.htm.l2014-01-08/2014-10-08。

公司现有青山、碣滩、太常三个直属茶场，年产有机茶达到2000吨。

近年来，邵阳市各级党委、政府不断加大对农业企业的政策支持，农产品加工企业蓬勃发展。湖南李文食品有限公司是邵阳最大的一家果蔬罐头产品加工出口企业，公司先后开发出糖水橘片、果冻、甜酸辣油椒酱、清水冬笋、马蹄片等6个品种26个系列产品，2013年达到年产6万吨柑橘系列产品加工规模，实现年销售收入6亿元。湖南中富植物油脂有限公司现有预榨、浸出、精炼全连续式炼油生产线一条、浓香型菜籽油生产线一条和清香型山茶油生产线一条，生产能力达日处理油料300吨，年产油品3万吨。湖南省邵阳市浩天米业有限公司下辖三家精米加工厂，公司现拥有精米、标准米生产线5条，年大米加工能力10万吨。①

3. 贵州省相关县市农产品加工企业的发展情况

遵义市设施农业、现代种业、绿色有机农业和农产品加工业加快发展，规模以上农产品加工企业现已增至250户。表1—28统计了遵义市部分农业产业代表性龙头企业。②

表1—28　　　　遵义市部分农产品加工龙头企业统计表

所在地	公司名称	经营项目
湄潭县	贵州省茅贡米业有限公司	大米
道真仡佬族苗族自治县	贵州省道真县千山药业有限公司	中药材、金银花饮用系列产品
道真仡佬族苗族自治县	道真县绿磨坊风味食品有限公司	灰豆腐果
湄潭县	贵州南方嘉木有限公司	黑砖茶、茶籽油

贵州茅贡米业有限公司总资产1.5亿元，年加工茅贡牌系列大米18万吨，公司有米皮胚芽油2000吨生产线、5万吨粮食储备库。贵州省道真仡佬族苗族自治县千山药业有限公司建立了4182亩种植基地，并有3万平方米以上的有机生产基地，以及五条有机产品生产线。道真仡佬族苗族自治县绿磨坊风味食品有限公司下设5个灰豆腐果生产点和1个无公害

---

① 参见邵阳市农业信息网，http：//www.sysagri.gov.cn/uppic/html/main/index.html 2011 - 09 - 17/2014 - 10 - 08。

② 参见遵义市农业委员会网，http：//nw.zunyi.gov.cn/2014 - 05 - 24/2014 - 10 - 08。

原料基地。贵州南方嘉木有限公司占地面积 30 亩,建筑面积 15000 平方米,总资产 3112 万元,现有年加工茶籽油成品 3000 吨和年产黑茶 500 吨生产线各一条。

铜仁市玉屏侗族自治县大龙健康植物油有限责任公司主要从事桐油、茶油、桐籽片、茶籽片生产,年产品加工能力 1200 吨。贵州省玉屏县林大实业有限责任公司现有年产 3000 吨的农产品加工厂和库容 3000 立方米的气调保鲜冷库,年产 10000 吨的家畜屠宰加工生产线和占地 30 亩的黔东果品批发市场,公司主要生产浇头、蕨菜、板栗、南瓜、竹笋、香椿、茶籽油等系列产品。①

4. 重庆市相关县区农产品加工企业的发展情况

重庆酉阳深川农产品有限公司产品以猪牛羊粗加工产品为主,现建有 10 个酉州乌羊养殖场。重庆市黔江区永和肉制品有限责任公司主要经营肉制品加工,现建成一个占地 10 亩的黑山生猪屠宰厂,一个占地 5 亩的黑山牲畜交易市场和一座 1600 立方米的冷冻冷藏库。重庆市武隆县盛荣食品有限责任公司是武隆县唯一的一家以猪、牛肉产品加工开发为主的食品工业企业。公司现有三个肉联厂和 8 个定点屠宰场,屠宰加工生产线 2 条,800 吨冻库 1 座,年屠宰加工能力商品猪 50 万头、牛 30000 头。重庆市武隆县光正高科技农业开发有限公司生产基地总面积达到 30000 亩,建有半夏药材加工场和加工厂,半夏产量达到 300 万公斤以上,年产值近两亿元。重庆市秀山县权海农业开发有限责任公司以秀山土鸡养殖和金银花种植为主,公司年林下养殖出栏秀山土鸡 20 万只,年产土鸡蛋 10 万枚;公司金银花基地年产金银花鲜花 1500 吨,建有占地面积 8000 平方米的金银花初加工厂一个,拥有烘干机 4 台。②

(三) 产品销售多元化

健全完善、高效快捷的销售渠道对于农产品的保鲜保质、减耗增值具

---

① 参见铜仁市农业信息网,http://www.tragri.gov.cn 2005-01-17/2014-10-08。
② 参见酉阳农业农村信息网 [DB/OL]:http://www.yyxny.gov.cn/List.aspx? ci = 38212012-06-14/2014-10-08;黔江农业农村信息网,http://www.qjqagri.gov.cn/Default.aspx2010-10-09/2014-10-08;武隆农业信息网,http://www.wlagri.cn/Default.aspx2012-03-23/2014-10-08;秀山农业农村信息网,http://www.xsny.gov.cn/default.aspx2014-05-04/2014-10-08。

有十分重要的意义。

目前，武陵山片区农产品销售渠道主要有农户直接销售、合作组织销售、专业市场销售、农业企业销售、商贸公司销售几种形式，销售终端包括专卖店销售、超市销售、电子商务销售等。总的来说，武陵山片区相关县市的农产品销售体系已初步成形，销售渠道呈现多元化、便捷化、高效化的特征，销售范围逐步由本县市逐步扩展到全国乃至世界各地，农产品销售收益越来越好，农业从业人员经济收入逐年增加。

1. 农户直接销售

农户直接销售包括农户通过自家实体店面和网上店面销售农产品，或者将农产品自行销往周边市场。灵活而直接的销售方式有利于将农产品及时售出，并避免了经纪人、中间商、零售商的盘剥，从而使农户获得实实在在的利益。目前，武陵山片区内绝大多数的小农户仍然是采用传统的"赶集卖农产品"的方式。片区内部分家庭农场、专业大户由于生产规模相对有限，也是采用直接销售的方式，通过实体店以及网店进行产品销售。

2. 合作组织销售

合作组织销售包括农民专业合作社销售和行业协会销售两种类型，合作组织提供统一的销售服务。专业合作社销售是指将全社经营者所生产的同类农产品集中起来，由合作社专门负责销售的部门、人员统一进行市场销售；而农业行业协会销售则是全行业专业合作社及家庭农场、专业大户联合起来，由行业协会专门机构统一联系销路、统一定价、统一收益。无论是专业合作社销售还是更大联合规模的行业协会销售，进行统一销售的方式都以代销、中介销售、加工后销售为主，先买断后销售的情况较少。由于合作社及行业协会的性质不同于企业，所以，不是先买断生产经营者的产品再进行销售，而是采取委托销售、中介销售及加工销售的方式。专业合作社与农户之间是利益均沾和风险共担的关系。销售及加工成本，通过提取佣金和手续费解决。除此以外，销售收益按产品份额返还农户。合作组织这种销售渠道把分散的农产品集中起来，有利于解决"小农户"和"大市场"之间的矛盾，实现农产品的稳定化供给和效益化销售；同时，订单式的销售方式有利于降低个体农户的市场风险，切实保障农户的利益。目前，武陵山片区专业大户、家庭农场、农民专业合作社和行业协会正处于快速发展之中，合作组织销售方式的运用范围和频度在逐步扩大。

3. 专业市场销售

专业市场销售，即通过建立影响力大、辐射能力强的农产品专业批发市场集中销售农产品。[①] 农产品批发市场销售主体——职业经纪人将分散性和季节性强的农产品从农户中收购、集中起来，从而实现农产品的快速运输、保鲜储藏、包装加工和集中销售，有利于解决农产品生产的分散性、季节性、区域性和农产品消费的集中性、常年性、全国性的矛盾。

近年来，专业市场销售越来越受到武陵山片区相关县市的重视，片区内大量农产品批发市场项目快速实施并进行市场化运作。例如，为了进一步推动恩施州乃至整个武陵山片区农产品交易和农业产业化的发展，在各级党委、政府的支持和关心下，恩施州华硒生态农产品批发交易市场于 2011 年底建成并投入市场运行，交易市场现有经营面积 15 万平方米，拥有 1000 个门面和万吨冷库，而且，专用仓库、气调保鲜冷库、交易档口、农产品质量检验检测中心、物流中心、银行、停车场等配套实施一应俱全。华硒交易市场立足武陵、连接江汉、涵盖西南、辐射全国，是恩施州乃至武陵地区规模最大、功能最完善的农产品批发交易市场。

4. 农业企业销售

武陵山片区内很多农业企业集产品研发、生产、运输、营销于一体，通过开设连锁专卖店、电子商务平台、农超对接等渠道构建起产品销售网络，打造营销平台。例如，主要从事经营和销售牲畜屠宰、肉食及肉制品加工、冷冻产品的湖北省思乐牧业集团，就在恩施州城及周边县、市开设专卖店 26 家，乡镇销售点 50 余个，以及在武汉、长沙、南昌、成都等全国十余个大中城市设有直销门市部，并利用三十多台大中型专用冷藏配送

---

① 参见姜华、李博《农产品销售渠道分析》，《山东农业》2002 年第 4 期；黔江农业农村信息网，http：//www. qjqagri. gov. cn/Default. aspx2010 - 10 - 09/2014 - 10 - 08；武隆农业信息网，http：//www. wlagri. cn/Default. aspx2012 - 03 - 23/2014 - 10 - 08；秀山农业农村信息网，http：//www. xsny. gov. cn/default. aspx2014 - 05 - 04/2014 - 10 - 08。

车辆将企业产品及时配送到各个销售点,这种较为完善的销售网络体系使思乐集团产品及时、高效、低耗地销往全国多地。① 主要从事农副产品生产、加工、销售的武隆县仙女山天然食品有限责任公司,实行"公司+基地+农户"的运作模式,走农业产业化经营道路,将"樊三"牌豆腐干、"羊角"牌老醋、"白马山"武仙苕粉、"仙女山"牌老腊肉等产品打入重庆新世纪、重百为首的十几家大中型超市和学田湾、观音桥批发市场以及武隆各大旅游景点,并通过电子商务平台使企业产品远销成都、昆明、广州、郑州等省市。②

5. 商贸公司销售

武陵山片区还有一些农业企业专门从事农产品的研发、加工,因此,这些企业的产品销售便依赖于专门的销售公司、商贸公司。一种是农产品加工企业与市场销售公司进行商业合作,一方负责生产,另一方负责销售,二者通过签订相应的协议进行利益分成。例如,湖北鹤峰鑫农茶业有限公司与北京天下汇通科技发展有限公司在2014年9月签订合作协议,今后,汇通公司700多家经销商旗下的10000多家连锁店将开辟专门货架摆放、营销鑫龙公司的产品。另一种是由相关贸易公司进行牵线搭桥,农产品加工企业进行产品销售。例如,铜仁市玉屏侗族自治县大龙健康植物油有限责任公司就长期通过湖南省粮油食品进出口集团有限公司和湖南省粮油对外贸易公司将所生产的桐油、茶油出口日本、韩国、马来西亚等地区。还有一种是农业企业内部单独设立产品销售子公司,从而专门负责企业产品的营销与售后工作。例如,贵州红赤水集团有限公司下设专业销售企业——赤水市自然传奇食品商贸有限公司,销售公司建立了自销和区域代理相结合的销售网络体系,除在本地市场设立直销店外,由企业销售公司直接向全国各大超市配送产品,企业产品行销国内北京、上海等20多个省区。③

---

① 参见恩施州农业局网,《思乐简介》,http://www.hbsile.com/Article/ShowArticle.asp?ArticleID=112014-01-08/2014-10-08。
② 参见武隆农业信息网,http://www.wlagri.cn/2012-03-23/2014-10-08。
③ 参见遵义市农业委员会,"贵州红赤水集团有限公司",http://nw.zunyi.gov.cn/ch9664/ch9709/2014/06/04/content_2011420573.html2014-06-04/2014-10-08。

(四) 市场竞争品牌化

近年来，武陵山片区农业品牌化建设迅速推进。片区内获得绿色食品认证、有机食品认证、无公害农产品认证的农业企业和产品不断增加，片区农业特色产业的发展对产品质量的重视程度越来越高，市场竞争呈现名牌化趋势。

1. 绿色食品认证

绿色食品是指无污染食品、生态食品、自然食品，由中国绿色食品发展中心按照相关标准对农业企业产品进行审核认证。目前，武陵山片区共有127家农业企业获得绿色食品认证，其中，湖北省相关县市有57家，占片区总数的44.88%；湖南省相关县市有55家，占片区总数的43.3%；贵州省相关县市有12家，占片区总数的9.45%；重庆市相关县区有3家，占片区总数的2.37%（参见表1—29）。[①]

表1—29　　　　　武陵山片区绿色食品认证企业统计

项目省份	湖北	湖南	贵州	重庆	合计
认证企业（家）	57	55	12	3	127
所占比例（%）	44.88	43.30	9.45	2.37	100

2. 有机食品认证

有机食品是指采取有机的耕作和加工方式生产的产品，产品需符合国际或国家有机食品要求和标准，并通过国家认证机构的认证。中国一家权威的认证机构——北京中绿华夏有机食品认证中心的公布结果显示，2014年武陵山片区共有22家农业企业获得北京中绿华夏有机食品中心的认证（参见表1—30）。

---

① 参见中国农业信息网，《绿色食品》，http://www.greenfood.org.cn/sites/MainSite/List_2_12405.html。

表1—30　　武陵山片区2014年有机食品认证企业统计

所在地	公司名称	有机食品认证数量
湖北宣恩	宣恩县伍贡茶业有限公司	2
	宣恩县金玉嘉茗实业有限公司	2
	恩施州中农春雨果业有限公司	1
	宣恩县皇贡茶业有限公司	4
	宣恩县伍台昌臣茶业有限公司	4
	宣恩县晓关侗族乡维民茶叶专业合作社	2
	宣恩县七姊妹山茶业有限公司	4
	宣恩县富源农业发展有限公司	2
	湖北宣恩维民实业有限公司	2
	恩施州伍家台富硒贡茶有限责任公司	4
	宣恩县椒园采花茶叶专业合作社	2
	宣恩调阳茶业有限公司	2
	湖北绿可生态茶业有限公司	2
	湖北亦禾生态农业有限公司	2
湖北恩施	恩施市富之源茶叶有限公司	2
	恩施晨光生态农业发展股份有限公司	2
湖北建始	恩施炜丰富硒茶业股份有限公司	2
湖南安化	湖南阿香茶果食品有限公司	2
湖南石门	石门添怡茶业有限公司	2
	常德石门恒胜茶业有限责任公司	2
湖南新化	湖南紫秾特色农林科技开发有限公司	2
湖南慈利	张家界江垭淡水渔业股份有限公司	1

3. 无公害农产品认证

无公害农产品是指产地环境符合无公害农产品的生态环境要求，生产过程符合规定的质量标准和规范，有毒有害物质残留量控制在安全质量允许范围内，安全质量指标符合《无公害农产品（食品）标准》，且经专门机构认定，许可使用无公害农产品标识的农、牧、渔产品。2014年，农业部农产品质量安全中心认证的无公害农产品企业中，武陵山片区共有125家农业企业入围。其中，湖北省相关县市共有44家，占片区总数的35.2%；湖南省相关县市共有41家，占片区总数的32.8%；贵州省相关县市共有23家,占片区总数的18.4%;重庆市相关县区共有17家,占片区总数的13.6%(参见表1—31)。①

表1—31　　武陵山片区2014年无公害农产品认证企业统计表

项目省份	湖北	湖南	贵州	重庆	合计
数量(个)	44	41	23	17	125
所占比例(%)	35.2	32.8	18.4	13.6	100

(五)产业经营效益化

1.农林牧渔业总产值

农林牧渔业总产值即农业总产值,指以货币表现的农、林、牧、渔业全部产品的总量,它反映一定时期内农业生产的经济效益。近年来,武陵山片区特色农业产业逐步实现规模化和效益化经营,相关县、市的农林牧渔业总产值逐步增加(见图1—1)。

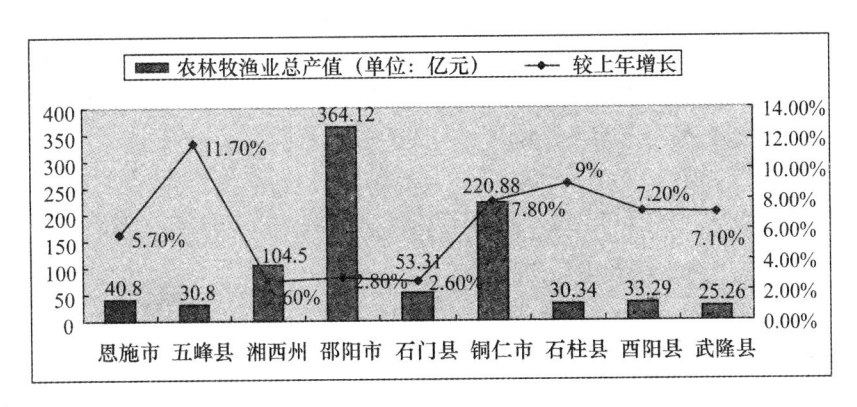

图1—1　武陵山片区部分县市2013年农林牧渔业总产值及其增长率

2013年,湖北省恩施土家族苗族自治州恩施市实现农林牧渔业总产值40.80亿元,扣除物价上涨因素比2012年增长5.7%。其中,农业产值23.09亿元,增长2.7%;林业产值1.01亿元,增长8.6%;牧业产值16.33亿元,增长10.1%;渔业产值793万元,增长4.5%;农、林、牧、

---

① 参见中国农产品质量安全网,《2014年无公害农产品获证产品目录》,http://www.aqsc.gov.cn/2014-04-16/2014-10-08。

渔服务业产值 2845 万元，增长 3.7%。

2013 年，湖北省五峰土家族自治县实现农业总产值 30.8 亿元，比 2012 年增长 11.7%，蔬菜瓜果实现产值（含魔芋）6.21 亿元，占农业总产值的 20.2%。烟叶实现产值 1.11 亿元，占农业总产值的 3.6%。药材实现（含野生）产值 1.74 亿元，占农业总产值的 5.6%。茶叶实现总产值 6.96 亿元，占农业总产值的 22.6%。林业实现总产值 8042 万元，占农业总产值的 2.6%。牧业实现总产值 107025 亿元，占农业总产值的 34.7%。

2013 年，湖南省湘西土家族苗族自治州实现农林牧渔业总产值 104.5 亿元，比 2012 年增长 2.6%。其中，农业产值 74.5 亿元，增长 3.2%；林业产值 4.2 亿元，增长 0.7%；牧业产值 23.6 亿元，增长 0.9%；渔业产值 1.7 亿元，增长 3.8%。

2013 年，邵阳全市完成农林牧渔业总产值 364.12 亿元，比 2012 年增长 2.8%。种植业完成产值 204.44 亿元，增长 2.3%；畜牧业完成产值 128.06 亿元，增长 2.9%；林业完成产值 15.63 亿元，增长 6.6%；渔业完成产值 10.67 亿元，增长 5.7%。

2013 年，湖南省常德市石门县全年完成农林牧渔业总产值 53.31 亿元，比 2012 年增长 2.6%。其中，农业产值 25.38 亿元，下降 1.2%；林业产值 0.86 亿元，下降 7.4%；牧业产值 24.85 亿元，增长 3.7%；渔业产值 1.47 亿元，增长 30.0%；农业服务业产值 0.75 亿元，增长 4.6%。实现农林牧渔业增加值 33.56 亿元，增长 2.6%。

2013 年，贵州省铜仁市实现农林牧渔业总产值 220.88 亿元，比 2012 年增长 7.8%。其中，农业产值 119.66 亿元，增长 7.8%；林业产值 5.5 亿元，增长 8.8%；牧业产值 83.15 亿元，增长 6.6%；渔业产值 6.22 亿元，增长 24.2%；农、林、牧、渔服务业产值 6.35 亿元，增长 7.6%。

2013 年，重庆市石柱土家族自治县全年实现农林牧渔业总产值 30.34 亿元，增长 9.0%。其中，农业产值 15.56 亿元，林业产值 0.99 亿元，牧业产值 13.07 亿元，渔业产值 0.49 亿元，农林牧渔服务业产值 0.22 亿元。

2013 年，重庆市酉阳土家族苗族自治县全年实现农林牧渔业总产值 33.29 亿元，比 2012 年增长 7.2%。其中，农业产值 16.75 亿元，增长 6.4%；林业产值 2.37 亿元，增长 7.6%；牧业产值 13.70 亿元，增长

7.8%；渔业产值 0.28 亿元，增长 22.4%；农林牧渔服务业产值 0.19 亿元，增长 10.9%。

2013 年，重庆市武隆县全年完成农林牧渔业总产值 25.26 亿元，比 2012 年增长 7.1%。

2. 第一产业完成增加值

第一产业增加值即农、林、牧、渔业增加值，指一定时期内农林牧渔业所生产的产品或提供的活动产生的增值，可以表示为农、林、牧、渔业现价总产值扣除农林牧渔业现价中间投入后的余额。中间消耗指农业生产过程中所消耗的各种物质产品的价值。武陵山片区农业生产稳步发展，总体发展效益逐步提高。片区相关县市的农林牧渔业总产值不断增长的同时，第一产业所完成的增加值也呈递增的趋势。

2013 年，湖北省恩施市第一产业完成增加值 24.46 亿元，增长 5.2%。湖北省五峰县完成第一产业增加值 18.14 亿元，比 2012 年增长 11.7%。湖南省湘西州完成第一产业增加值 62.5 亿元，增长 2.6%。湖南省怀化市第一产业实现增加值 151.82 亿元，增长 2.7%。湖南省邵阳市完成第一产业增加值 254.89 亿元，增长 2.8%。湖南省石门县完成第一产业增加 33.56 值亿元，增长 2.6%，其中，农业增加值 18.51 亿元，减少 0.5%；林业增加值 0.68 亿元，减少 8.5%；牧业增加值 13.01 亿元，增长 4.1%；渔业增加值 0.91 亿元，增长 29.3%；农业服务业增加值 0.46 亿元，增长 4.6%。贵州省遵义市完成第一产业增加值 207.9 亿元，增长 6.3%。贵州省铜仁市实现农林牧渔业增加值 135 亿元，增长 7.0%。重庆市石柱县实现第一产业增加值 19.81 亿元，增长 5.2%。重庆市酉阳县第一产业实现增加值 20.75 亿元，增长 4.3%。重庆市武隆县第一产业实现增加值 16.17 亿元，增长 5.2%，其中，农业 11.07 亿元，增长 4.5%；林业 0.64 亿元，增长 7.3%；畜牧业 3.93 亿元，增长 5.1%；渔业 0.43 亿元，增长 21.9%；农林牧渔服务业 0.06 亿元，增长 9.9%。

第 二 章

武陵山片区农业现代化的困境

摆脱贫穷、实现农业现代化一直是武陵山片区人民的夙愿。党和国家也出台了多项政策推进武陵山片区的农业现代化建设。但是，农业发展的基础薄弱，生产力水平低下，农业效益不高，农民科技文化素质较低，自给自足的小农经济思想严重，发展农业的积极性不足，加上农业现代化发展的组织体系不健全，国家对武陵山片区农业发展缺乏特殊的扶持政策，农业投资不足，风险较大，使武陵山片区农业现代化水平与全国相比相距甚远，农业现代化困境重重。

一 基础设施困境

农业基础设施是农业发展的基础和支撑。农业基础设施是指"从事农业生产的全过程中所必需的物质条件和社会条件，是在农业生产完成的各个环节所使用的劳动材料、劳动对象等生产力要素的总和，按其内容可分为物质基础设施和社会基础设施两大类型。前者包括供应生产资料的产前环节的基础设施、生产农业初级产品的农业产中环节的基础设施、加速农产品流通的农业产后环节的基础设施；后者包括农业综合教育方面的基础设施、农业科研方面的基础设施、农业推广方面的基础设施、农业政策及法规方面的基础设施、农业信息方面的基础设施"[①]。因此，没有完善的农业基础设施，农业生产条件就无法改善，推动现代农业的规模化、机械化、集约化生产就不可能实现。

---

① 郎永建、张尚民、李长春：《农业基础设施建设的现状及对策》，《农村经济》2004年第2期，第81页。

近年来,党中央、国家发改委、国家民委、各县市十分重视武陵山片区农业基础设施的建设,研究出台扶持政策,专门制定《武陵山片区区域发展与扶贫攻坚规划》,不断加大财政投入,推动片区农业基础设施建设取得了切实成效:农村乡道和村路建设快速推进,农田有效灌溉面积增加,农村病险水库得到除险加固,农业机械(具)快速推广,农网改造和农村房屋改造不断加强,农村信息网络初步建立。虽然片区农业基础设施建设有了长足进展,农业生产条件有了较大改善,综合生产能力有了明显提高,但是总体上看,片区农业基础设施建设水平仍然不足以支撑起现代化农业的发展。

当前,武陵山片区农业基础设施建设滞后于现代农业发展的需要,主要表现在以下五个方面:交通运输发展滞后;水利灌溉设施落后;农村能源建设不足;农业机械化水平偏低;农业信息贫困现象突出。

(一) 交通运输发展滞后

当前,武陵山片区很多农村交通条件较为落后,不但不便于群众生活出行,"雨天一身泥、晴天一身灰"的现象突出,更是严重制约了农村特色资源的规模开发、农产品流通体系的建设和现代农业产业的发展。

1. 农村公路建设资金紧缺

武陵山片区山高沟深,地势险要,水系密布,地质地貌十分复杂,公路建设工程难度和资金投入比平原、丘陵地区成倍增加。农村公路建设项目,除国、省的定额补助外,地方自筹比例高达50%。随着劳动力、施工材料的价格不断上涨,公路建设成本日益提高。再加上片区内基本都是"老、少、边、穷"的国家级民族贫困地区,地方财政十分困难,无力承担自筹资金,建设项目资金缺口大、欠账多、压力重,从而导致乡镇道路建设投资不足,农村通畅工程建设缓慢。

2. 农村公路通达通畅率偏低

受经济发展水平、建设资金、施工技术、地理条件等因素的限制,片区内,农村通畅工程建设不足,农村道路交通不便,互联互通不够,通达通畅水平偏低。2013 年,湖北省恩施州 2513 个行政村中尚有 674 个行政村未通油路(水泥路),通畅率仅为 73.2%;撤并的 594 个建制村中还有 552 个未通公路,582 个未通油路(水泥路);22972 个自然村中已经通公路的仅有 5088 个;已经实施路面改造的 11637 公里农村公路中,尚有

6448公里尚未配套实施安保工程。① 湖南湘西州全州2710个建制村尚有45个村至今未通公路，有829个行政村未通水泥路（沥青路）；此外，全州220万农村人口分散居住在13628个自然寨，除目前已实现通达的8252个自然寨，仍有5376个自然寨50多万人无法享受到公路通达的成果，并且，村与村之间、周边乡镇村之间的公路大部分都是不能连线成片联网的断头路，全州整个农村公路为"树"状而非"网"状，通而不畅现象突出。② 2013年，重庆市武隆县年末公路乡村通畅率为84.9%，158个行政村中仍有24个村尚未通路；重庆市秀山县全年行政村公路仅170公里，公路乡村通畅率为仅83.5%；重庆市酉阳县公路乡村通畅率仅有55.6%。③

3. 农村公路安全隐患较大

片区内部分县、市乡村公路路面质量较差，道路运输承载力低。道路过于狭窄，很多乡村公路宽度仅有3.5米，影响交通正常运行，同时，也严重制约了农产品的大规模运载。而且，由于片区山区地质多疏松，夏季降雨集中，乡道村路一旦遭遇暴雨，山体滑坡、道路崩塌现象时有发生，道路安全隐患较大。此外，受地理条件制约，片区现有农村公路绝大多数坡陡弯急，临河临崖，视距不良，危险路段多，由于安全防护设施不配套，导致交通事故频发，发展货运困难重重。

4. 农村公路维修工作滞后

片区内农村公路维修工作普遍滞后，道路质量每况愈下，交通安全隐患十分严重。除了相关部门重建轻管、建后管护机制不健全的原因以外，农村公路养护资金紧张，转移支付基数偏低是最重要的原因。以湖南省湘西州养护工程专项资金为例，2013年农村公路纳入年报总里程达到10449公里，已建成水泥（沥青）路8913公里，较前几年迅速增加，而养护工

---

① 参见恩施州人民政府网络问政平台《副州长马尚云做客省人民政府门户网在线访谈栏目》，http://zm.enshi.gov.cn/news_show.php?code=1007&nid=2052014-09-01/2014-10-08。

② 参见湘西州人力资源和社会保障局《湖南湘西为民办实事农村公路建设十周年工作调研报告》，http://rsj.xxz.gov.cn/ztlm/wmbs/ztxc/201409/t20140909_134830.html2014-09-09/2014-10-08。

③ 参见《武隆县2013年国民经济和社会发展统计公报》《秀山县2013年国民经济和社会发展统计公报》《酉阳县2013年国民经济和社会发展统计公报》。

程专项资金基数却增长缓慢。湘西州每年农村公路养护工程资金需要13250万元以上,缺口1亿多元,州、县市财力十分困难,农村公路养护工程资金供需矛盾非常突出。① 由于养护工程资金捉襟见肘,农村公路维护只能是有心无力。

(二) 水利灌溉设施落后

当前,武陵山片区农田水利灌溉基础设施较为落后,农村水利工程建设不足,设施配套不够,尚未建立较为完善的防洪体系、灌溉体系和排涝体系,抗灾功能发挥受限,抵御自然灾害的能力不强,一遇洪涝或旱灾就造成农业减产减收。

1. 水利设施建设管理缺位

片区内多数小水窖、小水池、小泵站、小塘坝、小水渠"五小水利工程"设施修建于20世纪六七十年代,受当时资金、技术、物资等因素的制约,修建得较为简陋。经过几十年的运行,目前大部分小型农田水利工程都在超设计期运转,工程设施老化失修、设备报废现象较为严重,设施蓄水能力、调节能力、输水能力不断下降,农田水利安全隐患很大,群众安全饮水依然是个难题。据资料显示,湖南省张家界市的219座水库中,有107座长期带病运行,约占水库总数的49%;在该市近2.2万口山(堰)塘中,近1/3淤积严重,而全市2000多公里渠道,绝大部分也没有进行硬化处理,"跑、冒、滴、漏"现象十分严重。张家界市慈利县皮家垭水库总库容只有1044万立方米,理论上灌溉面积1万亩,却实际担负着3个乡镇的抗旱任务和2.29万亩的灌溉面积。因长期超负荷运转,南北干渠道经过混凝土防渗硬化处理严重不足,该水库已被列为湖南省一号病险水库。②

相对水库大坝建设、病险水库加固、干渠修建等骨干水利工程,中央、地方对农村小型农田水利工程的财政投入较少,配套建设不足,维修资金短缺。此外,农村小型水利工程缺乏明确安全责任主体,监管和维护长期不到位,折旧损耗大。

---

① 参见《湖南湘西为民办实事农村公路建设十周年工作调研报告》。
② 参见江宜航《千疮百孔的小型农田水利体系》,http://blog.sina.com.cn/s/blog_4fe3101e0100ho1b.htm l2010-02-01/2014-10-08。

2. 农田灌溉发展水平较低

当前，片区农田排灌设施普遍落后，农田有效灌溉面积比重低，靠天吃饭的状况基本没有改变。例如，2013年，重庆市酉阳县年末常用耕地面积4.71万公顷，而有效灌溉面积仅1.05万公顷；重庆市武隆县年内新增有效灌溉面积仅0.35万亩；湖南省湘西州年内新增农田有效灌溉面积仅0.24万公顷，新增节水灌溉面积仅0.2万公顷；湖南省怀化市年内新增农田有效灌溉面积仅0.17万公顷。①

农业排灌设施技术水平低，多数灌溉农田存在水利设施标准低、配套差等问题，水资源利用率低，而且灌溉效果不优。由于滴灌、喷灌等先进灌溉技术应用不足，片区农田多数实行漫灌、浇灌，不仅使水资源浪费严重，而且不合理的灌溉方式反而影响农作物生长。

（三）农村能源建设不足

电力是农民生活和农业生产的物质基础。当前，武陵山片区内仍然有少数特别边远、居住分散、线路成本过高的贫困村、贫困户尚未实现通电，部分农村电力基础设施薄弱，无法保障全天候供电。农村电网建设落后，供电不足，不仅影响到群众的正常生活，同时也极大地制约了农业生产的发展。长期以来，国家对农村电网的投入相对较少，再加上片区内地方政府财政紧缺，导致农村电力设施建设投入不足，发展缓慢。虽然，近年来片区内相关县市农网改造力度不断加大，但很多农村依然面临用电难的问题。一是变电站等供电设施陈旧老化，线损率相当高，性能低下，输电电压等级低，供电可靠性和质量得不到保障；二是由于部分地区改造资金不到位，农网改造入户率较低，总体进展慢；三是由于输送距离长，前期建设成本高，农村的电价相对偏高，给经济收入低的农民造成了不小的经济压力。

武陵山片区农村清洁能源整体开发建设水平较低。以农村沼气工程建设为例，片区部分县市对清洁能源建设重视程度不够，缺乏科学发展规划，布局不够合理，重点不够突出，导致沼气整体建设不足，尚未形成规

---

① 参见《酉阳2013年国民经济和社会发展统计公报》《武隆2013年国民经济和社会发展统计公报》《湘西州2013年国民经济和社会发展统计公报》《怀化市2013年国民经济和社会发展统计公报》。

模，且不同乡镇、农村发展不平衡。而且，由于财政投入建设经费相对欠缺，以及专项发展资金落实不够，导致清洁能源建设力量严重不足，一是科技人员少，二是技术力量薄弱，三是服务体系滞后，严重制约了农村沼气的可持续发展。另外，受生猪市场价格波动和农村常住人口递减等因素的影响，养猪农户和农户养猪数量都呈递减之势，导致沼气池原料不足，沼气池产气量和沼气使用率降低，影响了沼气综合效益的发挥；同时，由于缺少劳动力对沼气池进行日常维护，造成农村沼气半用和停用现象较为普遍。除了沼气能源以外，武陵山片区还拥有较为丰富的太阳能、生物能、地热能等可再生能源，但由于资金、人员、技术等因素的制约，这些清洁能源的开发和利用程度还很低。

（四）农业机械化水平偏低

耕、种、收综合机械化水平，是指农业生产中使用机器设备作业的数量占总作业量的比重。农业机械化是衡量农业现代化水平的重要因素。受经济水平、地理环境、发展观念等因素的影响，当前，武陵山片区农业生产手段相对传统落后，农业耕、种、收综合机械化水平偏低，片区相关县市普遍不足50%。2013年，湖北省恩施州年末拥有农机总动力155.89万千瓦，耕、种、收综合机械化率仅为28.0%；湖南省邵阳市年末拥有农业机械总动力414.98万千瓦，耕、种、收综合机械化率仅为46.0%；湖南省怀化市年末拥有农机总动力346.4万千瓦，耕、种、收综合机械化率仅为37.7%；湖南省张家界市年末拥有农机总动力107万千瓦，耕、种、收综合机械化率40.5%；重庆市石柱县耕、种、收综合机械化率仅为36.6%；重庆市武隆县年末拥有农业机械总动力25.84万千瓦，耕、种、收综合机械化率仅为36.0%；重庆市秀山县耕、种、收综合机械化率为44.0%；重庆市酉阳县年末拥有农业机械总动力42.6万千瓦，耕、种、收综合机械化率仅为21.2%。① 除以上县市以外，武陵山片区其他县市农业机械化水平也普遍低于2013年全国平均水平59.5%②，其中，多

---

① 资料来源于恩施州、邵阳市、怀化市、张家界市、石柱县、武隆县、酉阳县、秀山县《2013年国民经济和社会发展统计公报》。
② 参见东方网，《中国农业机械化水平较10年前提升27个百分点》，http://news.eastday.com/c/20140925/u1a8360140.html 2014 – 09 – 25/2014 – 10 – 08。

数县市农业机械化水平低于所在省市的平均水平（参见表2—1）。

表 2—1　　武陵山片区部分县市农业机械化水平统计情况

项目地区	恩施	邵阳	怀化	张家界	石柱	武隆	酉阳	秀山	湖北	湖南	重庆	全国
总动力（万千瓦）	155.89	414.98	346.4	107		25.84	42.6					
机械化率%	28.0	46.0	37.7	40.5	36.6	36.0	21.2	44.0	61.5	39.8	33.1	59.5

资料来源：湖北省、湖南省、重庆市2013年平均农业机械化水平的数据来源于三省市农业机械化信息网。

基本实现机械化的标准是耕、种、收综合机械化水平达到70%，中等机械化的标准是40%—70%，而40%以下则为初级阶段。因此，武陵山片区农业机械化水平处于中等偏下甚至是初级阶段。影响片区农业机械化水平提高和规模化发展的因素主要包括：

一是农机装备拥有量低，农机总动力、人平动力、亩平动力少，农机综合作业效率不高。片区大多数农户都采用小型农机操作，大农机和高性能复式作业机具少，主机多、配套机具少，配套率低，科技含量不高，技术状态差；农机作业项目较单一，林果业、养殖业和农产品加工的机械化程度较低。二是部分农机产品质量差，损坏报废率高，机械故障多，影响农机作业，影响农民收入，同时降低了农民购置机械的积极性。三是燃油价格高，且供应时有脱销，农机经营成本和风险较大。四是农机社会化服务网络不完善。农机服务合作组织、中介组织发展欠缺，农机服务组织化程度不高，农机维修和技术推广较为滞后。

（五）信息贫困现象突出

"武陵山片区的贫困不仅表现为经济贫困、人类贫困、生态贫困，在信息化时代更表现为信息贫困。"[①] 长期以来，武陵山片区内广大农村存在信息设施薄弱、信息闭塞、信息滞后、信息不配套、信息可真性不高等信息贫困现象，严重制约了片区现代农业发展和新农村建设的进程。

---

① 游俊、冷志明、丁建军：《中国连片特困区发展报告（2013）》，社会科学文献出版社2013年版，第147页。

1. 农村信息化基础设施薄弱

近年来,片区相关县市不断加大社会主义新农村的建设力度,随着"广播电视村村通工程"的大力实施,广播、电视、手机、互联网等大众传媒在片区内农村地区的普及率有了大幅度提升。但是,片区农村信息化基础设施建设总体不足,与片区四省市平均水平仍有差距,与东部发达地区的差距就更为明显。

信息化基础设施是影响农村信息化发展水平的根本因素。当前,片区内多数农村信息化基础设施覆盖面窄、利用率低的客观现实,已成为农业现代化的关键瓶颈。片区农村信息化基础设施薄弱主要表现为:一是农村信息传播的载体、媒介等信息基础设施严重滞后,农民媒介资源拥有量严重不足,据"武陵山片区农村信息贫困程度评价及扶贫机制研究"课题组在2012年调查所得,武陵山片区电话普及率、广播覆盖率分别为52.66部/百人和88.25%,比全国平均水平低42.24%和10%;人均邮电业务量为669.56元,远远低于全国平均水平,不及全国平均水平的1/4;互联网入户率仅为4.34%,不及全国平均水平的1/3,绝大多数农村地区尚无网络覆盖。[①] 二是报纸、广播、电视、网络四大主流媒体在农村分布严重失衡,基本上是电视一统天下,广播和报纸近乎销声匿迹,更为重要的是,由于经济水平滞后、建设和使用成本相对偏高,片区农村的互联网设施建设相当落后,覆盖率很低,而且片区农村的移动设施信号普遍较弱,直接影响互联网信息传播的时效性和通达性。

2. 信息不配套

电视是片区广大农村农户接收信息的最主要渠道和媒介,而电视传播的多数信息并不能有效满足农民的实际需要。因此,信息单一、信息不配套的问题十分突出,导致城乡信息"鸿沟"不断扩大。农业信息产品属"准公共产品",具有非竞争性和一定程度的非排他性,由于生产成本较高、风险较大、收益较小,导致产品供给相对不足。由于电视的涉农频道、节目甚至广告都较少,农民从电视中接收到的涉农信息十分有限。而且,电视传播信息的速度远远慢于互联网,农民所接收的信息时效性较低。

---

① 参见丁建军、赵奇钊《农村信息贫困的成因与减贫对策——以武陵山片区为例》,《图书情报工作》2014年第2期,第77—78页。

二 人力资源困境

马克思主义唯物史观认为,生产力是社会发展进步最根本、最革命的因素,而人却是生产力中最活跃的因素。人才是人力资源中的先进部分,是科技创新的主要承担者,是经济社会发展的主要贡献者,是人类文明前进的主要推动者,是最为活跃的先进生产力。从生产要素的角度来看,发展现代农业,实现农业现代化,人才是一个核心要素。诚然,我们在调查中发现,武陵山片区实现农业现代化存在着诸多人力资源方面的困境,突出表现在农业管理人才不足、农业技术人才匮乏、农民企业家缺乏、农业营销人才稀少和青壮年劳动力短缺等几个方面。

(一) 农业管理人才不足

发展现代农业与传统的小农经营存在本质区别,需要实行产业化经营,形成竞争优势。以单个家庭为基础的农业管理模式很难适应整个农业产业化发展,这就需要大量的管理人才改进农业管理。什么是管理?"科学管理之父"泰罗认为,管理就是"确切地知道你要别人干什么,并使他用最好的方法去干"[1]。法约尔则从要素角度认为,管理就是计划、组织、指挥、协调、控制。诺贝尔经济学奖获得者西蒙则给出了更为简短的定义,他认为管理就是制定决策。我国学者芮杰明认为,"管理就是对组织资源进行有效整合以达成组织既定目标与责任的动态创造性活动。"[2]虽然对于管理的定义不一,但毋庸置疑,管理是所有的人类组织都有的一种活动,是必不可少的。管理活动的执行者、操作者就是管理中,在管理活动中表现突出、效益明显的人可以成为管理人才。农业管理人才对发展现代农业、实现农业现代化有十分关键的作用。当然,并不是所有管理者都可以成为农业管理人才。首先,必须熟悉农业。农业管理人才要对整个农业活动进行协调,进行资源有效配置,实现农民增收,就必须熟悉整个农业的产前、产中和产后各个环节的内容和要领,具有现代管理思维,并按照农业发展规律办事。其次,必须关心农民。农民是现代农业的直接参

---

[1] [美]泰罗:《科学管理原则》,中国社会科学出版社1980年版,第157页。
[2] 芮杰明:《管理学:现代的观点》,上海人民出版社2005年版,第15页。

与者，他们的正当利益必须得到保护。作为农业管理人才必须关心农民，做好农民工作，在自愿原则的前提下积极动员农民发展现代农业。同时，必须扎根农村。农村是发展现代农业的社会根基，农业管理人才必须能扎根基层，扎根农村，能俯下身子、丢掉面子、扬起斗志，将自己的青春年华化作对基层的热爱。然而，我们在调研中发现，农村管理人才相当缺乏。现阶段，对农业的管理是"家庭核心＋部门指导"的模式。农村以单个家庭为生产单位进行农业活动，在历史上极大地解放了农村生产力，但主要是满足农民自身的产品需要，解决的是基本供给方面的问题。而发展现代农业不仅要实现家庭自给，而且要使产品进入市场，产生效益。然而，农业管理者缺乏市场意识，农产品种类多，但效益低（事实上，农民生活所需的农产品并非都是自给的，多半都是通过市场交易所得）。党政系统都设有专门的农业部门，负责农业管理，其负责人通常扮演着农业管理者的重要角色。他们一是长期远离农业生产，二是远离产品市场，对于如何发展现代农业的理解还较为模糊，难以在工作中发挥明显的作用。因此，有人讽刺说"他们（农业管理者）要我们种什么，我们就不能种什么；不让我们种什么，我们种什么就对了"。此外，农业管理者承担了大量的行政事务，在量化考评的制度框架内，也出现了不少"造材料"的现象，无力无心进行现代化农业管理。总之，农业管理人才不足是农业现代化过程中必须直视的现实问题。

（二）农业科技人才匮乏

从解放和发展生产力的角度来看，科学技术是第一生产力，是最具决定性的力量。邓小平提出，实现现代化关键是科学技术要能上去，"科学技术是第一生产力"[①]。在邓小平看来，科学技术是实现农业现代化的关键，"农业的发展一靠政策，二靠科学。科学技术的发展和作用是无穷无尽的"[②]，"将来农业问题的出路，最终要由生物工程来解决，要靠尖端技术。对科学技术的重要性要充分认识"[③]。虽然，农业现代化的内涵虽然不仅包含了科学技术因素，但科学技术解放和发展生产力的地位仍然是不

---

① 《邓小平文选》，第3卷，人民出版社1993年版，第274页。
② 同上书，第17页。
③ 同上书，第275页。

可埋没的。要想实现农业现代化,就必须提高科学技术水平,转化为现实的生产力,提高科学技术对农业发展转型的贡献率。诚然,提高(农业)科学技术水平,关键要靠广大科技人才的研发和推动,没有他们的贡献,农业现代化的步子将很难迈开。从农业科技工作的分工来看,一是必须要有一支科技素质过硬的研发队伍;二是必须有一支善于推广农业科技的实践队伍;三是必须有一支带头引进科技的先锋队伍。要实现传统农业的转型升级,科技力量的武装尤为重要。只有科技研发人才以实用为导向进行发明创造,在产品生产、加工、保鲜、营养储存以及新产品试验等技术上进行攻坚克难,才有可能提高产品的附加值。再好的农业科学技术,只有被农民真正掌握,运用到生产实践后,才能算落地开花。一项农民无法掌握和运用的科学技术,无法产生实际效益,也就不能说是一项成功的农业科学技术,因而只能被束之高阁。因此,农业科技的推广者就扮演着十分重要的角色,他们必须将新技术传授给农民群众,教会他们如何运用新科技、新技术进行农业生产、管理。这并不是一项简单的工作,农民的知识水平、接受能力是有限的。同时,榜样的力量是无穷的,农村本土带头引进先进农业科技的人员对普通农民的影响是巨大的。如果引进新技术能够切实带来产量的增加和质量的提高,这无疑是最好的广而告之,也是很大的激励。然而,我们在调查中发现,武陵山片区的农业科技人才十分匮乏。首先是农业科技人员的"本领"一般。无论是农业科技的研发人员,还是推广人员,他们的工作能力都还有待提高。从科技成果来看,虽然取得了不少成就,但数量和质量还十分有限。根据《恩施州年鉴》(2013)的统计结果来看,主要集中在马铃薯、玉米等传统品种的培育,还处于较低层次,不足以产生较大的经济效益。这些产品在市场中并无明显的竞争优势,对于农民来说,产不意味着增收。在农业生产科技的推广方面,也存在较大的上升空间。农民对农业科技人员的工作还很不满意。其次是农业科技人员的数量有限。我们在调查中发现,领导岗位的设置相对来说较为健全,党政系统都有专门负责农业工作的责任人,但是,真正一线的科技人员数量还不够,一个县也就4—5个研究人员,他们同时承担着研发和推广的双重任务。最后是农业科技人员的年龄结构不合理。农业科技人员的年龄结构也令人担忧,老龄化现象严重,无年青人接班,人才队伍的梯度建设有待完善。同时,农业科技人员的工作满意度较低。我们在调查中了解到,目前的农业科技工作人员由于受到各方面的束缚,工作动力不足,工作的认同感和满意度也较低,难以长时间以饱满的热情投入农业工作,中途转业的人员不在少数。

(三) 农民企业家缺乏

不少经济学家认为,人类过去 200 多年的经济史就是企业家创业和创新的历史。一个国家和地区的经济是否在发展,人们的生活是否在提高,社会是否稳定和谐,最为关键的就是这个国家和地区的企业家精神是否得到开发和发挥。经济学家张维迎指出,企业家有两个基本功能,一是发现不均衡,二是制造不均衡。所谓"发现不均衡"就是指发现经济中赚取经济利润的机会,然后通过盈利机会的利用,纠正市场不均衡,使各种资源得到更好的配置。如此循环反复,随着这种机会被越来越多的人利用,获得利润的机会就会慢慢消失,以后又需要发现新的不均衡。"创造不均衡"指的是通过创造新产品、新技术,打破原有的均衡,找到新的市场机会,获得利润。[①] 现代农业是一种市场指向性农业,农产品(初成品、深加工等)必须走向市场,在竞争中实现产品价值,获取利润,以实现农民增收。因此,从这个角度来看,农民企业家对于发展现代农业,实现农业现代化的意义是非凡的。不少研究者的研究也表明,农业企业家在优化农村资源配置、实现农民增收、壮大县域经济等方面都具有十分明显的作用。首先,农民企业家必须具有敏锐的市场洞察力。企业家是市场经济中最为活跃的主体,必须能洞察整个市场的细微变化,通过发现不均衡和制造不均衡而获得利润,提高经济效益。农民企业家要在农产品市场中找对方向,抓住机会,通过发现当前市场中的不均衡和制造新的不均衡,扩大消费需求。其次,农民企业家必须具有较强的融资能力。融资能力是一个企业家能力的重要体现,能否妥善解决企业的资金难题是企业家成功的突出特征。农民企业家要寻找投资方开发农产品,实现产业增值。此外,农民企业家必须具有高度的社会责任感。一枝独秀不是春,百花齐放春满园。农民企业家不是普通的一般的企业家,需要有高度的社会责任感。一个只关注企业利润增长,而不关心农民增收的企业家不能算做成功的企业家。农民企业家不是新时期的"地主",不是剥夺者,而是农民致富的引路人,既要农民的土地,也要农民增收。因此,农民企业家更多的是一种

---

① 参见张维迎、盛斌《企业家》,上海人民出版社 2014 年版,第 80—100 页。

社会企业家。然而，我们在调查中发现，武陵山片区农民企业家缺乏是一个十分严重的问题。没有企业家的带动，单靠个体的农民是很难在农业现代化的道路上取得重大进展的。农民企业家在数量上还不够，辐射范围还很有限。同时，现有"农民企业家"的带动能力也不足。他们的市场洞察力还不够，无法把握瞬息万变的市场信息，难以做出"正确"的经济决策。他们的融资能力还不够，整合各项资金的能力不足，出现资金问题时往往只想靠政府救济，形成依赖心理。同时，不少"成功"的农民企业家"发了家却忘了农民兄弟"，严重伤害了普通农民变革传统农业生产的积极性，阻碍了农业现代化发展。

（四）农业营销人才稀少

产品不会自动进入市场完成交易，需要营销推介。在琳琅满目的产品竞争中，"酒香不怕巷子深"的时代早已过去，必须依靠有效的营销手段才能更好地推介产品，才可能完成市场交易。营销是现代市场经济重要的一环，任何产品在进入市场和扩大市场时都必须进行营销活动。在理论研究方面，也有不少值得我们借鉴的模型。例如，麦卡锡在《基础营销》中提出的"4P"营销组合——产品（Product）、价格（Price）、渠道（Place）、促销（Promotion）。罗伯特·劳特朋的"4C"理论分别指代顾客（Customer）、成本（Cost）、便利（Convenience）和沟通（Communication）。艾略特·艾登伯格在《4R营销》中提出关联（Relevance）、反应（Reaction）、关系（Relationship）、报酬（Reward）营销理论。纵然，对营销的理解各异，但营销对于实现产品价值的重要作用是毋庸置疑的。营销活动的策划者和实施者是整个营销活动最为活跃的因素。营销人员的素质、能力如何，对于能否成功打动客户、赢得消费者有重要的作用。因为，作为投资者来说，首先接触到的并不是实实在在的产品，而是营销者及其对产品的营销。同时，消费者多半不会盲目地去消费，也不会刻意地选择某一种替代性弱的产品。总之，营销者是十分重要的。发展现代农业，实现农业现代化是一种市场性导向的产业，产品必须进入市场流通，完成市场交易。改革开放以来，农业市场化虽有进步，但发育程度仍然较低。人们普遍认为农产品是刚性需求，无须进行产品营销。因此，农产品往往只是处于低端市场，多以原料形式进行交易，价格低，产品附加值少，产出效益低，农民往往增产不增收。我们在调研中也发现，武陵山片区的农业营销人才十分紧缺，严重制约了山区产品走向"山外市场"。一是营销策略有待创新。农民几乎没有营销思维，他们只是将自家多余的农作物运到城里摆地摊（事实上，城市是不允许随便摆地摊的。因而，这种方式也只能是"游击队"式地进行），等待顾客上门，赚些钱。农业龙头企业的营销人员的营销策略也有待创新，仅从发传单、打广告的方式，很难实现有效突破。二是营销媒介有待拓展。目前，营销依靠的主要媒介是电视、报纸和一些商业杂志等，这些传统的媒介的影响力正在逐步减退，营销的效果也可见一斑。山区农产品要走出大山，仅仅依靠这些媒介是远远不够的，必须在新媒体上有所突破。三是营销方向有待改变。农产品一直都处于低端市场，属于最基本的物质生活资料。但是，现代农业营销的产品并不是只要满足人们基本的生活需要，而是安全、健康、品味生活的营销，直接面对普通消费者就很难增加利润，要向中高端市场进军。

（五）青壮年劳动力短缺

农村富余劳动力从农业向非农产业，从农村向城镇有序转移是全球经济发展的普遍规律。但短时期内，青壮年劳动力大量外出务工造成农村"空心化"，对农业现代化的影响是巨大的。从个人角度来看，外出务工可以在某种程度上实现增收，改善生活。但从长远来看，必须高度重视。首先，大部分农民都将成为进城的失败者。城市生活并非像电视剧里演得那么美好，要想靠打工的"血汗钱"在城市站稳脚跟，谈何容易。而长期生活在城市，背井离乡，远离农业生产，一是可能进城失败后回不去，极可能引发新的社会问题；二是回乡之后也再无心无力进行农业生产，农业贡献大大降低。其次，大量农村青壮年劳动力进城务工，意味着农业生产的精锐部队溃散，农业生产能力大大减弱。农业劳动力，特别是青壮年劳动力是农业生产的主要生产要素。农村劳动力大量外流，改变了原来农业生产经营的基本状况。从数量上讲，农业的从业人员会进一步减少。根据恩施州的农业统计数据来看，2013年全州共有85.95万名农业从业人口外出务工，其中，61.76万名21—49岁的青壮年外出务工。在调研中，我们发现现在留守农村的多为老人，很多妇女和孩子也跟着"进城"，农业劳动力流失严重。大量土地无人耕作，土地资源白白浪费了。从素质上看，留在农村务农的基本上是老人、妇女、小孩，也称"619938部队"，他们大多体质较弱，劳动能力较低下，农业生产能力大大削弱。同时，滞留在农村的劳动力文化素质相对较低，接受新观念和新知识的能力很有限，掌握和应用新信息技术、改造传统农业的能力较弱，对于各种农业科技推广技术的接受能力较差，这就使得农业生产的后劲不足，农业结构调整和产业化经营难以有效推进。当然，大量青壮年劳动力流失还会造成乡村治理人才缺失、"两委"干部老化、家庭结构冲击等一系列的社会问题。总地来说，农村青壮年劳动力的大量流失，农村"空心化"问题严重，农业最主要依靠力量的缺失，严重阻碍了农业现代化进程。

三 抵御风险困境

农业风险是指在农业生产和流通过程中，由于各种事先无法预料的（即不确定的）因素的影响，使农业生产经营者的实际收益与预期收益发生背离，造成经济损失的可能性。在农业生产经营过程中，无法预料的因素很多，包括来自自然的、经济的、社会的、人文的、政治的，等等。[①]农业产业在整个生产过程中面临着许多风险，是典型的风险产业。当前，武陵山片区农业发展主要面临的风险包括自然风险、社会风险和市场风险。由于受片区特殊地理环境的影响，复杂多样的农业风险具有地域性、季节性、伴生性、破坏力强、风险单位大、发生频率较高等特征，尤其是自然风险，更具有不可抗御性和强大破坏性。

当前，武陵山片区农业保险普遍存在农业保险法律不完善、税收及财政补贴等农业保险政策扶持不到位、农业保险供给机构较少、农业保险险种不足、农业保险覆盖面较低、农业保险赔付率较低、农业巨灾风险分散转移机制不健全、农业保险的再保险机制缺位等问题，总地来说，片区农业保险体系不完善，风险监测管理体系不成熟，对自然风险、社会风险和市场风险的防控抵御能力严重不足。

（一）自然风险

武陵山片区地跨鄂、湘、黔、贵四省市，地形单元多，地势起伏大，

---

① 参见穆月英、陈家骥《两类风险两种对策——兼析农业自然风险与市场风险的界限》，《农业经济问题》1994年第8期，第35页。

小气候类型多样，降水季节性差异大，复杂多变的地理生态环境孕育了多种自然灾害发生的条件。武陵山片区农业自然风险较大，自然灾害种类多，主要表现在气候灾害、地质灾害、生物灾害三个方面，具体包括水灾、旱灾、风灾、雹灾、寒潮、冻灾、泥石流、滑坡、森林火灾、酸雨、虫灾、病灾等。近年来，由于自然资源的不合理利用和开采，片区生态环境破坏加剧，导致自然灾害发生频率不断提高、预测难度越来越大、并发连锁效应逐渐明显、灾害影响范围越来越广、损失程度不断加重。武陵山片区自然风险的频发进一步加剧了生态环境的恶化程度，提高了生态恢复和农业发展成本，更为严重的是对农业生产造成了极大的经济损失。

1. 旱涝灾害严重破坏农业生产

武陵山片区属于亚热带季风气候，全年水热资源总体丰富。但是，降水季节分布不均，夏秋季节降水多，而冬春季节降水较少，因此，容易造成夏涝春旱，给农业生产带来很大威胁。再加上片区很多县市水利工程、农田灌溉建设发展滞后，防涝抗旱能力不足。例如，2014年7月14日至15日，湖南省湘西土家族苗族自治州遭遇了三百年一遇的特大暴雨袭击，其中凤凰县、泸溪县、吉首市、花垣县四县市普降大到暴雨，导致山洪暴发，河水泛滥，水库溢洪，受灾严重。初步统计，截至7月16日18时，全州共72个乡镇的53.0万人受灾，农作物受灾面积36.48万亩，临时紧急转移17.65万人，倒塌房屋214间，直接经济损失7.05亿元。其中，水利设施直接经济损失1.22亿元，凤凰、吉首、泸溪、花垣等县市损失惨重。凤凰县受这次特大洪灾影响，直接经济损失12.48亿元，受灾人口达19.8万人，水利设施损坏2600多处，出现险情水库3座、山塘7口，灌渠损坏2590处30066米，农业生产损失十分严重。泸溪县在这次洪灾中，毁坏溪坝43道675米，灌溉渠道损毁298处902米，115头大牲畜因灾死亡。[①] 2014年7月14日，贵州省铜仁市降下特大暴雨，降雨导致洪涝，造成贵州铜仁的印江、石阡、碧江、江口、思南、松桃等地重灾区受灾人口达55万人，农作物受灾面积达12903公顷，房屋倒塌1886间，直

---

① 参见湘西自治州水利局《湘西州"7·15"洪灾综述》，http://slj.xxz.gov.cn/zjbg/201407/t20140731_130479.html2014-07-31/2014-10-08。

接经济损失1.52亿元。① 2014年9月1日至9月2日,湖北省恩施市连降暴雨,造成清江水位猛涨。截至9月2日统计,此次暴雨洪涝灾害造成恩施市死亡3人,受伤2人。全市严重倒塌农房16户29间,转移安置125人;严重损房48户98间,一般损坏农房41户86间;农作物受灾14650亩,成灾面积6789亩,绝收面积4395亩。全市共计造成直接经济损失4334万元,其中,农作物经济损失2500万元、房屋经济损失534万元、基础设施经济损失1300万元。② 2013年,怀化市遭遇了50年不遇的罕见旱灾,13个县(市、区)共有655条溪河断流,301座水库干涸,2765眼机电井出水不足。226个乡镇、3897个行政村共计276.95万亩农作物受旱,其中轻旱80.46万亩,重旱103.59万亩,干枯92.89万亩。58.6万人和16.26万头大牲畜出现临时饮水困难。农作物受灾面积达到19.96万公顷,同比增长37.8%,其中,成灾面积9.06万公顷,同比增长48.9%,绝收面积2.62万公顷,同比增长162%。③

2. 滑坡泥石流等灾害影响农业生产

武陵山片区地形地貌复杂,多山地、丘陵、河谷,受降水影响,容易发生泥石流、滑坡等地质灾害,对农业生产也会造成重大破坏。2014年9月1日至2日,受特大暴雨影响,湖北省利川市凉雾乡多处暴发山洪,导致15村15处发生了地质灾害,毁坏土地面积600多亩,受灾群众262人。④ 2014年8月17日至18日,受强降水影响,重庆市秀山县兰桥、梅江、石耶等地发生泥石流、滑坡,造成许多道路和房屋被冲毁,19户农民受到严重威胁,农作物受到不同程度的淹没。⑤ 2012年5月17日,重庆市彭水县发生滑坡泥石流,造成12间民房倒塌,危及60户农房、工业

---

① 参见人民网《贵州铜仁遭受特大洪涝灾害55万人受灾》,http://news.china.com.cn/2014-07/17/content_32977721.html2014-07-17/2014-10-08。

② 参见中国硒都网《恩施市遭受暴雨洪涝灾害》,http://www.hbenshi.gov.cn/xwzx_97/szxw/201409/t20140903_120890.html 2014-09-03/2014-10-08。

③ 参见中国民族地区农业综合信息网《怀化市2013年农业经济形势分析》,http://cscul.scuec.edu.cn/xxwlsq/18130.jhtml。

④ 参见恩施新闻网《利川凉雾严防地质次生灾害》,http://www.enshi.cn/20140508/ca304254.html2014-05-08/2014-10-08。

⑤ 参见中国天气网《重庆秀山泥石流滑坡》,http://msn.weather.com.cn/photo/2014/08/tqxc/2178394.html2014-08-18/2014-10-08。

园区道路管网等基础设施。①

3. 病虫害灾害威胁农业生产

武陵山片区内危害农作物病、虫、草、鼠等有害生物繁多，对农作物生长和农业生产造成了极大危害。片区内农作物、经济作物常发性病害有稻曲病、稻瘟病、稻纹枯病、玉米大小斑病、丝黑穗病、小麦白粉病、赤霉病、油菜菌核病、马铃薯晚疫病、烟草黑胫病等，间隙性病害包括炭疽病、软腐病、绵腐病等；农作物、经济作物常发性虫害有玉米螟、大螟、二化螟、三化螟、赤斑黑沫蝉、蝉类、蚜虫、地下害虫等，间隙性虫害包括天牛、茶尺蠖、茶毛虫、二十八星瓢虫等。例如，2012年，有研究者对恩施州咸丰县杜仲进行调查，发现咸丰县杜仲在种植过程中，病虫害一直伴随其整个生长期，对杜仲的产量和质量造成了很大的损失。苗期主要病害有立枯病和根腐病，其中发病率最高的是立枯病，达到38.6%。成株期主要病害有叶枯病、角斑病和枝枯病，其中发病率最高的为角斑病，达到20.5%。② 2013年，贵州省遵义市余庆县发生马铃薯晚疫病，平均病田率达到35.6%，田间病株率45.5%—91.5%，对全县马铃薯生产造成了严重损失。③ 2014年6月，重庆市酉阳县土家族苗族自治县植保植检站部分乡镇农场普查发现水稻叶瘟病，病株率为8.65%，病叶率为3.25%，病指为0.83。其中部分糯稻发病严重，病株率为46%，病叶率为28%，病指为6.2。此次水稻叶瘟病发生面广、危害较重，严重影响了水稻的产量及品质。④ 2014年7月，湖北省恩施自治州植物保护站对全州主要茶叶生产基地调查发现，茶饼病、炭疽病、茶橙黄螨虫害发生范围较广、局部茶园基数较高、危害较重，茶叶产量和质量受到一定程度的影响。⑤

---

① 参见搜狐网搜狐新闻《重庆彭水发生滑坡泥石流》，http://news.sohu.com/20120516/n343352907.shtml 2014-05-16/2014-10-08。

② 参见覃章念、游景茂《恩施州杜仲病虫害发生情况及防治措施》，《现代农业科技》2013年第15期，第153页。

③ 参见遵义市农业委员会．《2013年遵义市病虫情报第六期》，http://nw.zunyi.gov.cn2013-04-25/2014-10-08。

④ 参见酉阳农业农村信息网《植物病虫情报第9期》[DB/OL]：http://www.yyxny.gov.cn/Default.aspx2014-06-24/2014-10-08。

⑤ 恩施土家族苗族自治州农业局：《2014植物病虫情报第9期》，http://www.hbesagri.gov.cn/2014-08-07/2014-10-08。

近年来，武陵山片区相关县市养禽水产业发展迅速。但是，随着畜牧养殖规模的不断扩大，由于饲养环境的不适宜、饲养方法的不科学、原料的不安全、卫生防疫不严密及气候、外来物种等多种因素的影响，片区内呼吸道疾病、病毒性疾病、营养代谢疾病、细菌性寄生虫病等多种家禽水产疾病越来越频发，且禽病的表现也日趋复杂，新的病毒、新的基因血清型病毒时常发生，混合感染现象越来越普遍，防治难度越来越大。① 家禽水产的发病率、死亡率不断增加，给畜牧养殖户造成很大的经济损失，也制约了片区养禽水产业的发展壮大。2012年春，湖南湘西吉首猪场发生多起临产母猪突然倒地死亡事件，怀孕母猪从发病到死亡仅二十几分钟，来不及做任何措施猪便死亡，发病致死率100%，后经临床情况、剖检病变初步诊断为诺维氏梭菌引起的猝死症。此次母猪病死事件给猪场造成了较大的经济损失，也对当地养猪行业、肉类产业造成了一定的冲击。② 2013年，受H7N9禽流感疫情影响，武陵山片区四省市家禽发病率、死亡率有所上升，家禽水产的消费大幅下降，禽类产品市场销售惨淡。

（二）社会风险

社会风险是指农业生产经营过程中遇到的来自内部生产行为或外部社会环境的风险。当前，武陵山片区农业发展面临的主要社会风险有农业经营主体生产不当风险、外部社会环境影响风险和政策性风险。

1. 生产不当风险

武陵山片区一些农民、农业经营主体在农产品生产、加工、储运等环节中没有严格执行相关技术标准和操作规范，从而使产品质量、数量都受到损害。例如，在农作物种植过程中存在较多施肥不当的现象，使农产品品质变差、产量降低、有害物质含量较多、产品质量不达标，进而制约了产品的市场销售、农业产出效益和农民收入的提高。一是化肥施用过量，不利于食品安全，对消费者健康构成威胁。化肥含有较多化学物质，过量施用化肥会使农作物硝酸盐、亚硝酸盐等化学物质含量超标，过量施氮

---

① 参见韦钰《浅谈家禽疾病的特点与防治措施》，《农家之友》2009年第19期，第69—73页。

② 参见湘西州畜牧水产局《诺维氏梭菌引起临产母猪猝死症的防治方法探讨》，http：//xmj.xxz.gov.cn/zhdy/201208/t20120829_42841.html2014-08-29/2014-10-08。

肥、硫肥，会导致作物贪青晚熟，抵抗力下降，易倒伏，易发生病害。同时，化肥施用过多也会对土壤、水源、大气造成污染。二是有机肥和人畜禽粪处理和施用不当，造成生物污染。施用农家肥虽然是农作物优质高产的重要措施之一，但因为农家肥中往往含有各种各样的病源物，如果不经过无害化处理，病菌、虫卵、病毒等就会附着在农产品特别是蔬菜上，影响农产品质量和安全。

2. 外部影响风险

一是农民在农业生产中，误购误用了假冒伪劣种子、农药和化肥等农业生产资料，导致农产品收成大减，质量不优，造成经济损失。二是农业生产环境（农田、水源、空气等）受到工业污染，从而导致农业减产，甚至颗粒无收。三是农作物受到野猪、野鸡等野生动物的破坏。四是一些种植大户、家庭农场种植的农作物、经济作物和畜养的家禽水产受到人为破坏，从而遭受经济损失。

3. 政策性风险

政府制定执行的农业政策是影响农业发展的重要因素。政策性风险是指由于农业政策的转变，农业生产和经营遭到损失。2004年以来，"三农"问题多次被写入中央一号文件，国家对农业发展重视程度不断提升，并逐年稳步出台相关惠农政策，从国家的层面上来说，农业发展基本不存在政策性风险。但是，武陵山片区部分地方政府在贯彻执行国家惠农政策的过程中存在偏差，影响惠农政策实效，而且农业发展规划和方向往往随着领导的更换而改变，农业发展不具有稳定性和持续性。调研发现，湘西州凤凰县两林乡自20世纪90年代开始，全乡农户在乡政府的鼓励和号召下，先后大规模种植了金银花、烟叶、猕猴桃、高山蔬菜等经济作物，但都没有持续获得较好的经济效益，农民的生产积极性大受打击。近两年，政府又带领全乡广大群众大规模发展杜仲种植业，虽然有政策支持及湖南老爹农业科技开发股份有限公司的支撑，但由于长期以来缺乏稳定的农业发展规划及体系，发展前景依然不容乐观。

（三）市场风险

农业的市场风险，一般是指在农业生产和农产品销售过程中，由于市场供求失衡、农产品价格的波动、经济贸易条件等因素变化、资本市场态势变化等方面的影响，或者由于经营管理不善、信息不对称、市场前景预测偏差等导致农户经济上遭受损失的风险。当前，武陵山片区农产品市场价格波动幅度，频率较高，同时，农产品品牌建设不足也是农业发展面临的突出问题。

1. 市场价格波动

农产品价格波动是影响农业生产的重要因素。农产品供求失衡导致价格波动，而且因为农业生产的周期较长，市场产品价格的调节具有滞后性，难以避免农产品价格的大幅波动。农产品进入市场具有很强的季节集中性，同一品种的农产品上市和下市时间基本相同，容易造成市场季节性饱和或者季节性短缺，给农业生产者带来市场风险。农产品属于生活必需品，可替代性低，具有不可或缺性，需求弹性较小，而由于市场盲目性、趋利性的影响，某种农作物的生产却往往不具有稳定性，由此造成供求矛盾和价格波动。武陵山片区相关县市就存在这种问题：一是县市内受农产品市场价格的"引导"，农户对本来行情好、价格好的农产品往往一哄而上，来年某种作物产量突增，而又没有寻找到合适的销路，导致产品价格大跌，农户又一哄而散；二是县市之间也存在相互跟风的情况，一些县市看到其他县市发展某种农业产业取得了良好效益，考虑到自然、社会、经济条件具有相似性，因此也盲目跟风，大力发展，结果使得产量大大超过市场容纳度，造成产品价格下降，影响了全行业、全片区的经济收益和发展。

在经济全球化、市场国际化及贸易自由化的大背景下，武陵山片区农业发展不仅面临着国内的市场风险，还面临着来自国际市场的诸如政策调节、价格波动、国际游资、市场操纵等多方面的风险冲击。随着市场风险因素日趋复杂、不确定性空间日益增大、市场风险的累积效应不断增强，片区农产品价格波动幅度和频率日趋上升，市场风险对农业生产和经营的影响越来越突出。

2. 农产品品牌建设不足

一是武陵山片区生产加工的农产品的包装存在众多问题。调研发现，片区内大多数农户缺少包装意识，销售的农产品没有包装。片区内部分地区生产的谷类、薯类、豆类、干果类农产品仍采用最低级的麻袋、塑料编织袋进行包装，包装材料不适宜，防潮性、气密性差，容易使农产品生虫、霉变，造成经济损失。此外，片区内很多农产品包装造型设计单调雷同，缺乏新颖性和独特性，对消费者吸引力不足，而且包装标识内容不完整，不利于消费者选购，有许多农产品外包装缺少商标和产品生产企业名称、内装物的品种以及主要营养物含量、质量等重要内容。更严重的是，片区内存在农产品包装作假的不良现象，对产品质量、数量、生产日期等关键信息进行造假，影响了此类产品和整个行业的信誉。

二是片区内农产品品牌经营的同质化现象比较严重。调研发现，片区内很多农产品品牌的命名方法单一，品牌内涵空洞。同类产品，除了产地上的差别，产品内容标示多为"绿色""珍品""贡品""礼品"等，而没有体现出自身产品独具的特色和竞争力，难以吸引消费者的注意力。而且，很多农产品以产品品种为品牌形象，缺乏文化支撑，缺乏鲜明个性。此外，片区内很多农业企业由于没有专业的广告策划公司对其产品品牌进行策划和营销，缺少整体全盘的运作和持续有效的宣传。因此，产品品牌的知名度和美誉度都相对较低。

四 土地流转困境

中国的改革最早是从农村开始的，放弃了原来的人民公社体制，在保持农村土地集体所有制的前提下，普遍推行家庭联产承包经营为基础、统分结合的双层经营体制，极大地解放和发展了农村生产力。随着改革开放的深入推进，以家庭为生产单位的小农经济虽然解决了农民的温饱问题，却很难促使农民增收致富，达到更高水平的小康。按照农业发展的客观规律，土地集中，形成一定的规模经营是大势所趋。在改革之初，邓小平同志针对中国社会主义农业的改革和发展就指出："从长远的观点看，要有两个飞跃。第一个飞跃，是废除人民公社，实行家庭承包为主的责任制。这是一个很大的前进，要坚持长期不变。第二个飞跃，是适应科学种田和生产社会化的需要，发展适度规模经营，发展集体经济。这是又一个很大的前进，当然这是很长的过程。"[①] 发展适度规模经营就必须集中土地、整合土地，但我们不能直接从农民手里直接"抢夺土地"，引导农民进行农村土地流转就必须提上日程，这是规模经营的重要前提条件。同时，自20世纪80年代以来，粮食出现滞销，不少乡镇企业也纷纷倒闭，农民收入增长缓慢。不少不堪重负的农民放弃种粮，纷纷进城务工。因此，大量

---

① 《邓小平文选》，第3卷，人民出版社1993年版，第355页。

的农田被搁置成为荒山,造成土地资源的浪费,致使耕地的生产经济功能丧失,严重地影响了农业及农村经济的发展。因此,集中现有的土地资源,形成一定规模的农业现代化经营是有可能的,也是必须的。土地流转得到了国家政策的鼓励和支持,经过多年的改革试验,也取得了一些成就。但在武陵山片区,传统农业仍占主导地位,土地流转还存在不少困境,土地流转率低、成本高、时限难定、管理不规范等问题较为明显。

(一) 土地流转率低

"从经济观点看,大规模耕种土地比小块的和分散的土地上经营农业优越得多,我们所具有的科学知识,我们所拥有的进行耕作的技术手段,如机械等,只有在大规模耕种土地时才能有效地加以利用。"[1] 在市场经济的竞争条件下,分散的、低效率的小生产难以产生比较优势,必然要走向衰弱和灭亡,规模经济的社会化大生产必然要得到发展。但武陵山片区山大人稀,家庭经营是其主要的农业模式,虽有土地流转的政策支持和现实需要,但是流转的成效却十分有限。据统计,怀化市农村土地流转面积为 380 多万亩,其中耕地和四荒地流转面积 52 万亩,只占耕地总面积的 16%。[2] 恩施州 2012 年耕地流转总面积 21.6 万亩,占全州家庭承包经营耕地总面积 378 万亩的 6% 左右,其中转包 9.5 万亩,出租 6.8 万亩,互换 0.18 万亩,转让 1.9 万亩,入股 0.49 万亩。有 7807 户农户将全部或部分耕地参与流转,流转农户数只占全州家庭承包经营农户总数的 8%,共签订规范的耕地流转合同 65793 份,约占家庭承包总合同份数的 7%,涉及耕地面积 18.21 万亩。其中,农户自发流转 7.3 万亩,占流转总量的 3%,流转入专业合作社的面积 6.8 万亩,占流转总量的 31%,流转入企业的面积 6.8 万亩,占流转总量的 31%,流转入其他主体的面积 0.8 万亩,占流转总量的 5%。[3] 我们不难看出,土地流转的比例还是很低,家庭经营占有绝对的主导优势,这是一个迫切需要解决的问题。笔者在调研过程中也发现,农民牢牢抓住了土地的使用权,不肯放手是一个主要原

---

[1] 《马克思恩格斯选集》,第 2 卷,人民出版社 1972 年版,第 452 页。
[2] 参见怀化市地方志编,纂委员会办公室《怀化年鉴 (2011)》,方志出版社 2012 年版,第 128 页。
[3] 参见恩施土家族苗族自治州史志办公室《恩施州年鉴 (2012)》,2013 年,第 191—192 页。

因。无论是在外务工的农民还是在家无法耕种的农民,他们宁愿土地荒芜,也不会愿意将土地流转出去。这主要是基于以下几点考虑:一是他们认为既然土地是从国家和集体那里承包得来的,那么自己就有权决定种还是不种,是种玉米还是种土豆,应该有这样的决策权,其他人无权干涉。"土地是我的,我想那么搞就那么搞,只要不违法就行哒",一位农民这样告诉我们。二是土地就是命根子,无论如何都不能丢。大部分农民都知道自己将是进城的"失败者",落叶归根是他们的必然选择,农村土地是他们最后的保障,坚决不能丢掉。一位刚回乡的务工者告诉我们:"我们这些农民工就想在城里搞几个钱,城里的屋(房子)那么贵,我们怎么买得起,莫想哒,么哒(以后)老哒(老了)搞不动了(不能打工了)还是要回来的。还是自己的地方住着舒坦。"三是流转纠纷多,不必要惹麻烦。农村土地转手他人后就无法控制,总觉得没有自己拿着那么踏实。而且,土地流转后的收回是一个相当麻烦的事情,土地边界也会越来越模糊。有农民告诉我们:"我家的土就是荒起,也不会让别人种。我们又不在屋(家里),你给别人哒,人家给你里面栽几棵树,长大哒(长大了)又不能搞起走(移走),遮阴(光合作用差)不说,这棵树就要一直长在我田里,到时候我孙子那辈都是一样的。你要他搞走,说不定他还要你赔钱,我不搞这号麻烦事。"四是即便是不耕种,照样可以拿国家补贴。国家的粮食补贴是根据农户承包土地的面积进行发放的,是一种鼓励行为。但实际过程中,缺乏切实可行的监督,农民种不种粮食作物,甚至种不种地都对拿这笔钱没有任何影响。他们认为,国家的钱不拿白不拿,重要的是土地还是农民"自己"的,随时可以使用。

(二) 土地流转成本高

土地流转属于一种市场交易行为,不能靠政府直接参与来实现。宪法明确规定,政府只有为了公共利益才能直接介入其中。成本—收益是市场主体发生交易行为最基本的分析思路。在经济学里,"经济人"的基本行为准则就是遵循行为预期收益≥预期成本(即 $R \geq C$),因为没有人会做亏本的买卖、故意赔钱,这是个体决定是否进行交易活动的必要条件。而采取行动的程度则在于边界条件:边际收益=边际成本(即 $MR = MC$),因为这已经实现了净收益的最大化($NR = R - C$)的最大化。交易成本(Transaction Costs)是由诺贝尔经济学奖得主科斯(Coase, R. H.)提出来的。他认为,交易成本就是通过价格机制组织生产的,最明显的成本;就是"所有发现相对价格的成本"和"市场上发生的每一笔谈判和签约的费用"以及利用价格机制存在的其他方面的成本。周其仁认为,科斯最大的贡献就是使交易成本进入了经济学的分析框架,并对中国经济研究和实践产生了巨大影响。也就是说,只要有市场交易活动的存在,就一定存在交易成本。事实上,目前的土地流转市场是不健全的(后文会详细介绍),权力的交换主体还不够明确。笔者在研究中假定市场是完全竞争市场,来分析土地流转的交易成本。

把土地流转看作一种市场行为,必定是各参与主体的利益博弈。因为,"当我们把眼光投向在经济和社会活动中的当事者互动时,纯利益博弈和社会规范博弈间的关系问题就摆在面前"[1]。对于农民而言,交易成本的本质就是机会成本。所谓机会成本就是为了得到某种东西所要放弃(最好)的东西。[2] 国家明文规定,农村土地流转要坚持底线的"三个不得"——不得改变土地的集体所有性质,不得改变土地的用途,不得损害农民的承包权益。这是保护18亿亩耕地红线和农民权益的制度设计。农民流转耕地只能得到按照农业产值计算的补偿收益。可是农民不是傻子,城市吞并乡村,土地价格上涨厉害,远远高于耕地流转的价格。因此,只要守住土地,一夜暴富极有可能成为现实。在调查中,我们发现农村土地流转的补偿并不是很高,一般都在400—1000元/亩,这笔收入对于个体农民来说真的不是很多,可是一旦这些土地被城市"相中",那土地价格就会成倍地增长。如果农民过早地流转土地权力,那么就意味着失去了一夜暴富的机会。再者,土地放在那里,长期有农民承包,每年还有粮食直补,还能作为养老保障,为什么一定要流转呢?这样一番盘算,农民的机会成本的确也就很高了。我们不讨论这种逻辑是否真的是事实,但在农民看来,这就是他们的机会成本。而对企业来说,交易成本主要是固定投资成本。企业不能从农民那里直接、无偿得到土地,要使用农民的土地,就必须支付流转费用。我们在调查中发现,农民往往喜欢坐地起价。

---

[1] 刘世定:《论断与学理——陆学艺先生的社会与经济发展不协调性分析》,《社会学研究》2014年第3期,第23页。

[2] 参见[美]曼昆《经济学基础(第5版)》,梁小民、梁砾译,北京大学出版社2010年版,第5页。

企业通过流转土地产生了巨大的经济效益，农民是看在眼里的。来年，若企业不提高土地流转的价格，农民的土地就不再流转了（为什么流转周期会这么短？后文会有介绍）。因为，农民也不用靠这笔收入过日子。企业流转土地所支付的价格与企业效益和规模是成正比的（市场竞争的结果，农民趋向于向最高土地价格看齐）。也就是说，企业每年的土地流转成本基本都是上升的，往往大于收益。还有一个现实情况是，企业想要的土地往往流转不成功，得到的多是一些土壤肥力差、较分散的土地，难以集中经营，基础设施建设等投资成本大，往往还没收回成本，流转价格又要提高了，也很难形成规模经济。企业流转得到的土地就如同鸡肋一般，食之无味，丢之可惜。

（三）土地流转时限难定

土地流转是一种市场契约关系，那么就有一个约定的起止时间，也就存在一个周期问题。我们在调研中发现，目前武陵山片区已经流转成功的土地的周期都非常短，基本都是一年一流转，最长的也不会超过三年。有人会说农民思想保守，但实质上农民懂得精打细算。为什么农民不愿意延长土地流转周期，不愿意永久放弃土地承包权呢？这是因为农民承包的土地具有双重作用，一是具有生产性作用，利用土地来满足基本的生活资料供给。另一个作用就是保障性作用，是农民进城失败后的最后退路。长期以来，国家对农民的社会保障是缺位的，自家庭联产承包责任制实施以来，虽然农民对国家的负担减少了，但更多的是要必须对自己负责，对自己的子女负责，必须学会"自我保全"。[①] 目前来看，农村土地的生产性作用与保障性作用相比要逊色得多。因为，按照传统的耕作方式，农民无论在土地上种什么也长不出黄金，无法支付生活开支、子女入学、赡养老人、人情往来和房屋修缮等大笔费用，不得不选择进城务工。正如前文指出的那样，大部分农民都将是进城的失败者，一旦他们将自己的土地长期或永久地流转出去，就将失去最后的生存保障。具体来说，农民主要有以下几点考虑。一是进城只是权宜之计，落叶归根才是正道。农民深知自己打工挣的"血汗钱"是基本不可能在城市安身立命的，进城就是为了多

---

① 关于风险社会、个体安全的话题可参见乌克里希·贝克的《风险社会》、郑杭生的《个体安全：一个社会学范畴的提出与阐说——社会学研究取向与安全知识体系的扩展》等。

赚钱，等赚够了钱就落叶归根，回老家享清福。二是进城务工没有保障，随时可能被迫回乡。农民进城务工就等于把自己的命运交给了市场，从事的通常都是没有保障的、低层次的体力劳动。一旦企业、工厂倒闭，或者老板"跑路"，农民工的权益很难得到切实维护。2008年金融危机，造成约有2000万农民工因此失业返乡。农民在城市过得并不安心，随时都有可能失业，一旦在城市无法获得较高的收入，回乡发展也未尝不可。可如果自家的土地长期在外流转，返乡之时还在合同期就无地可种，而又长时间不能再次进城怎么办？农民因为无法确定自己什么时候必须回乡，必须给自己留条后路。三是土地有涨价的空间，流转时间太长对自身不利。随着经济社会的发展，土地作为不可再生资源是不会贬值的，且有较大的增值空间。正如前文所指出的，同样是土地流转，与城市辐射带来的收益是不可比拟的。土地流转的时间越早，时间越长，对自己越不利。四是可以留给子女巨大的农村福利。国家对农村土地的使用有严格的限制，但允许农民申请将部分耕地作为宅基地使用。只要父母与子女分家，就能"名正言顺"地申请得到一份宅基地，而整个过程只需要5元钱的工本费，这和城市的高昂的地价相比，真是不足挂齿，这是农民最大的福利。花几万元就能在农村修一栋小别墅，有谁愿意放弃这种福利呢？

（四）土地流转管理不规范

我们不难发现，无论是农民还是企业，双方都是缺乏安全感的，问题就出现在土地制度的设计上，我国的土地制度设计导致无法对土地流转进行有效的规范和管理。其实，中国并不是一开始就限制土地流转的。共产党打天下为什么能团结广大农民群众，就是抓住了土地这条中心线。农民之前没有土地，但共产党带领大家"打土豪，分田地"，并且允许农民自主流转土地。这是我们克敌制胜的一大法宝。新中国成立后的第一部大法《土地改革法》明确规定"土地改革完成后，由人民政府颁发土地所有证，并承认一切土地所有者自由经营、买卖及出租其土地的权利"。但到了1955年，历史悄然发生了变化，全国人大通过了《农业合作社示范章程》，限制土地转让的倾向也已经出现。随后，人民公社运动彻底"剥夺"了农民自主经营、流转土地的权利。1962年《人民公社条例》将农村土地包括入社的耕地、自留地和宅基地，纳入不准流转的制度框架。随后，中国出台了不少土地政策。1982年《中华人民共和国宪法》第10条规定：任何组织或者个人不得侵占、买卖、出租或者以其他形式非法土地转让。当时的《刑法》把"以牟利为目的，非法转让土地、买卖、出租土地"的行为，列为刑事犯罪。若按照这一规定，那么现代农业也是不能进行土地流转的。好在党和国家深刻认识到土地流转对农业现代化的积极作用，终于在2003年3月1日生效的《农村土地承包法》中规定：通过家庭承包取得的土地承包经营权可以依法采取转包、出租、互换、转让或者其他方式流转。虽然土地流转行为有了法律依据，但并不是说土地流转就能马上取得效果。一个严重的问题就是，至今，土地产权还没有界定清楚。制度经济学家诺斯认为，清晰的产权界定、市场交易的自由是孕育企业家、激发创新行为的良好的制度环境。明晰产权是土地流转效率提高的必要前提。土地流转涉及流转主体产权的交换，如果双方之间的权利都没有明确的法律表达，也就意味着双方的利益都没有合法的保障，模糊的产权边界就会严重影响整个交易秩序，土地流转所得的收益如何分配就是一个很难协调的问题。同时，土地流转政策执行上存在偏差。《土地管理法》明文规定：国家为了公共利益的需要，可以依法对土地实行征收或者征用并给予补偿。特别是中央政府大力推行土地流转后，地方政府每年都要认领农业工作任务，完成不了就会影响整个政府的年度考评。因此，地方政府就会直接参与土地流转，派干部驻村去做农民工作，搞数字工程，不少土地就"被流转"了，这就没有达到土地流转的预期效果。此外，笔者在调查中发现农业部门的实际的资源组织能力是有限的，土地流转要依靠国土资源部门乃至整个政府协调运作才能完成。目前，国家对土地的管理主要集中在土地的用途上，土地用途不一样，市场价值也就不一样。同样是土地流转，流转给房地产开发商的收益要远远高于流转给农业企业的收益。地方政府一算账，经常会与开发商联同"两委"干部"合谋"来欺骗农业企业和农民。政府往往通过政府权力运作，利用村委会集中农民土地，按照农业补偿标准支付农民流转资金费用，然后改变土地的用途（农民不能改变，但对政府来说就很容易），不把土地使用权给农业企业而是高价卖给房地产开发商，这样一来可以增加政府财政外的收入，二来可以满足开发商的土地需求，三来可以充实农村能人的腰包。而对于普通农民和真心做农业的企业来说，这无疑是一种欺骗行为。这也是现阶段农村土地纠纷的一个重要原因。

五 经营主体困境

从发展趋势上来看,武陵山片区新型农业经营主体分布地域和辐射地区越来越大、经营范围和服务内容越来越广、发展质量和经营效益越来越高,总体上处于稳步发展、日益壮大的优良状态。但是,在取得可喜的发展成就开创了良好的发展局面的同时,武陵山片区新型农业经营主体总体上还处于培育发展的初级阶段,发展水平与农业发达地区相比还有很大差距,与广大农民群众的期望、现代农业和农村发展的要求还有很大差距,发展经营过程中还存在众多问题。

(一) 内部制约因素

员工、场所、机构、制度、文化理念等是构成组织内部环境的重要因素。当前,武陵山片区多数新型农业经营主体内部存在"人才缺乏、科技支撑力弱、机制不完善、发展动力和示范带动效应不足"等问题,内部环境不优。

1. 人才队伍素质不高

武陵山片区新型农业经营主体普遍面临人员素质不高,技术、管理人才缺乏的难题。武陵山片区多数地区为老、少、边、穷的少数民族贫困地区,长期以来受经济发展水平和民族文化差异的制约,教育文化发展较为落后,多数务农农民只有小学及以下的文化程度,拥有较高文化程度或者职业技术的实用人才队伍规模不大,占农村劳动力的比重偏低。而片区内新型农业经营主体业主绝大多数是回乡创业、就近创业的本地农民,学历偏低,文化底子薄,缺乏专业技术和经营管理知识。而且由于较多年青人外出务工,经营主体业主年龄老化,发展后劲严重不足。

经营主体人才队伍素质不高,直接影响到他们的经营意识和能力。一是多数经营主体业主现代化市场意识淡薄,思想观念传统守旧。首先,他们秉承"肥水不流外人田"的理念,多沿袭家族式的经营方式,子承父业,代代相传,使合作社、农业企业的发展缺乏生机和活力;其次,他们没有由"主"到"家"的理念,小富即安,没有做大做强的宏图大志,使合作社或企业的发展只能原地踏步。二是多数经营主体业主不具有现代企业管理知识和经验,市场信息辨识能力和市场决策能力欠缺,无法科学准确地规划好企业的经营项目和发展方向，使得企业面临较大市场风险。

在新型农业经营主体中，农业企业面临的人才困境最为突出。一是企业职工队伍中经营管理型和技术服务型人才十分缺乏。研究调查表明，7成以上的农产品加工企业由于生产规模较小，企业效益不是很高，再加之地处偏远乡镇农村，工作条件较为艰苦，工资待遇较低，很难招聘、引进企业发展所需的高素质科研、管理、销售人才，而且即使能够引进人才，也难以长久留住人才。科技、管理人才的贫乏很大程度上限制了农业企业提高经营效益、扩大生产规模。二是由于缺乏相应职业技能培训，农业企业的多数生产加工工人技能水平较低，直接影响农产品生产效率和质量。

2. 科技创新动力不足

武陵山片区新型农业经营主体科技创新意识较薄弱，普遍缺乏依靠科技力量提升农产品精深加工的能力。无论是国家级农民专业合作社示范社还是国家级农业产业化龙头企业，无论是地理标志农产品还是中国名牌农产品，武陵山片区所占数量与东部河北、山东、浙江、江苏等农业较为发达的省份相比还是存在较大差距。一是片区经营主体人才队伍素质偏低，缺乏相应的科技创新意识和创新能力，再加上与科研院所产学研联系合作较少，科技人才严重不足，因此经营主体科技创新能力难以提高。二是武陵山片区多数新型农业经营主体对科技创新重视程度不够，科研开发资金不足，在新品种、新技术的引进和产品的精深加工技术等方面投入很少，造成农业企业科技水平不高，产品自主开发能力很弱，无法研发出具有自主知识产权的、有较高科技含量的产品。长期以来，很多农产品加工企业、专业合作社基本上是实行"拿来主义"，模仿照搬市场产品样式进行生产，而缺乏对产品进行符合地域文化特色的设计以及精深加工，导致产品质量差、档次低，农业产业链短，产品附加值低，进而影响产品市场销售和企业效益，而效益低下又会影响科研投入，使企业陷入恶性循环。

3. 管理运行机制不完善

武陵山片区多数新型农业经营主体，特别是专业合作社和农产品加工企业，管理运行机制不完善，经营主体运行不规范，经营效率不好，发展效益不高。一是没有建立适应现代企业制度要求的管理运行机制，在登记注册、章程制定、业务运作、利益分配等方面不尽完善。例如，有相当部分合作社的内部章程基本照搬农业部 2007 年颁布的《农民专业合作社示范章程》，没有考虑到本社实际情况拟定较为科学合理的章程；同时经营主体内部法人治理结构不健全，股东会、董事会、监事会、财务部、销售部等主体机构尚未完全建立，经营主体组织程度和管理水平不高。调研中发现，片区部分县市甚至还存在只挂牌子的空壳合作社。二是缺乏较为健全的民主管理、民主监督制度。很多合作社、农业企业虽然形式上成立了理事会、监事会等组织机构，但在经营主体日常运行中没有按照各自职责规范运作，机构形同虚设；经营主体的实际运作与章程制度存在脱节，并且积有财务核算不规范、业务公开不透明、收益分配不公平等一系列问题，严重挫伤了经营主体成员参与管理、加强合作的积极性和能动性，降低了经营主体的凝聚力、向心力，也极大程度上影响了经营主体的发展和壮大。三是民主决策制度尚不健全。以专业合作社为例，由于全体社员大会很少召开，因此合作社的投资研发、生产加工、市场销售及利益分配等活动的决定权都主要集中在理事会，影响民主决策。而且经调查发现，理事会成员容易受到政府、生产经营大户的影响，从而不利于决策的民主性。

4. 示范带动效应不明显

武陵山片区新型农业经营主体起步较晚，规范发展时间较短，整体发展规模较小，总体发展水平较低，目前对片区现代农业和农村经济的发展所起到的示范带动作用还没有完全发挥出来。一是片区新型农业经营主体发展实力相对较弱。无论是专业大户、家庭农场、专业合作社还是农业企业、批发市场，由于缺乏足够的人才支撑和政策扶持，普遍存在规模偏小、组织松散、实力不强的弊病，带动农户和产业发展的能力不足，没有起到"点燃一盏灯、照亮一大片"的示范效应。二是片区新型农业经营主体发展效益不优。由于经营主体规模小、实力弱，在贷款融资、人才引进、科技应用、市场开拓等方面都面临诸多困难，从单个经营主体来说，难以在激烈的竞争中赢得较多的市场份额和经济收益，无法有效促进广大农民增收；从整个农业行业来说，难以形成精深加工、多元服务的"产销一条龙"的产业链条并有效推动现代农业发展。例如，恩施土家族苗族自治州2013年全州96%以上的企业年销售收入不足2000万元，91%的家庭农场年销售收入在50万元以下，农民专业合作社的平均社员仅有46人，平均销售收入低于50万元。这样的发展效益与湖北省其他地市相比，还存在明显差距。三是片区新型农业经营主体服务水平较低。由于武陵山片区的专业合作社、农业企业、产品批发市场尚处于初步发展阶段，所以为广大农户提供的服务主要是生产资料购买、生产技术培训、市场信息、产品销售等方面的,而融资贷款、信用担保、人才引进、科研开发等方面的服务还相对较少。

(二) 外部发展瓶颈

自然环境和社会文化环境,社会经济和技术的发展水平,社会政治、经济和法律制度等是构成组织外部环境的重要因素。当前,武陵山片区新型农业经营主体普遍面临"政府重视程度不够、支农政策未落实、农机服务滞后、融资难、土地流转难"等困境,外部发展环境亟待改善。

1. 重视程度有待加强

当前武陵山片区还有部分地方对新型农业经营主体不够重视和支持。一是片区部分地方党委、政府对新型农业经营主体发展的重要性和必要性认识还不到位,没有充分认识到新型农业经营主体是农业先进生产力的代表,是推进农业转型升级的支柱,是引领现代农业发展的"火车头";也没有意识到发展新型农业经营主体是促进农业增效、农民增收的现实需要,是加快农村经济发展、如期实现全面小康的必然选择,以至于对新型农业经营主体发展的重视程度不够,支持力度不大。二是片区一些县市还存在着"重工轻农""重企业轻合作社"的观念,只注重工业招商,轻视、忽视农业招商,抓农业方面的招商引资力度相对有限,制约了新型农业经营主体在资金、人才、技术、市场等瓶颈上的突破。由于缺乏相应指导和支持,新型农业经营主体基本处于盲目发展、无序发展、低效发展的状态。以湖北省鹤峰县农民合作社的发展为例,截至目前,《农民专业合作社法》颁布实施已五年之久,但是研究调查发现,全县尚未形成一个比较完备的农民专业合作社发展总体规划和指导农民合作社发展的纲领性文件,没有以县委或县政府的名义召开一次专题研究农民合作发展的会议,没有明确一个专门的工作专班、工作小组来抓农民合作社的发展。

2. 支农政策有待落实

武陵山片区还存在部分地方对支持新型农业经营主体的优惠政策落实程度不够的问题。由于很多支农政策是通过各级部门条条下达的,经过的中间层次和环节太多,各项政策之间缺乏整合性和衔接性,再加上缺乏有效监督,在政策的下达和执行过程中容易出现脱节现象和寻租现象,导致有的政策仅仅是停留在纸面上而未落实到实处。例如,一些对新型农业经营主体的项目扶持资金被相关部门克扣削减甚至直接截留挪作他用。其次，相关县市财政支持不足，也影响经营主体发展政策的落实情况。武陵山片区很多民族地区是国家级贫困县市，地方政府财政不足，无法对一些支农政策进行很好的配套，更无法为新型农业经营主体的发展提供优质高效的服务和全面实在的奖励，导致部分农业经营主体在用电、土地、税费等方面很难享受到政策优惠或者便捷服务，甚至出现相关部门有项目不开展、有政策不落实、有规定不执行的现象。例如，湖北、湖南、贵州和重庆四省市的《实施〈农民专业合作社法〉办法》《关于促进农民专业合作社发展的意见》等法规和文件中，都明确了一系列扶持合作社发展的优惠政策，但就整体落实情况而言还相当不够，尤其是在合作社项目扶持、用电用地、土地流转、税收优惠等配套政策落实上还存在很大问题。调研发现，武陵山片区部分县市的专业合作社的水电费用，仍然是按照工业用水、用电价格标准计算和收取的，并没有完全执行农业生产水价、电价标准，相关政策文件尚未落实到位。而且，相关部门对支农政策的执行方式和手段也影响到政策的落实程度。调研发现，武陵山片区部分地方的农业相关部门执行支农惠农政策的方式和手段不灵活、不公正，存在政策执行不合理的现象。

3. 农技服务相对滞后

武陵山片区部分地区的农业支持与服务体系不完善、不配套，不能很好地满足新型农业经营主体发展的要求。一是农业技术推广服务机构还不够健全，服务体系还不够完备。由于相关农业部门的重视力度不够，财政投入不足，农业科技人员待遇较差，社会地位较低，无法组建一支技术水平高、服务意识强的农业技术推广服务队伍，从而在一定程度上影响了对新型农业经营主体的农技推广和服务。二是农机农具支持体系还不完善。武陵山片区部分地方受财力限制，无法对所有新型农业经营主体配套、落实农机农具购买补贴政策，从而影响了部分经营主体购买农机的积极性，不利于农业综合机械化水平的提高。三是动植物疫病防治服务体系还不完善，疫病防治能力还相对较弱。虽然武陵山片区内所有县市均有林业局、畜牧局等相关部门，但是在一些偏远乡镇却没有林业站、兽医站之类的疫病防治机构；即使设有相关部门，但还是因为财力不足，技术人才缺乏等因素而无法有效防治动植物疫病，导致种植类农业经营主体往往因为虫害虫灾的发生而收成锐减，畜牧养殖类农业经营主体往往因为瘟疫病毒的出现而严重亏损。

4. 融资渠道少、门槛高

当前,武陵山片区新型农业经营主体普遍存在融资贷款渠道少、门槛高的难题。专业合作社、农产品加工企业在农业标准化、规范化、产业化建设方面的科技实验,新品种、新技术的引进、试验与推广,产房、机械等设备设施的建设,农产品商标的申请注册与品牌的宣传维护,无偿农技服务的开展,零利润生产资料的供应,农产品收购、保鲜、储藏、加工、运输与销售等项目和经营过程中,资金投入量相当大。而农业产业总体上属于微利行业,销售利润低,资金周转时间长,自身资本积累速度慢,吸纳民间资本能力有限,经营压力重,运作较为艰难。同时,合作社、农产品加工企业想要从金融机构获取信贷也十分困难。由于没有其他经济组织提供担保,也没有足够的资产去抵押,金融机构对专业合作社、农业企业等新型农业经营主体缺乏信任,金融机构出于规避风险和获得更大收益的考虑,普遍存在惜贷、少贷的现象。而农村信用合作社这样的金融机构规模相对有限,无法满足庞大的新型农业经营主体的贷款需求,经营主体难以得到足额贷款,或者是贷款手续麻烦、还贷费用较高、贷款时效性不强。总地来说,目前对新型农业经营主体的金融支持只是杯水车薪,无法从根本上解决经营主体存在的原料收购与产品销售季节性强、短期流动资金需求多等问题。而如果政府或金融机构的支持不足,经营主体的经营资金很大程度上只能依靠民间借贷,从而增大了经营成本,不仅影响金融市场的稳定,而且不利于经营主体和农业产业的持续发展。从湖北省恩施土家族苗族自治州的调查发现,全州分别有47%的专业大户、59%的农民专业合作社和57%的农业企业因授信担保困难、申请手续烦琐、隐性交易费用高等问题存在融资方面的困难;近40%的企业贷款需求通过个人借款、企业间信用借款、社会性资金借贷和其他方式融资。

5. 土地流转难、成本高

武陵山片区许多县市土地管理制度还不健全,土地流转服务体系还不完善,很大程度上影响了农村土地的规范流转,制约了新型农业经营主体的发展。土地承包经营权流转过程中很多农户存在较大疑虑。一是对土地流转本身心存疑虑,担心政策有变,害怕失去土地,因此不愿流转;二是对流转价格心存疑虑,租金低了,农户觉得吃亏而不愿意流转,但较高租金又会增大经营主体的成本;三是对流转年限心存疑虑,流出方与流入方期望值相差较大。而由于农村综合产权交易平台尚未实现全覆盖，土地流转缺乏供求信息、合同指导、价格协调、纠纷协调等方面的服务，造成流出方与流入方不能有效对接、土地集中连片流转难、土地流转矛盾纠纷协调难、土地抛荒或季节性抛荒、经营主体基础设施用地及建设难等一系列问题。而且，土地流转激励机制的缺乏也不利于鼓励经营主体通过转包、出租、互换、转让、入股等多种形式流转土地承包经营权，实现土地集中开发，连片种植。

六　惠农政策困境

　　农业的发展离不开党和国家政策的支持。正如邓小平所说，"农业的发展一靠政策，二靠科学"①。发展经济学认为，国家实行的农业政策，是促进农业发展的重要原因或措施。可见，农业政策在农业发展中起着极其重要的作用。"三农"问题一直是党中央、国务院工作的重中之重。为实现农业的现代化，党中央、国务院制定了一系列的支农惠农政策，如推行农村税费改革，取消农业税，对种粮农民实行直接补贴，实行良种补贴、农机购置补贴，同时对重大农业技术推广设置专项补贴等。这一系列政策在我国农业的发展进程及农业的现代化进程中起到了重要的作用，为农业的发展及其现代化进程提供了政策的保障、物质的支持、技术的支撑等。然而，由于武陵山片区特殊的地理自然环境和社会历史环境，武陵山片区农业现代化进程中惠农政策存在一些问题，如农业直补偏离预期效益，惠农政策缺乏特殊性，惠农政策落实不够等。

（一）农业直补偏离预期效益

　　农业直补政策是党和政府通过国家财政政策，按照国家制定的统一标准对农户直接给予补贴的一项惠农政策。其目的是为了促进粮食生产、保证粮食安全，调动广大农民的种粮积极性，增加农民的收入，发展现代农业，稳定粮价水平。通过实地考察，我们发现该政策并未发挥出它应有的功效，未能充分调动农民种粮积极性，对现代农业发展的拉动作用甚小；对于农业直补的补贴资金，广大农民不是将其用来购买优

---

① 《邓小平文选》，第3卷，人民出版社1993年版，第1页。

良品种、农药化肥、农业机器设备或者是与农业生产相关的生产资料，而是用来吃喝玩乐，资金未发挥出该有的效益。同时，农业直补政策能让广大农民根据自己对土地的使用权，每年从国家获得每亩上百元的补贴。在他们看来，不管自己的土地是否种植，自己都能够获得一定的资金，如果别人租借自己这片土地的租金较少，广大农民宁可让土地荒芜也不把土地租出去，这种思想无形中增加了土地流转的成本，严重地影响了土地流转的顺利进行。

1. 资金未发挥出效益

西方经济学把效益的最大化作为最高标准，强调利益，强调投入与产出的比例关系。资本家往往会把资金投到获得最大利润的领域（如证券、房地产、股票）里，不会将资金投入农业领域。因此，农业、农业领域的投入资金主要来自国家。马克思主义政治经济学也强调效率，强调投入与产出的关系，强调两大部类之间的转换，强调积累与消费的协调，强调三大产业的协调发展。因此，农业资金的投入其目的就是想获得相应的农业收益。在社会主义国家，我们对农业的投入，强调的是获得农业投入相应的农业效益，取得农业的快速发展，实现三大产业的协调发展。经过实地调研，我们发现许多农民并没有把国家给予农业的直补资金用来购买农业生产资料，而是用于消费。从某种意义上说，这一政策的确在一定程度上增加了农民的收入、提高了农民的生活水平。但是资金未能实现杠杆作用，其杠杆作用应该是，以把国家给予的资金用来购买种子、化肥农药、农业机器及与农业发展相关的生产资料等为杠杆，最终撬动粮食的正常生产、国家的粮食安全、粮价的稳定、农民收入的提高、农民种粮积极性的调动、武陵山片区的农业现代化发展等这些"大石"。在一次调研座谈会中，某县的农业局局长谈到，农业直补政策存在一定问题，国家制定农业直补政策的初衷是想让补贴的资金用于购买农业生产资料，但是农民在获得资金后，主要是用来吃上一顿好的，买上一件华贵的衣服，甚至有的是用来打牌赌钱，所以这一政策实际上取得的效益是很小的。

2. 增加了土地流转成本

习近平指出："现阶段深化农村土地制度改革，要更多考虑推进中国农业现代化问题，既要解决好农业问题，也要解决好农民问题，走出一条中国特色农业现代化道路。我们要在坚持农村土地集体所有的前提下，促使承包权和经营权分离，形成所有权、承包权、经营权三权分置，经营权流转的格局。"① 土地流转对农业现代化进程有着重要的作用,土地流转成本高是制约土地流转的重要原因。我们在调研中发现,在实施农业直补政策时,不是根据农民种植的实际面积采取补贴,而是根据每个家庭农田的亩数采取补贴,也就是说,在对农民补贴时,依据是每个家庭拥有的土地的亩数,而不是家庭的实际种植面积。政策制定的初衷是理想的认为,农民有多少土地就会用多少土地来种植蔬菜粮食等,对农民按亩补贴也就等于对农民按实际耕种的面积补贴。这样的补贴,就导致了不管你这块地是否种植粮食,你都会获得国家对你的直接补贴。这导致的后果就是,当准备外出务工时,在面对别人租借自己的土地时,如果别人给予的租金过低,他们宁可荒芜也不出租,这就隐性地增加了土地流转的成本和难度。在武陵山片区湖北某县的一次座谈会中,一位农民说道:"我看见我们隔壁村的一家准备出去打工,我就想把他们的土地租过来种,当时我就想着反正他们的地荒着也是荒着,我租过来种他们的土地也不会荒芜,以后回来耕种也方便,我给他们较低的钱,让他们把地租给我,谁料他们嫌我给的钱少,还说不多给点钱宁愿让地荒着也不会给我种,反正国家每年有补贴,荒着他们也不亏。"这位农民的话也就证实了这一政策在无形中增加了土地流转的成本,增加了土地流转的难度,不利于武陵山片区农业现代化的建设。

(二) 惠农政策缺乏特殊性

国家在制定支农惠农政策时,是根据全国普遍的情况,主要是参照平原地区全国主要的农业生产基地,特别参照了九大商品粮生产基地和五大商品棉生产基地,因此制定的支农惠农政策,对平原地区全国主要的农业生产基地诸如九大商品粮生产基地和五大商品棉生产基地具有巨大的作用。这些全国通用的支农惠农政策,具有统一性、普遍性。然而,不同的地区实际情况不同,尤其像武陵山片区这种山区,因受其特殊的自然环境和历史人文环境的长期影响,这一系列支农惠农政策在这一地区很难发挥出应有的作用,在推进农业现代化的进程中能够发挥出的作用也远远比不上平原地区,这些支农惠农政策不具有特殊性、针对性。在项目申请上,

---

① 习近平:《深化农村土地制度改革要尊重农民意愿》,http://news.ifeng.com/a/20140929/42117014_0.shtml2014-09-29/2014-10-08。

是按照国家统一的标准,项目申请了之后,由于政策太过苛刻,项目难以实施。

1. 项目申请难度大

全国农业项目的申请标准具有统一性,项目申请对规模、资金、人员都做了具体的要求。未达到相关要求的农户、合作社、农业企业,是不可能申请到项目扶持的;而最需要扶持的往往是那些刚起步的合作社、新兴农业企业等,这些合作社和新兴农业企业的各种条件都还不成熟,很多条件也达不到国家规定相关要求,它们争取不到国家项目的扶持。例如,畜产品申请部分条件:"支持畜种主要包括生猪、蛋鸡、肉鸡、肉牛和肉羊。其中,生猪出栏0.5万—5万头的标准化养殖场;蛋鸡存栏1万—10万只的标准化养殖场;肉鸡出栏5万—100万只的标准化养殖场;肉牛出栏100—2000头的标准化养殖场;肉羊出栏300—3000头的标准化养殖场。申请中央财政资金100万元以内,项目单位自筹资金不得低于财政补助资金总规模。"① 从这部分条件我们就能发现,在农业项目申请上,项目申请者必须达到以下要求:首先,要求项目已经有较大的规模、本身基础较好;其次,农业项目重点扶持的是已有基础的扩建或续建项目;再次,项目已经具有良好的经济效益,带动能力较强。我们在调研中发现以下几个问题:第一,新建的农业企业,基础较差,特别需要扶持,但不符合项目申请的条件;第二,已建起来的农业企业,基础较好,规模不足,同样是项目难以申请;第三,带动能力较强的农业合作社,规模较大,其发展目的主要是带动当地农民致富,实际操作资金仅仅是为了维持其正常运行的资金,达不到农业项目的申请资金标准。湖北省宣恩县黄金梨合作社的书记谈道,"我们合作社实行统一经营、统一采摘、统一销售,2013年能够盈利600多万元,这600万元主要是发给合作社的成员,维持合作社的开支及其经营的费用每年只有几万元"。可见,具有统一性、普遍性的农业项目申请条件,在条件特殊的武陵山片区,是缺乏特殊性、针对性的。

2. 项目难以实施

项目的申请是项目实施的前提,项目实施是项目达到预期效益的关

---

① 农业部:《重点扶持畜禽标准化规模养殖》,http://www.farmer.com.cn/jjpd/hyyw/201207/t20120717_731135.html2012-07-17/2014-10-08。

键。申请项目是一个复杂的事情，在成功申请项目之后，项目的实施同样是一件极其复杂的事情，因为在项目的实施过程中，不得擅自改变项目要求，必须得按照项目申请书上去做。在项目实施上，必须严格按照程序，不得有任何失误，否则在项目验收时就不会通过。在访谈中，武陵山片区某县一位专管项目申请的同志谈道："在项目申请的基础上，项目的具体数据不得改变，项目中给出的位置、大小、规模等一律不得改变。通俗地讲，也就是你申报的位置在哪儿，你在项目实施的时候位置不得有任何移动，至于项目的大小规模等更是严格要求，不得有任何的增加或缩小；就算你自己添入一部分资金，改变了项目申请书上的数据，在最后审核时，你也不能够通过。比如申报在某地建设一个农产品加工厂，这个加工厂的位置、楼层的高度、楼层的设计、开工竣工的时间等都得原封不动地按照项目申请时的样板，不管样板如何都不得改变。所以，就算是申请到了项目，很多人也不敢轻易地实施，一旦实施，项目验收不通过，你就得全部自己掏钱。以前是愁没钱，现在是我们有钱了，但我们不敢用！"

3. 项目支持力度不够

项目的支持力度直接影响项目的效果。我们调查发现，武陵山片区农业的项目申请与东部地区没有区别，项目的支持力度也是一样。一个农业项目，在东部沿海地区，因其自然优势和社会优势，项目实施难度小，加上东部地区经济发达，当地农业资金较为雄厚，项目资金的支持就更能够让农业发展进程加快，缩短农业现代化进程。而武陵山片区，因为地形较为崎岖、实施农业项目成本更高，又因当地农业资金缺乏，项目资金又与东部地区一样，项目实施起来资金不足、难度大。例如，在武陵山片区的湖北省某县一次座谈会中，农业局办公室主任谈道，"本县 2009 年关于农业项目的支持政策是，对每一个成功申请的项目支持 1 万元，2010 年和 2011 年每个项目支持资金增加到 3 万元，2012 年和 2013 年这一政策有所改变，对每个项目支持 10 万元，但全县只有三个名额，2014 年项目政策又有所改变，项目资金总共为 50 万元，对每个项目的资金支持没有做明确的规定"。从他的谈话我们可以看到，对一个县城农业的支持力度严重不足，资金严重缺乏，而资金的缺乏又增加了项目实施的难度。项目的申请难度大，项目申请之后实施难度也大，除此之外项目的支持力度又不足，这一系列的问题严重地导致了武陵山片区农业项目申请缺乏特殊性，农业现代化进程缓慢。

(三) 惠农政策落实不够

政策的制定是前提，政策的落实是关键，政策所产生的结果是检验一项政策好与坏的标准。公共政策学认为："公共政策被制定出来以后，政策能否达到预期的效果关键取决于政策的执行情况。"国家制定了支农惠农政策，地方政府及其农业部门对政策的落实情况决定这一政策能否发挥出其应有的效益。地方政府及其农业部门对支农政策的宣传力度，决定着广大农业经营主体对支农政策的了解情况；地方政府及其农业部门对支农惠农政策重视力度，可以让广大农业经营主体看到他们落实好这一政策的决心，从而影响经营主体的斗志和积极性；对支农惠农政策的执行力度，直接影响这一政策效益；支农惠农政策的效益，直接决定经营主体的利益，影响他们的积极性。

1. 惠农政策宣传不到位

习近平指出："宣传思想工作一定要把围绕中心、服务大局作为基本职责，胸怀大局、把握大势、着眼大事，找准工作切入点和着力点，做到因势而谋、应势而动、顺势而为。"① 在武陵山片区，对支农惠农政策的宣传却不是很理想，很多支农惠农政策广大人民根本就不了解，或者根本不知道。武陵山片区，由于网络基础设施建设较为落后，网络普及率较低，许多支农惠农政策通过网络宣传难以取得实效；而通过传统的会议、口耳相传等形式宣传，力度较小、误差较大，更是让广大民众不能真正理解支农惠农政策的精神，进而这些政策实施起来就更加困难，使得这些政策不能真正达到其制定之目的。要达到广大人民真正理解支农惠农政策之内涵，达到支农惠农政策之目的，地方政府及其相关部门必须改变宣传方式、创新宣传方式。

2. 惠农政策缺少重视

公共政治学认为，上级的重视程度直接决定下级的执行力度。由于支农惠农政策缺乏特殊性，支农惠农政策实施难度大，所取得的效益也不突出，不能达到预期的目的，久而久之，部分地方政府对这一系列政策采取消极接受的态度，不积极执行，更不会结合当地实际创新相关政策，这些

---

① 《习近平讲话》，共产党员网，http://news.12371.cn/2013/08/21/ARTI1377027196674576.html2013-08-21/2014-10-08。

政策越来越不受重视。长此以往，只会导致政策不受重视、人们消极执行、达不到预期结果三者恶性循环，这将会导致武陵山片区农业现代化进程缓慢，延缓国家现代化进程。因此，地方政府及其农业相关部门应把原则性和灵活性结合起来，在坚持国家支农惠农政策大政方针的原则下，加大对支农惠农政策的重视，并结合当地实际，对支农惠农政策加以创新，使其效益发挥出来。

3. 惠农政策效益不突出

武陵山片区支农惠农政策缺乏特殊性，农业项目申请难度大、实施难度大，项目资金扶持力度不够，部分地方政府支农惠农政策宣传不到位，对支农惠农政策缺乏足够重视，导致对支农惠农政策的执行力度不足，同时广大经营主体在理解相关政策上不透彻，也不会很好地执行相关措施，就算广大经营主体执行也会力不从心，最终必然会导致这一政策产生的效益低下，达不到促进农业快速发展、增加农民收入、调动农民积极性等目的，不能收到政策制定之初的预期效益。

七　农业融资困境

扩大农业生产规模、提高农业生产效率、发展现代农业需要大量的资金投入，以满足农业经营主体购买机器、建立厂房、流转土地、更新技术、推销产品、拓展市场等流程和领域所需要的各项开支。可以说，没有强大的资金支持，农业发展的现代化转型就难以实现。因此，发展现代农业必须注重农业融资问题。然而，长期以来，农业的基本功能是生产粮食等基本农作物，以保障人们的基本生活需要为主要目的，主要体现的是社会基本保障功能，农业自身资本积累严重不足，难以靠自身的资本存量来满足农业现代化发展的资本需求。这就需要进行农业融资活动，为农业现代化发展寻求资金支持。武陵山片区农业发展的资金缺口更大，融资要求也更高。在国家扶贫攻坚计划的推动下，农业融资取得一些成绩，但不少现实问题也不容回避。从农业发展的资金来源来看，融资困境主要表现在银行贷款困难、专项资金不足、社会融资困难等几个方面。

（一）银行贷款困难

银行是经营货币的企业，是最主要的金融机构，它通过吸收存款把社会闲置货币资金和小额货币节余集中起来，然后通过发放贷款将货币资金借给需要补充资金的人和企业去使用。因此，向银行贷款是货币资金需求者融资的一个重要手段。但是，长期以来，农业领域都不被看好，不是各大银行发放贷款的主要领域，信贷约束较为明显，贷款难度大。全国目前办理涉农贷款的银行主要有中国农业银行、中国农业发展银行、中国邮政储蓄银行、农村信用合作社和村镇银行等。其中，中国农业银行属于国有控股的商业银行，特别是银行改制后，农行的商业化越来越明显，涉农贷款的比例越来越低。根据中国农业银行《美丽中国·共同耕耘》（2013年度报告）的数据显示：2013年共发放贷款2222713亿元，其中县域贷款22256.91亿元，仅占整个贷款业务的1%左右。值得指出的是，农业银行的发展报告将县域贷款等同于服务"三农"贷款，这是极不合理的。中国农业发展银行属于唯一的农业政策性银行，其主要职能是承担国家规定的政策性金融业务，并代理财政性支农资金的拨付，但并不直接涉及农业农户。就目前经营的现状来看，农发行的信贷业务集中在粮油和棉花上。根据《中国农业发展银行年度报告》（2013）的数据来看，全年累计发放粮油贷款10374.54亿元，发放棉花储备贷款1390.98亿元，分别占41.45%和5.6%。中国邮政储蓄银行于2007年才由农村邮政储蓄正式更名为中国邮政储蓄银行，并开始按照其他商业银行的经营模式进行存贷业务。《中国邮政银行社会责任报告》（2013）显示：2013年邮政银行全国共有县域及以下网点28302个，发放涉农贷款3881.55亿元，也只占贷款总额的26.07%。农村信用合作社中国人民银行批准设立的为提供金融服务的农村合作金融机构，2012年共发放贷款156949.77亿元。村镇银行于2006年才开始建立，其资金实力与其他国有银行和商业银行相比较弱，资金存量严重不足，网点少且吸存能力相对欠缺，自身的生存都是一个严重的问题。因此，从全国形势来看，从银行贷款来解决农业发展的资金问题并不畅通，多家农业银行的涉农贷款规模都相当有限，贷款难是农业发展遇到的一个通病。

在武陵山片区，农业经营主体"贷款难，贷款少"的现象十分明显。中国农业银行、中国农业发展银行、中国邮政储蓄银行以及农村信用合作社和村镇银行等的主要任务是吸纳存款进行再投资，扩大银行自身的效益，对农业发展的带动作用是十分有限的。在调查中，我们发现各大银行金融机构存在严重的信贷约束，越是经济效益好的企业越能获得贷款，越是需要贷款的企业往往越得不到银行贷款。因为，银行多为商业化运作模式，必须首先解决自己的生存发展问题。在他们看来，农业的投资周期长，且回报低。传统农业多为家庭小农经营，农作物仅作为基本生活资料和工业原材料进行交易，没有进行深加工，产品的附加值低，投资回报也就低。同时，当地的气候条件等自然因素对农业的影响是不可调控的，农作物的生长周期长，并且产品价格波动大，投资回报难以估算，银行的投资意愿明显不足，农业的融资问题就不能得到妥善解决。同时，农业经营主体的负债偿还能力也有限。目前，农业经营主体还是以个体农民为主，其可用于银行抵押的东西少之又少。虽然国家鼓励将土地经营权、林权和宅基地权作为银行抵押，但这三种权力的交易市场还未形成，也就是说银行拿着这三项权力也无法进行价值折算和价值转让，很容易成为银行的不良贷款。而企业就呈现两极分化的现象，那些发展得早、经营效益好的企业相对容易获得银行贷款，其他那些新兴企业和目前经营"不善"的企业急需银行贷款，但他们的负债偿还能力也是比较有限的。而家庭农场和专业合作社作为新型农业经营主体，其地位还未完全通过银行的"资格审查"。因此，各大银行为了保证银行自身的利益，对农业经营主体贷款就设置了种种门槛，贷款程序复杂，贷款金额远远不够。此外，近些年来的银行腐败现象较为严重，权力寻租频发，扰乱了正规的银行金融市场，增加了普通农业经营主体的贷款难度。

（二）专项资金不足

改革开放以来，政府与市场始终都是决定着中国经济社会发展总体格局的两大主导因素，正确处理二者之间的关系也是改革进入深水区的核心问题。从历史经验来看，任何极端化的思想和逻辑都是不全面的，都会带来灾难性的后果。因此，正如林毅夫教授指出的那样：讨论的重点不是需要不需要政府，而是什么时候需要，在哪些情况下需要，我们需要的是"强政府"和"强市场"。政府在中国30多年的改革实践中发挥的作用是不可忽视的，是不可代替的。1984年莫干山会议上，由张维迎等一批年轻学者提出来的价格"双轨制"得到了国家的认可和推行，使中国逐步向市场经济过渡，释放了巨大的改革红利。从拉动经济增长的投资、出口和消费"三驾马车"来看，投资是首要的，解决的是增量问题。特别是在增加公共物品等领域，政府投资是最主要的拉动力。分税制实施以后，政府投资的形式采用的是事本主义逻辑,利用项目制来实现中央对地方的"反哺"。所谓项目指的是"一种事本主义的动员或组织方式,即依照事情本身的内在逻辑出发,在限定时间和限定资源的约束条件下利用特定的组织形式来完成一种具有明确预期目标,某一独特产品或服务的一次性任务"①。

对于武陵山片区来说,地方财政能力有限,金融市场发展滞后,获得政府的专项资金不愧为一种重要的融资手段。发展现代农业,需要政府提供良好的基础环境,例如,对传统的农业基础设施进行更新、升级(前文对农业基础设施问题有专门论述,这里不再赘述),而这些都需要大量的资金投入才可能完成。在计划经济时代,农村人民公社通过集体分担的方式来解决这些问题。而在农村进行家庭联产承包,分田到户后,特别是在国家力量进一步从农村退出之后,农业发展的基础建设基本无人问津。对单个农民而言,一是真的无力进行修缮,二是公共设施不具有排他性,很容易形成"公地悲剧"。对农业企业而言,本身就具有社会企业的性质,理应得到政府扶持。如果要他们自身投入大量的资金来完善基础设施建设的话则是一种强盗逻辑,是不负责任的。因此,如果政府不承担提供良好的发展环境的任务,农业现代化将举步维艰。但是,从目前了解到的情况来看,农业专项资金还存在不少问题。一是涉农专项资金总量不足。虽然 2013 年中央财政预计安排农业生产支出 5426.83 亿元,但按照财政拨款的规则计算,武陵山片区本身的经济贡献率就低,因而得到的财政预算也就少,再经过几级政府的重新安排,落实到县级财政的农业经费就更少了。地方政府的项目申报资金数额非常有限,一般项目也就十几万元,根本不能解决当前农业发展的现实问题。例如,2013 年,恩施州组织申报部、省项目 12 个,获批 7 个,投资总额才 1000 多万元,一个企业修建厂房都不够,改善农业发展环境捉襟见肘。二是地方政府配套资金压力大。国家项目申报指南规定,几乎每个项目都必须有地方财政的配套资金才会批准。这就意味着要想获得项目资金必须解决项目配套资金的问题,然而武陵山片区县域经济本身就不发达,可供地方支配的财政资金存在巨大缺口,根本无法承担配套资金。在调查中,不少分管农业的副县长告诉我们:"不是我们不想要项目,而是我们要不起项目,县里总共就那么点

---

① 渠敬东:《项目制:一种新的国家治理体制》,《社会学研究》2012 年第 5 期,第 115 页。

钱，配套资金拿不出来啊。"对于整个县域经济发展来看，农业只能是其中的一个部分，分到的羹只能是那么多。事实上，各大县市也想了一些办法来解决这个问题，"先借债，再还债"，而带来的却是集体债权的扩大、土地市场的混乱等。三是生态补偿资金没有得到落实。在生态文明的现实要求下，碳汇林交易在东部工业地区正发挥着重要作用，其获利模式就是发挥树木吸收二氧化碳的功能，以此缓解工业带来的污染。在国家《武陵山区域发展与扶贫攻坚规划》中也明确指出要建立健全生态补偿机制，解决该地区发展资金不足的问题。武陵山地区植被覆盖率高，属于国家限制开发区，这是一大优势，但至今却未得到落实，无法转化为实际可用的发展资金。同时，项目制本身带来的其他负面效应也限制了项目作用的发挥。项目设计必须是"一事一议""专款专用"，解决的是部分具体问题，无法解决农业发展的系统问题。特别是近几年来，项目资金的使用越来越规范，县级单位的资金使用自主权越来越窄，很多项目资金无法使用。这是因为项目申请带有竞争性和偶然性，并不是每一次申请都能获批，因此"一项多报"的现象较为普遍。此外，项目从申请到公示再到实施，有一个时间差是不可控制的，不足以及时解决资金缺口的问题。

（三）社会融资困难

既然银行贷款困难重重、专项资金纷繁复杂，农业经营主体又急需周转资金，那怎么办？一个基于社会关系网络的社会融资渠道虽然正在慢慢起步，但社会融资还未完全发展成熟。有人将其区别于银行贷款和专项资金，称为非正式融资，也有人直接简化为民间借贷。事实上，农村正式融资的效果往往是不尽如人意的。与正式融资途径相比，民间融资的总体规模要大得多，对农民的帮助作用也更直接、更有效。国际农业发展基金的研究报告指出：中国农民来自非正规市场的贷款大约是来自正规信贷机构的 4 倍。2003 年农业部农村固定观察点调查数据表明，20842 户被调查农户平均每户借款 1414.25 元，71.84% 属于民间借款。我们在调查中也发现，武陵山片区民间借贷的发生率高，以亲戚朋友为主的民间借款是农户借款最主要的渠道，占 70% 左右。

毫无疑问，民间借贷在支持武陵山片区的农业发展中有着重要的作用，一定程度上缓解了农业发展的资金问题。但是，从整个民间借贷目前的状况来看，对于支持农业现代化发展的作用还是受到了不少限制。一是民间借贷金额较小。武陵山片区的经济社会发展水平较低，民间资本存量的总量虽然不少，但分散在各个农民手中就不是很多了。因此，每个农民手中实际拥有的现金还是很有限的，并没想象的那么多。农民越来越趋于理性，对于借多少、借给谁都会认真权衡，一般不会感情用事。因此，谨慎起见，从单个农民允许流出的现金总是有限的。在调查中我们了解到，民间借贷的金额一般都会控制在3万元以内，以5000元左右最为常见。二是民间借贷存在道德风险。民间借贷发生的基础是社会信任，是借出者对借款者道德、人品和发展潜力的信任，"信用"是"最值钱"的抵押品。农村有句古话：好借好还，再借不难。讲信用是农村社会最重要的品质，也是"借钱"成功的重要因素。一个不讲信用的人，在农村社会必然没有好口碑，也不容易借到钱。但是，近些年来，农民失信违约的行为也在不断增多，赖账、拖账、跑路的现象时有发生，损害了农村社会原有的和谐关系。三是民间借贷辐射范围有限。民间借贷只是在熟人社会中进行的，借贷双方对彼此有非常"清楚"的了解。因此，民间借贷的辐射范围就只能局限在村庄内部人员，对于外来者来说，不可能被纳入借贷关系的范围之内。所以，对于外来企业来说，从农民手里进行融资是不太现实的，因为没有深厚的、长期的社会关系的积累。四是民间借贷缺乏法律保护。民间借贷多发生在农民与农民之间，是一种"人情—关系"的现金交换，而这是很难受到法律保护的。一旦发生纠纷，无法从法律角度对借出方进行维权和保护。因此，总地来说，社会融资还是困难重重，需要进一步的探讨和完善。五是民间借贷利率难以调控。对农业经营主体来说，现金是一种稀缺资源，必须付出一定的成本才能获得——承诺偿还本金和利息。我们在调查中发现，民间借贷的程序虽然要简单得多，但利率可不比银行等金融机构低，往往银行金融机构要高出好几个百分点。以农业银行为例，最新的利率表显示：短期贷款六个月以内（含六个月）、六个月至一年（含一年）的贷款利率分别为5.60%和6.00%，而民间借贷10%的利率已经算很低了。对于农业经营主体来说，虽然能更容易得到现金流动，但却大大提高了经营成本。同时，农村"放码"（高利贷）现象有上升趋势，陷入债务危机的农业经营主体不在少数，同时也破坏了乡土社会原有的团结局面。

八 产销方式困境

劳动资料，特别是生产工具，是划分经济时代的标志。正如马克思所说，"各种经济时代的区别，不在于生产什么，而在于怎样生产，用什么劳动资料生产，劳动资料不仅是人类劳动力发展的测量器，而且是劳动借以进行的社会关系的指示器"①。因此，农业现代化必然是生产方式的现代化；同时，也应该是销售方式的现代化。生产方式和销售方式的发展程度直接决定农业的发展水平。现代农业生产方式也就是在农业的生产过程中运用机械化手段、信息化方式等实现农业的快速发展。即运用现代的先进农业机械设备代替传统人力的手工劳动，在产前、产中、产后各个环节中采取机械化作业；就是在农业的生产过程中运用现代信息化手段，利用现代信息技术和信息系统为农业产供销及相关的管理和服务提供有效的信息支持，以提高农业的综合生产能力和经营管理效率。农业销售方式就是农产品生产出来之后，通过市场、网络等各种渠道将农产品销售出去，从而实现农产品的价值。产销方式的现代化也即是生产方式和销售方式的现代化，就是将现代物质装备、技术、信息等运用于农业的生产和销售过程之中。产销方式的现代化能够解放劳动力，提高农业的生产效率，增加农业的附加值，使农业效益实现最大化。武陵山片区由于受其特殊的自然环境和社会环境的影响，农业的产销方式存在许多问题。

（一）机械化水平低

农业机械是指用于种植业、畜牧业、渔业、农产品初加工、农用运输和农田基本建设等活动的机械及设备。农业机械化就是将现代农业机械设备用于农业的生产过程之中，实现大面积的机械化作业，从而达到降低劳动的体力程度、提高劳动效率的目的。农业机械化既是实现农业现代化的必要条件，也是实现农业现代化的必然要求。然而武陵山片区地形多为山地、丘陵，土地面积较小、不连片，同时，农业基础设施差，这限制了农业机械化的运用，大型机器几乎不能展开作业，不能得到推广，农业耕作主要依靠小型机器，农业机械化水平低。

---

① 《马克思恩格斯文集》，第5卷，人民出版社2009年版，第210页。

1. 农机数量少

马克思说："手推磨产生的是封建主义社会，蒸汽磨产生的是工业资本家社会。"可见生产方式直接反映了社会发展的程度。同样，农业耕作方式在很大程度上反映了一个社会农业的发展程度，由传统的耕作方式向现代的耕作方式转变是农业现代化的必然要求。武陵山片区的农业仍以传统的耕作方式为主，采取家庭式的铁犁牛耕，仍然以人力畜力为主；现代农业耕作方式，主要将现代化机械运用于农业的产前、产中和产后各个环节，机械耕作取代传统的人力畜力，脑力劳动取代体力劳动。武陵山片区耕作方式仍以传统的铁犁牛耕为主，最近几年，小型机械逐渐运用，改变着传统的耕作方式，但是，现代机械化发展缓慢，机械化率仍较低。在实地调研中，某县一位农业部门的负责人谈道，"近年来，国家制定了一系列支农惠农政策，加大了对农机购买的补贴力度，也有不少农民购买了农业机器，主要是小型收割机，但是武陵山片区，由于特殊的地理环境，大型拖拉机能发挥的作用较小，比较适合中小型拖拉机作业。比较遗憾的是，大中小型拖拉机数量都较少。我们这个地区，耕作方式未发生根本性的变化，运用机器耕作的农户所占比例很少，耕田机、播种机、插秧机等运用的也很少。"农业机器数量是农业机械化的基础，对农业机械化起决定作用。农业机器数量的多少，直接决定着农业机械化水平的高低，要提高农业机械化率，就得不断增加农业机器数量。武陵山片区机器数量少，农业机械化发展速度低于全国平均水平，农业机械化率低。

2. 农机人才缺乏

"人才，是指具有一定的专业知识或专门技能，进行创造性劳动，并对社会做出贡献的人，是人力资源中能力和素质较高的劳动者。"[1] 农业技术人才，是指在农业生产领域有一定的农业专业知识或农业专门技能，对农业起推动作用的人。农业技术人才对农业的发展起至关重要的作用。农业机械化、信息化的实现离不开农业技术人才的辛勤付出，农业现代化进程的推动离不开农业技术人才的劳动。武陵山片区农业机器数量少、机器运用率低，既与当地的地理条件、经济发展水平有关，也与当地农机人才有关。武陵山片区，能够操作农业机器，尤其是大中型农业机器的人才

---

[1] 《国家中长期人才发展规划纲要（2010—2020 年）》，http：//www.law-lib.com/law/law_view.asp？id＝3149952010－06－07/2014－10－08。

极度缺乏，区域内会操作简单容易的小型农业机器的人才也缺乏。大中型农业机器学起来难度大、很难掌握，各个地区能够操作大中型农业机器的仅占极少数，而且还有不少人没有相关驾驶证件。同时，武陵山片区农机研究的人才更为缺乏，新型的农业机器、农业品种的研究创新能力不足，区域内的农业发展主要是引进全国其他各地的东西，有的缺乏实际操作性。农机人才缺乏，是导致农业机械化水平低的一个重要原因。

（二）信息化程度低

信息化是指培育、发展以智能化工具为代表的新的生产力并使之造福于社会的历史过程。国家信息化就是在国家统一规划和组织下，在农业、工业、科学技术、国防及社会生活各个方面应用现代信息技术，深入开发、广泛利用信息资源，加速实现国家现代化进程的过程。首先，信息化借助于现代信息技术，如 IT、网络。其次，信息化是一种进程，即社会发展的进程。再次，信息化必须拥有现代信息人才。农业信息化即是农业领域的信息化，是农业由传统的生产方式、加工方式、销售方式向现代信息方式转变的过程。信息化是农业现代化的重要方面，信息化水平的高低直接反映农业现代化程度如何，运用计算机技术、地理信息系统、网络技术及数据库技术等建立农业信息化支持系统，并运用于农业生产、加工、销售等整个过程之中，实现农业产值的最大化，是实现农业现代化的必然趋势。武陵山片区，由于地形以山地、丘陵为主，地形较为闭塞，基础设施较差，历来经济发展较为落后。近年来，国家加大了对武陵山片区的扶贫与攻坚，这一现状得到了一定的改善，但是该片区农业计算机普及率低，农业信息技术人才缺乏，将信息化技术运用于农业的很少，农业信息化程度较低。

1. 农用计算机数量少

恩格斯指出，人类的消费分为生存、发展、享受三个层次，只有在满足了人们最基本的生存的需要之后，人们才会想到发展、享受的需要。武陵山片区由于经济发展较为落后，农民的收入较少，农民的支出主要还是用于家庭最基本的消费，吃、穿、住、用、行及其比较便宜的产品消费占据了农民的主要支出部分，人们主要处于生存的需要及其发展的需要之中，其他需要尚需发展。武陵山片区，家庭绝大多数都拥有彩色电视，通过卫星接收器了解世界各地；然而，较电视来说，电脑更加昂贵，操作难度大，农村除了部分农业合作社拥有电脑网络外，农村家庭拥有电脑的仅占绝少部分。计算机数量少，将计算机运用于农业的生产过程之中的更是几乎为零；在武陵山片区，计算机主要是被人们用来看电影、听歌、浏览网页、玩游戏等，运用计算机了解农业信息、了解农业知识的少之又少，本来计算机数量就少，又没有被充分地利用，所以武陵山片区农业的信息化低，农业现代化进程发展较为缓慢。

2. 农业信息人才缺乏

农业要现代化，必须实现农业信息化。将网络技术运用于农业生产、加工、销售等各个环节，实现农业的信息化，对于提高农产品质量、增加农业附加值、抵御农产品市场的风险、增加农民的收入、调动农民的积极性具有重要的作用。农业信息化的发展，必须靠农业信息技术人才的带动。农业武陵山片区，农村较年轻的人都外出务工，主要从事农业生产的人多为老人、妇女、儿童。对于年迈的老人，他们基本对农业信息化不了解，他们从事农业生产靠的是传统的生产经验；而妇女儿童，跟着长辈在家做点农活，他们对农业信息化了解也是很少的。在现存的农业从业人员中，将网络技术运用于农业生产过程、加工过程中的很少，运用网络技术将农产品销售出去的倒是存在一少部分，网络技术未得到足够的重视，网络技术运用严重不足。

（三）电子商务发展缓慢

电子商务通常指在全球各地广泛的商业贸易活动中，在因特网开放的网络环境下，基于浏览器/服务器应用方式，买卖双方不谋面地进行各种商贸活动，实现消费者的网上购物、商户之间的网上交易和在线电子支付以及各种商务活动、交易活动、金融活动和相关的综合服务活动的一种新型的商业运营模式。农业电子商务通常是指利用互联网、电信网、计算机网、有线电视网等现代信息技术手段，对农产品进行宣传、推广、销售等。利用微电脑技术和网络通信技术进行农业产品的贸易活动，它突破传统的市场的限制，有利于农产品在各地市场上的销售，有助于推进农业的产业化进程和农业的现代化进程。由于武陵山片区互联网、电信网、计算机网等建设落后，相关基础设施跟不上步伐，电子商务发展缓慢。

1. 新型农业主体缺乏相关意识

由于地区发展差异，经济文化发展水平不同，地区计算机普及的差异等，人们对农业电子商务意识的产生也不是同时的，在经济欠发达地区的武陵山片区，这一意识的产生及其总体上必然会落后于国内经济较发达地区。同时，武陵山片区新型农业主体，由于受传统销售方式等的影响，在市场扩展方式上也以传统的实体市场为主，对于网络市场这一新兴事物认识不到位，对农业电子商务的巨大作用也认识不足，新型农业主体缺乏开拓以网络市场为主的农业电子商务的意识，需大力培养。

2. 农业电子商务覆盖率低

武陵山片区网络基础设施建设相对落后，新型农业主体缺乏拓展农业电子商务的相关意识，导致了农业电子商务发展速度缓慢，农业电子商务覆盖率低。"截至2013年12月，全国企业使用计算机办公的比例为93.1%，使用互联网的比例为83.2%，固定宽带使用率为79.6%；同时，开展在线销售、在线采购的比例分别为23.5%和26.8%，利用互联网开展营销推广活动的比例为20.9%。"[①] 全国企业开展的在线销售、在线采购的比例仅为23.5%和26.8%，可见电子商务在所有企业中比率都较低，而农业电子商务比工业、商业等起步晚，相关基础设施更薄弱，经营人才更少，武陵山片区这些条件更是较差，农业电子商务覆盖率远未达到全国企业在线销售、在线采购比例的平均水平，农业电子商务覆盖率低。

---

① CNNIC发布第33次《中国互联网络发展状况统计报告》，http：//news.xinhuanet.com/tech/2014 - 01/16/c_ 126015636. html2014 - 01 - 16/2014 - 10 - 08。

第三章

武陵山片区农业现代化的对策

武陵山片区是我国内陆少数民族最大的聚居区，有汉、土家、苗、侗、瑶、仡佬、白、维吾尔、蒙古等30多个民族，少数民族人口1622.54万，占总人口的63.14%，占中国少数民族人口总数的16%；国土总面积为17.18万平方公里，其中国家级贫困县36个，高达50.70%，占全国贫困县的6.08%。总人口3645万人，贫困人口近1100万人，占总人口的30%。武陵山片区经济社会发展落后，与发达地区差距较大。走出武陵山片区农业现代化的困境，有利于转变农业发展方式，推进农业现代化发展，提高农业效益，推进农民脱贫致富，缩小与发达地区的差距，构建和谐社会，促进全面建成小康社会的目标实现。

一 加强基础设施建设

加强农业基础设施建设，对推动武陵山片区农业现代化和农村经济发展意义重大。从短期来看，按照凯恩斯的投资乘数理论，农业基础设施建设投资的增加，将会促进农村剩余劳动力就业，引起消费和收入的增加，推动片区农村经济向前发展；从长期来看，良好的基础设施条件有利于增强抵御自然风险、社会风险和市场风险的能力，降低农业生产成本、决策成本、运输成本和交易成本，促进农业生产规模化、专业化、产业化和市场化发展，提高农业发展经济效益，实现农业现代化。当前，武陵山片区要着力改善农村交通条件，强化水利设施建设，保障农村电力供给，提高农业机械化水平，推进农村信息化发展，加强农村资源环境保护，从而切实提高农业综合生产能力和可持续发展能力。

（一）改善农村交通条件

武陵山片区群山万壑，自古行路难。连绵的大山，不便的交通，阻滞了片区农民致富奔小康的脚步。"要致富，先修路"，既是广大农民的殷切希望，也是农村发展的迫切需要。片区铁路、水运及空运建设成本高，公路建设是改善农村交通条件的主要手段。片区相关县市要大力抓好乡镇公路建设，深入推进农村通畅工程和乡镇公路路面硬（油）化工程，尽快达到村通畅率100%的目标，不断提高公路质量和通达深度，着力建设并完善区域公路网。

严格规划管理。一是相关部门要科学规划，制定农村公路建设管理办法，完善农村公路管理综合体系，为农村公路建设项目提供制度保障。二是要明确责任主体，实行主管部门领导班子成员分片包干负责制，提高建设效率。三是相关部门要完善质量保证体系，提高建设标准，保障农村公路工程质量。四是要严格农村公路通畅工程建设市场准入，保障企业和队伍的施工水平。五是成立农村交通建设质量安全监督管理机构，对农村公路建设工作进度加强调度、督促、验收、考核和奖惩。

建设农村网络公路。为了进一步改变农村交通落后面貌，片区相关县市要积极安排农村网络公路建设计划、通达工程计划，加强农村公路的断头路、边际路、旅游路、产业路、网络路建设，尽快解决未通公路行政村和自然村寨公路通达问题，提高农村公路通达深度。中央、片区四省市政府要对相关项目按照合理标准给予财政补助和资金支持。

加强农村公路安保养护。为了提高农村公路建设质量、提高承载力和运输力、延长农村公路使用期限，武陵山片区内有条件的县市要积极实施农村公路安保工程，开展山区农村公路安保防护工程建设试点示范，探索山区建设模式、技术标准与管理机制，总结成功经验并推广到全片区乃至全国。由于片区多数县市是"老、少、边、穷"地区，自身财力严重不足，中央、片区四省市政府要安排公路养护专项资金，支持片区县市的安保工程、危桥改造、毁路修复等。

（二）强化水利设施建设

水利设施是农业抵抗自然灾害、旱涝保收的重要支撑，农田水利现代化是农业现代化的关键。当前，武陵山片区迫切需要加强水利设施建设，兴建骨干水源工程，加快"病险水利工程"除险加固和农田灌溉设施配套，最重要的是大力建设小型农田水利工程（简称"小农水"），积极发展乡镇和农村供水，提高防洪标准和抗旱能力。

国家农民共建"小农水"。政府虽然在小型农田水利兴修过程中发挥主导作用，但建设资金应该由国家和农民共同承担。首先，国家全部包揽"小农水"不现实。武陵山片区农村"小农水"建设地域广、项目多，中央没有充足的资金投入，再加上武陵山片区地方政府财政紧张，完全依靠政府承担难以完成。其次，完全由国家投资建好"小农水"并不是一件好事。农民认为国家包干，对"小农水"的珍惜和维护意识差，长此以往，农民会形成等国家关心、要国家投资、靠国家建设的思想，而且"小农水"也会因为缺乏管理和维修，损坏程度日益增加。片区相关县市要鼓励从农民手中筹集资金，并辅之以各级财政人数、户数配套支持，集中力量建好"小农水"。当然，国家与农户出资范围、财政配套标准应该根据各县市实情而定。另外，无论是公益性的还是经营性的"小农水"建设，都有利于改善农业生产、农民生活条件。片区相关县市应该鼓励民间资金参与经营性设施的投资，可通过租赁、承包等方式实现产权流转，保证投资人的权益，实现双赢。

整合资金建好"小农水"。"小农水"建设资金不足，并非总投入匮乏，而是过于分散。目前，"拥有资金进行农田水利建设的，有国土部门的土地整理项目、财政部门的农业综合开发项目、农业部门的项目、地方政府水利扶贫项目、发改委部分国债项目以及水利部门自身的农田水利建设项目"[①]，这些部门由于缺乏沟通联系，各自为战，导致多头建设、重复建设、分散建设等现象严重。对此，一方面，要在不改变资金用途的情况下，调整部门内部项目，集中分散的资金，推进农田水利规模化建设；另一方面，由于涉及不同部门的利益，片区相关县市要统一指挥协调，以项目整合为契机促进资金整合，建好"小农水"。

（三）保障农业电力供给

农村要发展，电力必先行。当前，片区部分偏远农村存在尚未通电或

---

① 江宜航：《"小农水"：谁来修？如何管？》，http://blog.sina.com.cn/s/blog_4fe3101e0100ho1q.html. 2012-02-01/2014-10-08。

供电不稳的问题，严重影响了农民的生产生活。对此，相关县市要加强农村电力建设，切实保障农业电力供给。

加强电力建设。片区相关部门要立足实际，统筹兼顾，合理规划电力生产与经营，加强电力建设。一要加快建设变电站和输配电网，完善区域输变电和供电网络，提高输、供电水平和质量。二要定期进行电网改造、升级及隐患整治，着力改善农村供用电环境，提高供电可靠性和保障能力。三要推进农村电网全面改造，在少数居住分散、输电成本过高的偏远山村，发展农村小水电，尽快实现所有农村通电率和农户通电率100%的目标。四是相关部门给予农村电价财政补贴。

加强农电工管理。农电工是农电建设和管理的主体力量。为了建设一支纪律严明、精干高效、服务文明的农电队伍，提高农村电力高效化建设水平和规范化管理水平，一是要定期组织农电工进行业务学习和技能培训，不断提升业务能力；二是要业务素质、职业道德、作风建设等方面对农电工进行综合考核，实行动态管理，奖优罚劣，不断提高农电队伍整体素质；三是要保障农电工的工资奖金、社会保险、养老保险，充分调动农电工的积极性。

加强电力设施保护。片区相关县市要对电力设施保护给予支持，国土资源、建设规划等部门要按照电力设施规定的安全距离进行项目审批，避免电力设施遭受破坏。同时，要加大对违规审批或违章建筑的查处，严厉打击各种电力违法犯罪行为，依法追究当事人责任。供电公司方面，要在职权范围内做好电力设施保护工作。供电工作人员要加大巡视力度，尽早发现和处理危机或破坏电力设施安全的行为，规避供电设施的安全风险。

（四）提高农业机械化水平

农业机械化是衡量农业现代化水平的重要标志，是促进传统农业向现代农业转变的主要动力，因此也是农业现代化的必由之路。为了进一步提高农业生产效率和综合生产能力，推动现代农业快速发展，武陵山片区相关县市十分有必要采取各种措施，提高农业机械化水平。

优化农机具结构。一是片区相关县市要因地制宜，大力推广农机具。在经济、地理条件好的乡镇、农村大力推广大中型农机具，从机耕到机收逐步实现机械化；在交通、经济条件不好的山区发展小型农机具。二是要大力推动水稻等主要粮食作物生产全程机械化。片区有条件的县市、乡镇可以通过宣传宣讲发动、行政力量推动、财政补贴拉动、示范大户带动、合作组织联动等方式，扎实抓好购机服务、技术指导、操作培训等环节的工作，推动农业机械覆盖粮食作物生产的主要环节，切实提高机械化水平。三是要着力提升林果业、畜牧业和经济作物机械化水平，大力推广与养殖、林木等特色农业产业相配套的农业机具。

完善并实施好农机购置补贴。目前，武陵山片区部分县市实施的农机补贴标准不尽合理。片区内的农村普遍不具有实行大规模机械化的地理条件，不适宜推广政府补贴力度较大的大型农机具，而且多数农民也缺乏财力购买，而山区适宜的小型农机具却没有补贴或者补贴很少。针对农机购置补贴政策对山区农民积极性调动不足的问题，片区省市相关部门要进一步完善农机购置补贴办法，补贴资金向片区相关县市适当倾斜，补贴机具种类、补贴标准以及补贴对象也应尽量考虑到片区相关县市的实际情况。

加强农机具管理。一是切实强化农机安全生产监管，严格按照农机购置补贴产品经销商监督管理办法，抓好农机市场经销商监督管理，切实维护农机生产经营者、使用者的合法权益。针对市场上贩卖的假、劣农机，片区县市工商、质监等部门要协同执法，定期开展农机打假活动，保障农机正品、维修规范。二是相关部门要定期组织农机操作人员业务技能培训，切实提高农机规范化操作水平，并要扎实推进平安农机和示范窗口创建工作。三是片区相关部门要出台政策，加大投入，建成组组相通、块块相连、四通八达的机耕农道，并要加强管理，保障农道畅通。四是推广新农机、新技术，积极发展农机服务组织，鼓励开展片区农机跨乡镇、县市作业，提高农机作业效益。

（五）推进农村信息化发展

信息贫困，农业发展就会缺乏市场方向，农村贫困也会恶性循环。因此，大力推进农村信息化建设应成为武陵山片区的现代农业发展与扶贫攻坚的重要抓手。

加强信息化硬件设施建设。加强邮政网络、广播电视网络、移动通信网络、卫星无线通信网络、互联网网络等农村信息化硬件基础设施建设，降低信息产品的流通成本，促进农业信息的及时传播，杜绝农业信息"最后一公里"的怪圈现象。由于农村传媒市场受众分散，信息购买力相对较低，因此投资成本较高，投资风险也较大，这导致传媒公司、通信企业入驻农村的积极性不足。对此，片区相关县市要加大扶持力度，给予资金、人才、政策等多方面的支持，推进农村信息化硬件设施建设。例如，在当前迫切需要加强的互联网建设方面，就可以结合国家"三农"优惠政策，联合家电企业和通信公司，启动"光纤下乡，宽带入户"活动，并投入财政对购买、使用宽带上网的家庭农户、农民合作组织以及乡村信息服务站点进行信息补贴，从而提高农民对网络的购买欲望和购买力，扩大农村信息网络覆盖面。

在片区农村使用率最高的电视上，一是要继续扩大使用范围，消灭偏远山村、贫困农户"无电视、信号差、频道少"的现象；二是要引进、开设相关涉农频道和电视节目，增加对农报道，切实为片区农民提供生产种植、农机化、防病害等农业科技信息，农产品市场供求信息和价格信息，农业生产资料信息，气象与灾害预报防治信息，农业政策法规信息，职业技术培训信息以及外出务工信息等，充分发挥农业信息在农民生产和经营过程中的引导作用。

加强信息化软件设施建设。一是相关县市要加强宣传，开展信息素质培训工程，提高农民信息素质和信息利用能力。信息化硬件完善了，农民只是能够接触到更多的媒介资源和农业信息，但并不意味着就能利用好信息媒介，获取有效的致富信息。而当前片区农民普遍文化水平低，因此要通过宣传、教育、培训等手段，提高农民媒介素养，以及主动获取信息、接受信息、转化信息的能力。二是要开发建立涉农信息服务平台，提高农业信息利用效率。"要积极推进农业信息化建设，充分利用和整合涉农信息资源，重点抓好金农工程和农业综合信息服务平台建设工程"[①]，片区各级涉农部门要积极与农业科研机构和数据库软件开发商合作，加大财政投入，研制开发一些功能齐全、操作便捷、易于推广和维护的农村信息服务软件及终端产品，通过建立统一的软件平台和农业信息体系，对农业信息资源实行标准化处理和高效整合，从而实现信息资源交换和共享。

（六）加强资源环境保护

广义上说，农村资源环境保护也属于农业基础设施建设的范畴。近年

---

① 《中共中央、国务院关于推进社会主义新农村建设的若干意见》[DB/OL], http://www.mlr.gov.cn/tdzt/zdxc/qt/xnc/snzc/200903/t20090311_686202.html2009 - 03 - 11/2014 - 10 - 08。

来，由于片面追求经济效益和农业生产速度，武陵山片区内的耕地占用、林木滥伐、矿产开采、药材采挖等问题比较严重，导致农业资源严重浪费，生态环境日益恶化，长期下去，必将影响片区农业产业的经营效益，制约农业的可持续发展。加强片区农村资源保护和生态环境建设已刻不容缓。

加强生态环境保护。一是要改良土壤墒情。长期使用化肥和农药，导致土壤碱化和硬结现象严重，农作物农药残留超标，对此，要控制和合理使用农药、化肥、农膜等农业化学品，推广使用有机肥和生物肥，实施无害化生产，提高土壤肥力。二是要实行轮作制度，进行土地平整，坡耕地梯田化，改造中低产田。三是要治理农村工业污染，减少废水、废气、废渣的排放。四是要在有条件的山区加快退耕还林，植树造林，减轻水土流失，保护水生态系统。保护生态环境。五是要加强耕地、矿产等重要资源的管理，严守耕地红线，减少耕地非农化，同时要严格准入，适度有序开发矿产资源。片区相关县市还要积极争取国家、省市的生态补偿政策，逐步建立生态补偿机制。

推广农村清洁能源。由于煤炭燃料价格高，液化气、沼气能源利用率较低，目前武陵山片区农村生活能源以柴薪为主，所以林木砍伐现象十分普遍。大力推广农村清洁能源，既有利于农村生态保护，又造福于农民生产生活。沼气是片区农村最佳的清洁能源。大力发展农村沼气，配套以改厨、改厕和改圈，把沼气技术与种植、养殖等技术结合起来，发展生态种养模式。而且还要加强片区农村节能工程建设，普及节柴、节煤、节气灶具。此外，积极开发利用太阳能，政府要进行财政补贴，积极在农村推广太阳能热水器。

二　加快农业人才培养

纵观整个人类社会发展的历史，人才从来都是社会文明进步、人民富裕幸福、国家繁荣昌盛的重要推动力量。党和国家历来十分重视人才培养工作，特别是改革开放以来，培养造就了各个领域的大批优秀人才，为推动社会主义现代化建设事业发挥了重要作用。《2002—2005年全国人才队伍建设规划纲要》首度提出"实施人才强国战略"。2002年，党中央、国务院召开新中国成立以来第一次全国人才工作会议，《关于进一步加强人才工作的决定》全面部署了实施人才强国战略。"十一五"规划纲要将人才强国战略作为专章列入，提出"促进人口大国向人力资本强国转变"的总体目标和具体要求。2007年，人才强国战略作为发展中国特色社会主义的三大基本战略之一，写进党的十七大报告和新党章。《国家中长期人才发展规划纲要（2010—2020）》指明全面建成小康社会期间的人才工作方向和要求。国家"十二五"规划把发挥人才第一资源作用写入指导思想。人才是社会主义现代化建设的精锐部队，是中国特色农业现代化最需要依赖的第一资源。但是，农业领域的优秀人才还是十分缺乏，人才资源优势还有待进一步开发。面对武陵山片区农业管理人才不足、农业技术人才匮乏、农民企业家缺乏、农业营销人才稀少和青壮年劳动力短缺等突出问题，加强农业人才培养，实施现代农业人才支撑计划应该达成共识，并为之努力实践。

（一）健全农业人才市场

30多年前，邓小平解开了市场和计划的思维之结，对于建立和完善社会主义市场经济意义非凡。张维迎认为，中国改革的成功就是源于对市场的信任。要实现农业人才汇聚、激发农业人才活力，必须相信市场的力量，改革人才管理体制。我们的改革集中在经济领域，并为之创造了巨大财富。但我们对体制的改革远远落后，成为改革攻坚的一块巨大的"绊脚石"。目前的"农业人才"都是计划经济时代包分配的大专院校毕业生，老龄化严重，工作热情和动力明显不足。然而，新入职的人员存在两个突出问题：一是数量少，二是难以扎根。不少大学生本来就是农村走出去的，又要他们回到农村去过"苦日子"，很少有人会做出这样的选择。即便回到农村，也只是权宜之计，根本无心"服务三农"，进城才是首要任务。因此，必须建设统一开放、竞争有序的人才市场体系，健全供需机制、价格机制、竞争机制，发挥市场在人才资源配置中的决定性作用。古人云：强扭的瓜不甜。仅仅依靠行政调控力量试图解决农业人才稀缺的道路是行不通的，成本也是高昂的。要重点解决好农业人才的待遇问题。体制内的农业人才受到各种体制规范的束缚，工资待遇低、科研成果难以转化为个人经济效益，生活还很清贫，工作动力也不足。正如一名基层农业科技工作者指出的，"为什么我不能依靠自己的发明创造开奥迪、宝马？"其实，这是完全可以的，不能只讲奉献，不讲利益。早在改革开放之初，邓小平就指出："不重视物质利益，对少数先进分子可以，对广大群众不行，一段时间可以，长期不行……如果只讲牺牲精神，不讲物质利益，那就是唯心论。"① 同时，必须着眼于促进人才与科技、资本的快速结合和高度融合，打破市场隔膜，推动人才市场与技术市场、资本市场、信息市场的有效贯通，建立健全技术转移机构、技术交易平台、生产力促进基地、中小企业发展中心等为主的技术市场，发展创新服务体系，有效形成人才成长发展的技术链、资金链等。

当然，我们并不是说要抹去政府的作用，不是讨论要不要政府的问题，而是需要什么样的政府的问题。在新的国家和社会治理条件下，市场力量能否彰显，很大程度上取决于政府能否找准自身的定位。因而，政府必须转变角色，要从"台前"走到"幕后"，从"唱戏"转向"搭台"，从全能性政府向有限边界过渡。同时，加强人才工作，健全人才市场，政府要介入市场失灵或者不作为领域。市场力量固然强大，但也有盲目性、滞后性等天然缺陷，因此政府一方面需要通过发展战略规划和政策宣示等向市场发出信号，治理好市场秩序；另一方面也要着力于人才环境的建设与优化，为人才作用发挥奠定基础。此外，政府要坚守不可逾越的底线。市场竞争是残酷的，对于个人而言，竞争失败可能是毁灭性的。以人为本的人才市场需要政府切实维护好公共产品秩序，维护好人才权益的底线、公共安全领域的底线、社会和谐包容的底线。

(二) 加强职业技术培训

只有学习新知识，掌握新技术，才能适应新时期农业现代化的发展需要，在竞争中取得有利地位。农业生产应是一项高尚的职业，需要引入新理念、新知识和新技术，需要加强职业技术培训，需要给大脑充充电。俗话说"活到老，学到老"，学习始于生而止于死，贯穿人的一生。大兴学习之风不是专家、学者的专利和特权，普通的农业工作者也应该不断加强。只有学习他人的长处，才能知自己不足，才能扬长避短。一个不爱学习的人，只能故步自封，难以进步。农业工作者要多向优秀者学习，多向榜样学习，形成热爱学习的良好氛围。这对农业现代化的促进作用是不可估量的。然而，由于农村地区教育设施等条件的限制，特别是农民接受再

---

① 《邓小平文选》，第 2 卷，人民出版社 2003 年版，第 146 页。

教育的机会基本没有，因此，定期接受继续教育培训，一方面有利于广大农业工作者准确理解各项农业政策和扶持计划，及时做出调整，扩大收益，另一方面可以学习先进的农业管理、生产、加工、运输等新技术。同时，也有利于搭建农业发展经验的交流分享平台，寻找真问题、解决真问题，共同进步。

武陵山片区地处武陵山复地，交通、信息等基础设施落后，农业发展战略都较为传统，加强农业工作者和农民的职业技术培训尤为关键。一是对农业工作者的培训。农业工作者是现代农业的主要推动者，只有学习新知识、新技能，才能更好地推广新技术，更好地指导和帮助农民提高产量，增加收入。二是对农民群体的培训。农民群体是现代农业的主要实践者，只有掌握了新技术，改造传统农业，才有可能促进农业现代化发展。鉴于此，加强职业技术培训需要注意以下几点。一是要坚持实用导向，坚持理论联系实际，增强农民职业技术教育的认同感。农业职业技术教育的认同感直接关系到农民参与教育的热情与程度。农民是典型的实在人，必须让他们看到实实在在的效果，任何天花乱坠的理论和技术不能促使农业产量的提高都是枉然，农民是不会感兴趣的。因此，培训中应少讲一些理论，多进行一些体验式的试验，增加对职业培训的认同感，直接从心理上、理念上、观念上影响农民，培养农民与时俱进的现代意识。二是要整合教育资源，系统构建全方位多层次农民职业技术教育体系，不搞多次重复无用的培训。目前，农民职业技术培训多次重复培训的问题较为严重。培训活动办了很多场（次），但培训内容却没有更新，一个讲稿常常用好几年，根本没有起到指导农业实践的效果。因此，要根据农业发展的实际，整合教育资源，针对农民的不同需求，"私人定制"培训内容，农民需要什么就培训什么，切记不要一味地替农民做主。同时，要建立互动交流平台，完善长效培训机制。还有一个重要的问题是，一些实用性的技术培训时间太短，农民还没学会，专家就走了，学了个"半吊子"，也不能很好地指导农业发展。因此，职业技术培训不能走马观花，要建立互动交流平台，遇到问题就能及时请专家马上解决，要建立长期的培训机制，不能走走停停，要及时跟进。

（三）推进校企合作创新

高校是国家科技创新的源头、人力资源开发的摇篮和优秀人才聚集的剧场，而企业就是人才施展才能、实现价值的华丽舞台。然而，企业往往抱怨学校输入的"人才"质量不高，眼高手低，难以产生经济价值。学校往往抱怨企业要求太高，又不愿意给学生提供实践机会。二者之间的争论可能永无休止，也没有确定的答案。学校更多承担的是培养人才的重任，但"产品"却很难进入劳动力市场，大学生就业难成为一个严重的社会问题。一头是企业招不到理想的员工，一头是大学生找不到工作。学校教育和企业需求之间存在巨大差距，难以匹配。我们换一个思维，或许能找到一些跟进的办法。为什么学校和企业不能联合起来培养人才呢？不少研究也发现，校企合作是解决当前学生就业难、企业招工难的有益尝试。从现实来看，校企合作是人才培养的有效方式之一，能培养与工作岗位对接的实用型人才，才能有效摆脱学校教育与用人市场的脱节局面。

面对武陵山片区农业发展人才紧缺的现状，加强与各大高校，特别是农业性院校和专业实力强的学院（系）的联系，缩短人才成长周期，建立健全校企合作机制是实现农业现代化的现实要求。首先，推进校企合作，人才培养目标定位需要统一。在制定人才培养目标时不能单纯从专业的系统性出发，还要综合考虑企业的实际需求，以及学生未来的职业发展前景。这就需要改变传统模式下学校单方面确定人才培养目标、高高在上"唱独角戏"的做法，探索学校在校企合作框架下应该考虑的现实因素和人才培养目标要求，按照双方认可和接受的人才标准进行培养，做到相互渗透、目标相融，从而实现人才培养目标的统一。其次，推进校企合作，课程体系需要协同开发。校企双方对课程体系进行协同开发设计，主要是要针对"企业工作流程与岗位的能力要求——课程结构与内容"的关联机理进行研究，探索企业流程、岗位群与课程模块、课程体系之间的对应关系。只有这样，才能让学生的素质和能力与企业用人要求一致，才能准确体现和反映一体化的人才培养目标。同时，推进校企合作，教师队伍需要交叉任职。师资队伍力量如何是衡量一所学校综合实力的主要指标。虽然很多学校都会不遗余力地提高教师队伍的高学历教师比例，但是这些新任教师往往从校门到校门，缺少企业实践经验，因而无法培养出企业真正所需的人才。然而，通过校企合作建立"双师型"师资队伍，学校教师和企业师傅共同组成教师团队，实行交叉兼职，将课堂理论与企业实操有机结合，切实提高人才培养效果。此外，推进校企合作，管理机制需要制度保障。是否具有良好的制度保障决定了校企合作能否顺利进行，能否培养出企业所需的实用人才。调查发现，校企合作的项目数量不少，但很多要么有名无实，要么虎头蛇尾。究其原因，最主要的一条就是在合作之初，只求搞到项目、挂好牌子，没有充分考虑双方的利益得失，没有建立一套共赢、规范的管理机制。因此，在一开始就做好制度设计，明确双方的责任与义务，建立一个致力于资源与行为融合的组织机构，合理配备相应的教学资源，调动校企双方合作的积极性，化解各种合作危机和不利影响，以达到预期的合作效果。

三　延长农产品产业链

武陵山片区农业的发展除少数产业以外，仍以农业初级产品为主，农业深加工发展严重滞后，农业附加值低。要实现武陵山片区农业的现代化，必须从农业的生产、加工、销售各个环节提升农产品的品质。面对基地建设薄弱等问题，必须加强农产品的基地建设，为农产品的生产提供最优质的土地等生产资料；面对农产品深加工不足等问题，必须提高农产品的深加工水平，以便最大限度地增加农产品的附加值；同时，面对市场上的一系列风险，必须拓宽市场销售渠道，增强抵御市场风险的能力。只有增强农业生产、加工、销售等各个环节，才能更好地实现武陵山片区农业现代化。

（一）加强农产品生产基地建设

延长农产品产业链，其首要步骤就是加强农产品基地建设。农产品基地作为现代农业生产的最基本的生产资料，对现代农业的发展具有重要作用，也是延长农产品产业链的初始环节。基地的质量高低直接决定农产品产量的高低和农产品品质的优劣，面对武陵山片区农产品基地薄弱、基地规模不足、基地生产能力不足、基地管理落后、基地不能满足龙头企业的需要等问题，加快基地升级，加强基地标准化建设，提高基地质量，提高基地产能，提高基地管理水平，也就成了当务之急。

建优建强农产品基地。农业基地作为农业生产的第一要素，基地的规模、质量等直接决定农产品的产量和品质。武陵山片区，农业基地建设薄弱，基地产能较低，不能满足农业企业的生产发展的需要。加快基地升级，建设武陵山片区特色农业示范基地（包括茶叶示范基地、烟叶示范基地、高山蔬菜示范基地等)、畜牧业示范基地、林果业产业示范基地、特色中药材基地等要从以下几个方面入手。第一，原有农业基地的建设升级。原有农业基地有一定的基础，对原有基地的建设升级成本相对较小，所用时间相对较短。加大对武陵山片区原有的水稻基地、茶叶基地、油茶基地、烟叶基地、高山蔬菜基地、魔芋基地、蚕茧基地、干果基地、柑橘基地、优质楠竹基地、肉类基地等的升级，在条件允许的地方，适当地扩大这些基地的规模；同时，采取先进技术，通过有机肥料、家庭农家肥料等提升土地肥力和土地品质，进而实现基地的高产优质。第二，新建基地。根据因地制宜的原则，在武陵山片区的部分地区新建基地。根据各地实际，分析各地地形特征、土壤特征、气候特征等自然因素，了解各地交通、水源、电力等基础设施，分析各地社会历史文化现状，在合适的地方建设基地。例如，在地势较为平坦有水田的地方建立优质水稻示范基地，在高山凹地建设高山蔬菜示范基地，在像齐岳山这种南方最大的丘陵草场建设畜牧业示范基地，在部分丘陵地区建设核桃等干果基地，在恩施这种富硒之地新建茶叶基地等。

建设标准化农产品基地。农业标准化是指以农业为对象的标准化活动，农业对象包括农产品、种子的品种、规格、质量、等级、安全、卫生要求、试验、检验、包装、储存、运输、使用方法，生产技术、管理技术、术语、符号、代号等。基地生产标准化就是要求农业对象的标准化，要从以下几个方面入手。第一，基地生产的统一化。一个基地主要生产一种产品，一个基地要用统一的农产品品种、肥料、生产工具及机械设备、科学技术、管理技术等，统一在同一时间段生产、施肥、除草、收获，同一基地，同一要求。第二，检验、包装、储存、运输、使用方法的标准化。按照国家农产品安全的相关要求，在农产品检验、包装、存储、运输上严格执行国家相关政策，保证农产品的品质质量。例如，在黄金梨生产基地，对黄金梨采取分批包装，对大小基本一致的、含糖量基本一致的包装在同一水果箱里，再根据不同品质制定不同价格，同一品质统一定价。第三，使用符合标准的术语、符号、代号等。对农产品的标志、符号、代号等，要根据国家相关标准及其自己实际制定的相关政策，采取同一基地制定一致的标识。

提高农产品基地管理水平。面对武陵山片区农业基地建设管理水平低下的问题，提高基地的管理水平就是要提高基地管理者的水平，同时完善基地制度建设。第一，提高基地管理者的水平。基地管理者对一个基地的发展具有至关重要的作用，提高基地管理者的水平要从以下几方面入手。一是基地管理人员的培训、交流、学习，通过让基地管理人员学习管理的相关知识，学习基地的相关知识，与其他基地管理人员交流与学习，相互分享经验、心得，让基地管理人员对基地更加了解，对管理知识更加了解，提升他们的科学文化素质和管理水平。二是让基地管理人员参与基地建设实践，实践出真知，要了解自己所在基地的实际情况，还得从自己所在基地的生产实践中总结，让基地管理人员参与实践，在实践中体验和总结经验教训，达到提高管理水平的目的。第二，制定并完善基地规章制度。无规矩不成方圆，制度能够起到制约人、约束人的作用。一个基地要健康发展就离不开基地的制度建设，基地管理水平的提高同样不能离开基地的规章制度建设。要制定并完善基地的生产制度、销售制度、奖惩制度、人员选拔制度等其他制度，让基地及基地人员遵规而行。

（二）提高农产品深加工水平

要实现农业现代化，就必须实现农业的高产值、高商品化率，要达到农业的高产值、高商品化率，就必须提高农产品深加工水平。面对武陵山片区农产品以初级产品为主、深加工水平不足、农业附加值低等问题，就必须提高农产品深加工水平。提高农产品的深加工水平要从加大技术研发、培养农产品深加工企业等方面入手，要面向市场需要，生产出能够满足广大消费者需求的高附加值的优质农产品。

加大农产品深加工技术的研发力度。随着社会的快速发展，科学技术的地位不断提高，科学技术在生产中发挥的作用越来越大，科学技术是第一生产力也得到论证。要解决武陵山片区农业销售以初级产品为主、深加工严重不足的问题，就必须加大对农产品加工的技术研究，克服农产品深加工的技术障碍，解决"没有技术，加工不了"的问题。第一，加大对农产品产业链延长的技术研究。要克服粮食、蔬菜、水果、茶叶、烟草、干果、中药材、畜牧业等农产品产业链延长的技术障碍，实现"种植粮食—饲料加工—畜牧养殖—屠宰加工—品牌销售""粮食—粮食加工—特色粮食产品""高山蔬菜种植—保鲜加工—物流配送—市场销售服务""蔬菜种植—蔬菜加工—特色蔬菜品牌—市场销售服务""水果种植—水果加工—果肉销售""中药材生产—中药材分类加工—中药材品牌—中药材市场销售"等各个产业链条发展。第二,加强企业技术创新,农产品深加工水平,在很大程度上依赖企业的加工水平,企业的加工水平取决于企业的技术能力。加大对企业的技术创新,改变企业传统生产方式,建设现代科技企业,是延长农产品产业链的基础,必须实现企业的技术创新。

培植农产品深加工企业。延长农产品产业链,除了克服技术障碍,还必须得有农产品深加工的企业。农产品深加工企业作为农产品深加工阵地,在农产品深加工中处于核心的作用。因此,农产品深加工企业的生产能力、加工能力、产品研发能力、创新能力、市场销售能力等,直接决定着农产品深加工的能力和农产品的附加值。培养农产品深加工企业,提升企业的各种能力,建设现代农产品深加工企业成了关键所在。培育农产品深加工企业,我们应该采取"促使传统企业升级,扶持一批新兴企业"的原则。第一,对原有传统企业的升级。传统的农业企业,仅从事一些简单的农产品的加工,产品研发能力、科技创新能力不足,深加工能力不足,但传统有着一定的历史,有一定的基础,加大对传统农产品企业的扶持与培育,从传统企业生产线各个环节入手,更新传统设备,让传统企业向现代企业升级,达到企业深加工能力的提升。第二,培育一批农产品新兴企业。仅靠原有农产品加工企业将不能满足市场发展的需要,在农业基地基础好、附近农产品充足的地方新建一批现代农产品深加工企业,运用现代农产品加工技术,对农产品实行深加工,生产出一批能够满足市场需要的高附加值的农产品。

(三) 拓展农产品市场销售渠道

农业产业链的延长,除了要加强农产品生产基地建设、提高农产品深加工水平外,还要拓展农产品销售渠道。农产品基地升级是为了生产出高质量的农产品,这是延长产业链的基础;提高农产品深加工水平,是为了增加农产品的附加值,这是延长产业链的核心;扩展农产品市场销售渠道,是为了更好地实现农产品价值,这是延长产业链的最终目的所在。拓展农产品销售渠道,使农产品销售渠道多元化,可以帮助企业抵御市场瞬息多变的风险,降低农产品市场风险,更好地实现农产品价值。拓宽农产品市场销售渠道,要求完善传统农产品市场体系;拓宽实体市场销售渠道,要求充分运用现代网络,打造现代网络销售平台。充分将实体销售市场与网络销售市场结合起来,优势互补,实现农产品的价值。

拓宽实体市场销售渠道。武陵山片区在农产品销售市场方面，市场面过窄，市场体系不够健全。农产品的销售市场以本地市场为主，采取店面销售、摊点销售、农产品批发市场销售、沿交通线销售等形式，大多数农产品均以本地消费为主。拓宽农产品实体市场销售渠道要从以下几个方面入手。第一，建立多级市场体系。要建立地市级市场、省级市场、国家级市场、国际市场等多级市场体系。市场体系的建立，能最大程度地减少市场面窄导致的产品滞销、产品腐坏、产品卖不出去等问题，以达到减小市场风险的目的；同时，市场多级体系的建立，能够使产品生产者自主选择优势市场，根据市场价格确定销售市场，达到同一产品价格的最优化，实现农产品的最大价值。第二，增添批发市场、实体店铺、销售集散点等。武陵山片区市场体系现仍以传统实体市场为主，批发市场、实体店铺、销售集散点等仍占有优势。当前，武陵山片区经济文化发展较为落后，网络基础设施、信息基础设施等较为薄弱、人们思想观念较为落后等，传统的实体市场仍大有可为，新增各级实体批发市场、实体店铺、销售集散点能够将更多的农产品销售出去，实现农产品的价值。

打造现代网络销售平台。随着社会的发展，网络在人们生活中扮演着越来越重要的角色，运用网络作为销售手段的企业也日益增多，运用网络购物的消费者发展迅速，数量庞大。CNNIC《第33次中国互联网络发展状况统计报告》指出：网络购物用户规模持续增长，团购成为增长亮点。商务类应用继续保持较高的发展速度，其中网络购物以及相类似的团购尤为明显。2013年，中国网络购物用户规模达3.02亿人，使用率达到48.9%，相比2012年增长6个百分点。团购用户规模达1.41亿人，团购的使用率为22.8%，相比2012年增长8个百分点，用户规模年增长68.9%，是增长最快的商务类应用。从CNNIC《第33次中国互联网络发展状况统计报告》中的数据我们不难发现，网络销售的巨大潜力，打造现代网络销售平台显得尤为必要。第一，新建、运用专门农产品销售网站。充分运用现有的农产品销售网站，如充分运用中国特产网、中国农产品销售网、中国有机农产品营销网、土家特产网等。同时新建属于本地区特有的农产品销售网，如新建武陵农产品销售网、武陵特产网等。第二，充分运用淘宝、美团、百度糯米等软件平台。淘宝、美团、百度糯米等软件平台作为当下中国网民运用最多、最频繁、影响最大、实现盈利较多的软件，受到了广大消费者的欢迎和追捧。因此，充分运用这些软件平台，并在这些平台上发展一批属于武陵山片区农产品专卖的网店或销售人员等，这将最大可能地将武陵山片区农产品销售到世界各个角落，拓宽市场面，实现农产品高附加值。

四 打造特色知名品牌

现代市场已进入"品牌时代"。品牌成为了市场营销的核心，承载着商品的市场价值和消费者的信任与偏好。著名营销学者菲利普·科特勒认为：品牌是一种名称、术语、标记、符号或图案，或是他们的相互组合，用以识别某个消费者或某群消费者的产品或服务，并使之与竞争对手的产品或服务区别。可见，品牌在产品营销中扮演着非常重要的角色。同样，农产品品牌化建设有助于规避市场风险，降低消费者购买风险，增强产品市场竞争力，扩大市场销售份额，从而提高农业经营主体的经济效益和农民的收入水平，同时也有助于推进农业发展的规模化、产业化和现代化。

当前，武陵山片区普遍存在农业经营主体品牌经营意识薄弱、品牌同质化、恶性竞争现象严重、品牌宣传力度不够、品牌分销渠道单一、品牌维护不足、品牌知名度和美誉度低、品牌经营效益差等问题。农产品品牌已经成为制约武陵山片区农业现代化和可持续发展的重要因素。随着城乡居民收入水平的不断提高，农产品消费结构日益升级，农产品消费内容日益多样化和层次化。同时，随着贸易的全球化、电商化，农产品市场竞争越来越激烈。面对市场需求和竞争的升级，武陵山片区必须加快推进农产品品牌建设战略，立足自我优势，打造特色知名品牌，提升产品的质量、档次和信誉。

（一）发展特色农业

特色农业产业农产品品牌建设的支撑。当前武陵山片区农产品品牌同质化现象较为严重，品牌竞争力不强的重要原因就是很多县市没有开发利用区域优势资源，将资源优势转化为市场优势，发展特色农业产业。产业发展不起来，品牌建设便无从下手。

开发利用优势资源，打造特色知名品牌。片区内地貌类型多样，且各地貌单元地理环境上相对封闭，居住的少数民族众多，不同地域的自然条件、优势资源、种植习惯、加工手艺以及民风民俗都存在一定差异,因此各地存在较明显的区域特色和比较优势。片区相关县市要大力开发和利用区域丰富的生物、气候、土壤、矿物等自然资源,并充分利用好武陵山片区扶贫连片开发政策机遇,大力推广应用先进农业技术和优新品种,并把农业企业和合作社作为载体,以产业基地和产业带为平台,大力发展特色农业产业,培育主导产业,壮大优势产业。

同时,要在创建农产品品牌的过程中,充分挖掘和整合地方历史文化、民俗文化、生态旅游等各种资源,把地方特色文化和标签注入品牌中,从而丰富农产品的文化底蕴,提升品牌的文化品位。武陵山片区农产品相关的非物质文化遗产十分丰富,例如,茶叶传统制作技艺、腊肉传统制作技艺、中药材传统炮制技艺、特色食品传统加工技艺等,传统农产品独特的制作技艺与深厚的文化内涵,为打造特色农产品品牌提供了坚实的基础。但是,当前片区内农业文化遗产遗失也较为严重,因此要加强对农业老字号、农产品传统加工工艺的保护和传承。

当前,武陵山片区农业自然资源以及社会文化资源的开发存在盲目无规划、过度无节制、泛滥不高效等诸多问题,既降低了资源的实际利用效率,又极大地破坏了自然生态环境,严重制约了片区农业的全面可持续发展。因此,片区在开发优势资源、发展特色农业的过程中,必须坚持科学发展观和可持续利用的原则。既要重资源开发和项目建设,又要重生态环境保护,维持农业发展环境的稳定;既要坚持市场导向,又要立足区位优势,因地制宜发展特色农业;既要保护和延续传统种植技艺,又要依靠科技进步,引进农业新技术,提高农业生产效率。总的来说,就是要充分发挥区域比较优势,优化产业结构,逐步建立布局合理、优质高效、竞争力强的山区特色农业模式,实现武陵山片区农业现代化的新飞跃。

(二)提升品牌意识

当前,武陵山片区多数专业合作社、初级农业企业的品牌意识不强,品牌建设投资不足,缺乏品牌形象的塑造,更不懂开展品牌经营,导致农产品牌价值不高,市场竞争力不强,产品价格优势不强。为了破此困境,农口部门要鼓励和支持农业经营主体积极申报和注册相关品牌和标志,经营主体也必须提高品牌经营意识,重视品牌建设工作。

设计好的名牌名称。名牌名称是名牌形象设计的关键。选择适当的词或文字并辅以恰当的 LOGO 来代表商品，能对消费者产生视觉刺激、心理联想，帮助消费者识别和记忆商品，增强消费者对产品的认知感。农产品品牌名称的设计要尽量体现产品的有机、绿色等特点，并要融入一些地域特色，同时也要做到简单易读、方便记忆。

合理选择品牌定位。品牌是产品的标志，更是产品形象信誉的体现。产品和品牌只有选准市场定位，才能受到消费者的喜欢。农业经营主体在做品牌战略的时候，要合理分析市场消费趋势和竞争态势，结合自身优势制定营销策略，从而为产品在市场上选准一个符合消费需求的、有明确受众的、有别于竞争对手的品牌定位。

积极做好品牌注册和申报工作。片区相关农业企业、专业合作社、农研院所等单位要重视树立自己的品牌，对自身产品要积极进行品牌和商标注册，还要尽可能扩大注册国别、增加注册类别。同时，要按相关的申请条件、评价指标、评选认定程序等，积极申报无公害产品、绿色食品、有机食品和中国名牌农产品。

努力经营自身品牌。一是要注重农产品质量，保障消费者健康。二是要创新农产品包装，保护和美化商品。三是要完善售前和售后服务，为产品品牌树立信誉，进而被消费者广泛认可和接受。

(三) 整合分散品牌

当前，武陵山片区农产品品牌的发展有"多、全"可喜的一面，也有"弱、小、杂、乱、散"不足的一面，并由于众多不规范的小作坊、小工厂的存在，假冒伪劣、以次充好、滥用添加剂等不良现象层出不穷。为了促进农业产业的规范化发展，打造行业知名品牌，十分有必要发挥工商、农业部门的力量，整合分散品牌。

除了充分发挥"优胜劣汰"市场机制的作用以外，片区相关县市要充分运用经济手段，并辅之以行政手段和法律手段，加快农产品品牌的整合。一是要加强引导，鼓励联合经营。在充分尊重市场规律的前提下，"以资本为纽带，以名牌产品为核心，把相同行业中具有地域特点、技术手段基本相同或相似的企业，通过整体兼并、出资买断、投资控股、租赁经营、联合经营等形式组建成企业集团，共同开拓市场，提高品牌产品的市场占有率"①。二是利用地理标志打造区域品牌。相关县市要采取"产地名+产品+特性"的模式,统一地理标志专用标志,统一质量标准,统一地理标志特产保护范围内企业的品牌,建立农产品区域品牌,提升整体品牌效应。三是出台相关政策,切实规范市场竞争行为。

武陵山片区相关县市通过整合分散品牌,推出了一批影响大、效益好、辐射带动强的名牌农产品,提升了产业发展层次。例如,湖北省恩施州鹤峰县整合翠泉、骑龙、雄狮、东狮等茶叶品牌,实行品牌、质量、标准、价格、市场"五统一",重点打造"翠泉茶",实现了茶叶产业的新突破。② 2010年,重庆市政府先后整合渝东北农产品公司、渝黔农产品公司、重庆市棉花有限公司、重庆市金帆果品公司等10余家企业,把全市涉农的生产、加工、销售、流通企业整合起来,培育打造了"产供销,贸工农"一体化的龙头企业——重庆市农产品(集团)有限公司,并在较短几年内实现了总销售额100亿元、资产100亿元的"双百亿"目标。③

(四)保障产品质量

当前,武陵山片区农业生产中品种、施肥两个环节缺乏监管,影响农作物的品质,再加上农产品加工及销售过程中缺乏完善的质量标准检测体系,因此,市场上的农产品可能存在安全风险。而没有以农产品好品质为基础的品牌营销必定是要失败的。虽然片区总体上产品质量问题还不是很严重,但抓好产品质量工作依然刻不容缓。

建立健全安全质量标准体系,实现农产品生产和管理的标准化。首先要"突出抓好农业质量标准体系、农产品质量监督检测体系和农业标准化技术推广三大体系建设,严格实行产品质量认证制度,做到质量有标

---

① 张司飞:《中国农产品品牌营销的现状与对策》,《武汉理工大学学报》2008年第3期,第345页。
② 参见《鹤峰整合品牌重点打造"翠泉茶"》,http://12582.10086.cn/main/News/Detail/96657992012-01-06/2014-10-08。
③ 参见黔江区农业农村信息网,《重庆市农产品(集团)有限公司》,http://www.qjqagri.gov.cn/Details.aspx?topicId=428105&ci=3614&psi=652010-10-18/2014-10-08。

准，生产有规程，产品有标志，市场有监测"[1]，保证农产品生产、加工、储藏、运输、销售全过程的规范和安全。其次要按照国内外先进标准制定和实施农业产前、产中、产后各个环节的加工流程，提高生产过程标准化水平和系统化程度，进而提升产品质量及其市场竞争力。另外，还要加大对农产品标准及法规的宣传力度和实施力度，从而强化农业经营主体的质量意识和守法观念，促使其严格遵照质量标准体系，保障农产品质量和安全。

着力加强农产品质量监管。在农产品源头上，要严格打击农产品药物残留超标，加强农产品市场准入管理。在产品生产环节中，要强化对农产品加工企业的质量监管，建立农产品检测中心等监测机构，严格农产品市场检测准入。在产品流通环节中，严格食品经营主体市场准入，规范食品经营者经营行为，严厉打击假冒伪劣现象。在餐饮消费环节中，要完善食品卫生许可制度，加强食品卫生监督和管理。另外，还要特别加强对畜禽屠宰环节、农产品进出口环节等重点领域的食品安全监管。

（五）促进品牌宣传

"酒香也怕巷子深"，武陵山片区内不乏质量上乘的农产品，但因缺乏品牌宣传而不为人所知，难以改善"本地产本地销"的局面。当前片区农产品品牌宣传上普遍存在以下问题：一是相关部门及经营主体对品牌推广宣传的重视不足，宣传力度十分欠缺。二是品牌宣传技术落后，媒体广告、网络推销、公关宣传等先进手段利用率低。三是宣传内容单薄，千篇一律，仅限于散发农产品简介资料等。四是农产品品牌宣传和管理人才严重不足。品牌宣传缺乏，严重影响了片区内农产品品牌的知名度和美誉度，不利于品牌形象的塑造和名牌价值的提升。

大力加强品牌的宣传力度，推进农产品品牌建设。首先，相关部门和经营主体要充分认识到品牌宣传的重要作用，并要引进人才，制订规划，加强农产品品牌的推广宣传。其次，要充分利用信息技术、媒体平台进行品牌宣传。一方面依然要借助报纸、杂志、广播、电视等传统传播媒体，但是不能局限于本市县，要提高媒体的级别，拓宽受众范围；另一方面，

---

[1] 张司飞：《中国农产品品牌营销的现状与对策》，《武汉理工大学学报》2008年第3期，第344页。

尤其要注重运用网络信息平台，推广农产品品牌。一是要投资建立、完善网站，发布产品信息，实行产品网上营销；二是要在中国农业信息网、中国无公害食品网等大型农业网站中进行广告投放，积极宣传自身产品。同时，相关部门或行业协会可以通过举办各种展览活动、论坛会议、国际交流、文化节、美食节等形式推广农产品品牌。

（六）拓广品牌分销渠道

随着武陵山片区农业产业的快速发展，一些新型农产品品牌营销渠道如超市农业、会展农业、网络农业等逐渐出现，但与东部发达地区相比，片区品牌分销渠道的建设有待进一步加强。

拓广品牌分销渠道，提升农产品品牌空间。一要建立以合作组织为核心的品牌营销主体。二是要建立以批发市场和物流配送为核心的产品分销系统，开发农产品网上交易平台，实行大批量农产品仓单交易、拍卖交易、网络交易、期货交易、远程合约交易。三是推广"农—超"对接，建立以连锁超市为主体的零售终端系统，通过"生产地—配送中心—超市—消费者"的渠道完成产品分销进程，从而减少农产品中间流通环节，提高流通效率，降低流通成本，保证农产品的质量。

（七）加强品牌维护

当前，武陵山片区的著名农产品品牌几乎都面临侵权的问题。一些不法分子制假售假，扰乱市场秩序，侵犯了品牌企业及消费者的合法利益。对此，品牌企业要提高品牌维护意识和法律意识，利用法律手段与侵权行为作斗争，积极维护企业良好品牌形象。更重要的是，相关部门要完善农产品品牌保护的法律法规，加强市场监管，严厉打击假冒伪劣农产品，培育优良的市场竞争环境。目前，片区内部分县市不断加大执法力度，为农产品品牌保驾护航，在推动农产品品牌建设发展上取得了良好成效。例如，2013年，湖南湘西古丈毛尖、保靖黄金茶两件地理标志商标被不法分子瞄上，一时间假冒伪劣产品充斥市场，严重损害了商标权人和消费者的合法权益。湘西州工商部门立即采取切实措施保护两件地理标志商标，迅速出台《古丈毛尖茶包装管理办法》，在州境外开展"金网工程"，并加强对商标印制企业的监管，从源头防范商标违法行为发生。湘西工商部门通过一系列"组合拳"，依法查处、整治了未获授权许可擅自使用和假冒古丈毛尖、黄金茶商标的侵权行为，使假冒茶叶明显减少，提升了湘西茶产业的品牌形象和市场竞争力，茶叶市场日益繁荣，当地茶农收入不断增加。①

五　壮大新型经营主体

近年来，武陵山片区四省市新型农业经营主体数量不断增多，但经营主体人员整体素质不高且老龄化、农业生产标准化程度低且兼业化、土地经营机械率低且零碎化、产品销售风险偏大且低效益化的状况还没有根本改变，新型农业经营主体总体实力不强、水平不高，严重制约了片区现代农业的发展。2012年，中央农村工作会议指出："要加快农业的组织和制度创新，在坚持和完善农村基本经营制度的基础上，要着力培育新型农业经营主体，着力构建集约化、专业化、组织化、社会化相结合的新型农业经营体系。"② 片区相关县市要充分重视新型农业经营主体在推进现代农业发展、转变农村经济发展方式中的作用，大力扶持、培育发展新型职业农民、家庭农场、农村专业合作社、农业龙头企业、农产品批发市场各类新型农业经营主体，推动特色农业产业规模化、集约化、效益化发展，使农业成为有奔头的产业，使农民成为体面的职业，使农村成为安居乐业的美丽家园。

（一）培育新型职业农民

新型职业农民是指具有科学文化素质、掌握现代农业生产技能、具备一定经营管理能力，以农业生产、经营或服务作为主要职业，以农业收入作为主要生活来源，居住在农村或集镇的农业从业人员。③ 加快培育新型职业农民是发展新型农业经营主体的关键，要以吸引年轻人务农、提高农民素质为重点，建立专门政策机制，建立教育培训、认定管理和扶持政策

---

① 参见中国商标网《湘西商标保护"组合拳"助茶农增收》，http://sbj.saic.gov.cn/dlbz/xwbd/201405/t20140512_145041.html2014-03-27/2014-10-08。

② 参见《中共中央、国务院关于加快发展现代农业进一步增强农村发展活力的若干意见（讨论稿）》。

③ 参见《什么是新型职业农民》，http://forum.home.news.cn/thread/130283373/1.html2014-01-04/2014-10-08。

三位一体的制度体系,构建起职业农民队伍,从而推动农业经营主体职业化,为其他农业经营主体的创立发展以及现代化农业的建设提供坚实的人力资源支撑和保障。武陵山片区相关县市要着力解决"谁来种田,怎样种田"的问题,立足提升传统农民,引入新型农民,着力培育一批骨干农民,大力培育适应新型产业发展、服务特色产业发展的新型职业农民,提高农业人员的生产技能和经营管理水平。

加强对新型职业农民的教育培训。教育培训是培育新型职业农民的核心内容,要构建新型职业农民教育培训制度,保障教育培训的常态化。一是加强教育培训提高农业从业人员的整体素质,培养造就新型农民队伍。相关农口部门要对基层农技推广和新型职业农民培育存在的问题和困难进行调查摸底,全面掌握当地农业劳动力状况,并根据不同类型的新型职业农民从业特点及能力素质要求,科学制订教育培训计划并组织实施。坚持"生产经营型分产业、专业技能型按工种、社会服务型按岗位"的原则,尊重农民意愿、顺应农民的学习规律,采取"就地就近"和"农学结合"等灵活的方式,开展农科职业教育或实施农业系统培训。围绕增强教育培训的针对性和实效性,要切实加强师资队伍建设,完善课程体系,创新教学方法,运用科技丰富教学载体,改进考核评价办法,并要建立常态化的教育培训制度。二是要引入新型农民,确保农业发展后继有人。在教育培训工作的基础上,大力开展农业后继者的培养工作。农口部门要研究制定相关政策措施,吸引农业院校特别是中高等农业职业院校的毕业生回乡务农创业,支持中高等农业职业院校招录农村有志青年特别是专业大户、家庭农场主、合作社带头人的"农二代",支持农业科技人员从事农业创业,支持外出务工农民、个体工商户、农村经纪人等返乡从事农业开发,培养爱农、懂农、务农的农业后继者。[①] 在武陵山片区内开展新型职业农民培育试点工作,建设新型职业农民培育示范基地,把回乡务农创业的大学生、青壮年农民工和退役军人等作为当前农业后继者的培养重点,纳入新型职业农民教育培训计划。

加强对新型职业农民的认定管理。认定管理是新型职业农民培育制度体系的基础和保障。开展新型职业农民认定管理工作,建立完整的数据库和信息管理系统,有利于对新型职业农民队伍实行统筹培养。一要坚持政

---

① 参见《新型职业农民培育试点工作方案》。

府主导的原则，但要充分尊重农民意愿。二是要制定合理的认定标准。可按生产经营型、专业技能型和社会服务型三类对新型职业农民进行认定。其中，生产经营型主要包括种养专业大户、家庭农场主、农民合作社带头人、农业园区（基地、企业）负责人、有志从事农业创业的初高中毕业生、大学生村官、返乡创业农民工；专业技能型，则包括农业生产、加工操作工人、农业雇员、乡村旅游服务员；而社会服务型，是指农村信息员、农民经纪人、农机服务人员、农资营销人员等。[①] 三是实施动态监测和管理。根据认定条件、认定标准、认定程序、相关责任等对新型职业农民进行定期考核，建立动态监测和管理机制，并建立起新型职业农民退出机制，对不符合条件的，应按规定及程序予以清退。

落实对新型农民的扶持政策。扶持政策是新型职业农民培育制度体系的重要环节，只有配套真正具有含金量的扶持政策，才能为发展现代农业、建设新农村打造一支用得着、留得住的新型职业农民队伍。一是相关部门要研究制定出台扶持新型职业农民发展的政策措施，包括土地流转、技术服务、金融信贷、农业保险、产品运输等。二是相关部门要严格执行扶持新型职业农民的政策，认真落实建设项目和支持经费，使新型职业农民得到切身培训指导和利益实惠。

（二）发展家庭农场

家庭农场以农民家庭成员为主要劳动力，利用家庭承包土地或流转土地，从事规模化、集约化、商品化农业生产经营，是实现农地资源的有效配置、提高土地生产率、增加农民收入和促进现代农业发展的重要新型农业经营主体。武陵山片区受耕地资源、生产技术、传统农业生产方式等因素的制约，导致家庭农场这一新型农业经营主体发展较慢、规模较小。片区四省市各级农业部门要予以政策倾斜，重点支持家庭农场壮大及稳定经营规模、改善生产条件、提高技术水平、改进经营管理、增加经济效益。

出台发展家庭农场的相关支持政策。武陵山片区相关县市农口部门要尽快研究出台切合实际的、可操作的政策措施，明确家庭农场的认定标准和条件、补助对象和力度、注册登记和监测管理等事宜，规范和推动家庭

---

① 参见联合早报网，《培育新型职业农民》，http://changzhou.zaobao.com/pages2/changzhou140728a.html2014-07-28/2014-10-08。

农场的发展。一是加大宣传，开展培训。通过报刊、电视、网站等媒体开辟专栏，结合召开专题会议、发放宣传手册等形式，大力宣传家庭农场及其发展模式，营造培育发展家庭农场的良好社会氛围；同时，组织涉农部门、种养专业大户、休闲农庄经营者到发展较好的家庭农场进行参观学习，开展经验交流会，并邀请专家学者、农业技术人员、其他县市优秀农场主进行家庭农场发展的专题讲座，加大对家庭农场经营者的培训力度。二是加大财政补贴，落实税收优惠政策。建立家庭农场土地规模经营专项扶持资金，优先安排适宜家庭农场申报的农业项目，扩大家庭农场生产经营规模；给予家庭农场自产自销的农副产品减免税收待遇，新增的财政奖补资金和农业补贴，应向家庭农场倾斜。三是加大金融扶持力度，加快农业保险体系建设。支持和引导融资担保机构优先为家庭农场提供担保贷款，建立担保信用体系，增加信贷额度；开展家庭农场的信用等级评定，并根据信用度给予相应的利率优惠；加大信贷支持，扩大抵押担保范围，允许家庭农场以流转土地经营权、农用设施等抵押贷款；简化信贷手续，提供优质金融服务。四是增强人力资源支撑。鼓励和引导农业职业院校毕业生、务工经商返乡人员、个体工商户、农村经纪人等兴办家庭农场。

　　促进农村土地流转。一是相关部门要加强农村土地承包经营权流转管理和服务。目前，武陵山片区部分县市都存在土地流转困难或流转不规范的问题。片区较多农民小农意识深厚，固守传统生产观念，惜土如金，不愿流转。更有甚者，因对同村种养发财大户怀有妒忌心理而挑唆其他农户不进行土地流转。相当数量的农民担心土地长期出租的收益与经营权得不到保障，因此也不太愿意进行长期流转。而那些农民愿意的短期流转、高价流转又是土地流转经营户所无法承受的。短期流转不仅不能满足一些农作物的种植年限，还限制了经营主对土地进行灌溉设施、机械设备、土壤改良、农地平整等的长期投资。而且，土地流转租金的上涨给农场经营带来较大的成本压力，经营效益减少，没有利润扩大经营规模。针对这些问题，武陵山片区相关部门要尽快为土地流转搭建便捷的沟通和交易平台，为流转双方提供供求登记、法律咨询、信息发布、中介协调、指导签证、纠纷调处等服务。要逐步探索建立起土地流转双方的利益联结机制，规范土地流转手续和程序，解决"土地流转户担心经营户欠款而逃、经营户担心流转户收回土地"的问题；逐步探索建立起土地流转价格协调机制和纠纷调解机制，在充分发挥市场的前提下，对土地流转价格进行有效调控，及时采取合情合理的方式解决土地流转纠纷，稳定流转关系，促进土地连片集中，为家庭农场创造良好条件，切实解决发展后顾之忧。二是要推动土地制度改革，加快家庭农场发展。2014年政府工作报告指出："保持农村土地承包关系长久不变，抓紧土地承包经营权及农村集体建设用地使用权确权登记颁证工作，引导承包地经营权有序流转，慎重稳妥进行农村土地制度改革试点。"① 武陵山片区相关县市要在保障农民利益的前提条件下，推进土地承包经营权及农村集体建设用地使用权确权登记颁证，推进房屋、林地等不动产统一登记，鼓励农民自愿有偿退出宅基地，建立农村土地产权交易市场等，促进土地流转。通过稳定土地流转提高家庭农场对所经营的农地的稳定性预期，实现规模经营和集约经营。同时，农民的收入来源除了种植、经营等工资性收入之外，还有依靠土地来获得财产性收入。农民所拥有的土地包括：个人名下承包的土地、划分的宅基地和农村集体财产中的一部分股权。通过土地流转，也就是土地互换、土地出租、土地入股、委托经营、宅基地换住房以及承包地换社保等形式让土地在流转的过程中实现有效配置，发挥价值，进而实现农民增收。

健全家庭农场管理制度。一是武陵山片区相关县市农口部门要通过建档、示范等方式，探索家庭农场管理制度。建立家庭农场档案，完善家庭农场数据库，为政策补助、技术支持、统筹协调提供信息支撑。同时，开展示范家庭农场评定创建活动，支持有条件的家庭农场建设试验示范基地，培育一批示范农场。二是要健全农业双层经营体制。政府在为家庭农场提供主导性的公益性服务的同时，鼓励多种所有制形式的新型农业社会化服务机构，给家庭农场提供全方位的配套服务。

(三) 做大做强农村专业合作社

2014年的全国农村工作会议提出，"农民合作社是带动农户进入市场的基本主体，是发展农村集体经济的新型实体，是创新农村社会管理的有效载体"。当前武陵山片区相关县市农民合作社的总体发展规模有待扩大，发展质量有待提高，需要相关部门切实加强对专业合作社的组织领导，依法推进专业合作社的规范发展，并努力营造良好的发展环境。

---

① 中国共产党新闻网：《2014年政府工作报告》，http://theory.people.com.cn/n/2014/0305/c49150-24536558-5.html2014-03-05/2014-10-08。

加强对专业合作社的组织领导。一是要制定一个目标明确、指导性强的发展规划。各县市农口部门要根据武陵山片区的区情以及地方的市情、县情,制定出台农民合作社发展的总体规划,合理确定区域农业产业发展重点,突出产业发展特色,并且坚持按发展规划实施,切实完成发展目标,避免合作社发展的主观性、随意性和盲目性。二是要建立一套作风过硬、凝聚力强、工作能力强的领导班子。针对武陵山片区部分县市直接指导农民合作社发展中出现的主管部门自身协调无权力、支持无财力、管理无人力,难以担负全县市合作社建设的组织协调及管理工作的现象,相关县市党委、政府要组织成立专门的农民合作社发展工作领导小组,统筹全县市农民合作社的建设发展工作,及时研究解决农民合作社发展中出现的新情况、新问题,切实加强对农民合作社建设发展的组织领导工作。三是要坚持农村基本经营制度。家庭联产承包经营制度确立了农户独立的市场主体地位,实现了农户明晰的产权关系以及权、责、利的统一,为农户开展互助合作提供了前提,成为我国改革开放以来农业和农村经济持续发展的制度基础和保障。农业部部长韩长赋强调:"完善新型农业经营体系,要稳定农村土地承包关系,以家庭承包经营为基础,按照依法自愿有偿原则,引导农村土地承包经营权有序流转。以发展多种形式的适度规模经营和培育新型经营主体为重点,创新农业生产经营体制,稳步提高农民组织化程度。"[①] 农民合作社的发展必须以农户家庭联产承包经营为基础,不能侵犯农户承包经营的自主权,占有农民的承包土地和个人财产,也不能违背农民意愿,强迫农民入社参股、统一种植和经营。要切实保障农户的土地承包经营权和财产所有权,从而提高农民的信赖度和参与度,真正给农民带来实惠。四是要出台一系列切合发展实际的纲领性文件。片区相关县市农口部门要组织专题调研组对全县市农民合作社发展情况进行调研,在此基础上针对合作社发展困境,出台大力支持合作社发展的专门文件,进一步明确推动合作社突破性发展的举措,加大政策的扶持力度。而且,还要建立起科学合理的绩效考核体系,将农民合作社建设发展纳入对乡镇和有关职能部门责任目标考核体系,整合相关职能部门力量和资源,形成"领导统筹协调、部门分工负责、上下齐抓共管"的良好工作格局,从而

[①] 《农业部部长韩长赋解读 2012 年中央农村工作会议精神》,http://news.xinhuanet.com/fortune/2012 - 12/23/c_ 114126802. html 2012 - 12 - 23/2014 - 10 - 08。

切实保障合作社扶持政策的落实和有效执行。

推进专业合作社的规范发展。一是要围绕特色产业、优势产业，大力兴办合作社。广泛动员村干部、农技人员、退伍军人、返乡农民工、专业大户、职业经纪人等个人发挥自身优势，领办或者合办合作社，鼓励龙头企业、基层农技站、基层供销社、专业大户以及各类社会资本领办或参股合作社，形成多元主体竞相参与的格局，推动合作社不断发展壮大。二是要提高合作社经管人员的整体素质。一方面充分利用各种新闻媒体、网络平台，采取有效形式，加大《农民专业合作社法》等相关法规政策的宣传力度，营造良好的社会氛围，增进社员与非社员对合作社的了解和认知。另一方面要以讲座、网络课程、参观学习等方式，加强对合作社管理人员技术引进、财务会计、经营管理、市场营销、法律规范等业务知识的培训，不断提高合作社经管人员的综合素质，推进规范办社。三是要规范合作社运行机制。依法规范合作社章程，完善合作社组织机构，加强民主监督，逐步提高合作社的经营管理水平。针对合作社财务"无专人核算、无会计账簿、无原始凭证、无财务报表"等现象，要聘任专门的财务管理人员，建立规范的财务核算制度。此外，要完善合作社股金设置、盈余分配、社员返利等制度，不断健全合作社与社员的利益联结机制，引导合作社向规范化、实体化方向发展，促进合作社内部管理由松散型向以利益为枢纽的紧凑高效型转变。四是积极推进农产品生产标准化，统一质量标准、生产技术和培训服务，统一农业投入品的采购和供应服务，统一产品品牌、包装和销售服务，统一产品、基地的认证服务，逐步规范、完善合作社的服务内容，增强抗市场风险能力和自我发展能力。五是抓部分运行好、效益高的合作社作典型示范，引导发展农民专业合作社联合社。选择一些产业特色明显、发展潜力较大的合作社，开展抓点示范，并实行完善的帮扶机制，组织一名农口部门领导，带一名农业科技人员，捆绑一笔专项资金，联系一个村，支持一家合作示范社，从而建立起合作示范帮扶体系。再按照淘汰一批、培育一批、扶强一批的原则，主管部门出台示范社的建设规范、考核标准，每隔半年或一年评选一次，实行动态管理，从全县市遴选出一批运行机制规范、服务内容完善、发展水平高、带动效果好的合作社作为示范社进一步支持和扶强，对于那些有加工而无研发、有规模而无效率、有产品而无品牌、有市场而无效益的合作社进行重点培强，而对于那些运行机制不规范、发展潜力不明显、发展效益长期亏损的合作社进行淘汰与整合，进一步增强全县市合作社的整体经营服务能力、辐射带动能力和市场竞争力。

营造专业合作社发展的良好环境。一是要加大资金扶持力度。相关部门要研究出台扶持政策，整合捆绑项目资金、扶持资金向农民合作社倾斜，支持农民合作社开展生产资料提供、农业技术培训、市场信息分享、产品质量标准与认证、市场营销等服务，使合作社真正能承担其产业化合作服务职能，成为带领农户与大市场接轨的服务载体。二是要加大项目扶持力度。财政、发改、农业、水利、林业、畜牧、扶贫开发、国土资源、交通运输等部门的重点项目，要向农民合作社重点捆绑倾斜，探索项目资金落实的新途径，利用项目建设推动合作社发展壮大。三是要协调信贷支持。农村信用社、农行、农发行等金融机构要将农民合作社作为农业信贷的重点，解决其生产性、季节性和临时性的资金需要，对用于种植业、养殖业等生产领域的贷款利率可适当给予优惠；扩大担保抵物范围，使农民合作社可以通过土地、森林资源及自有资产抵押或成员联保等形式办理贷款；为合作社开辟专门绿色通道，简化信贷程序，提供优质的金融产品和服务。

（四）壮大农业龙头企业

农业龙头企业是推动特色农业产业和现代农业发展的重要力量。武陵山片区当前农业企业呈现迅速发展之势，但是总体发展规模和质量还不足，尤其是缺乏带动作用强的农业龙头企业。片区相关县市要立足现有农民专业合作社和农产品加工企业，推进产业结构、产品结构调整，进行改制激活一批，引进外资嫁接一批，打造品牌带动一批，壮大龙头企业聚集一批，积极培育成长性企业，大力发展中小企业，做大做强优势企业。

加大财政金融对农业龙头企业的支持力度。从中央到武陵山片区地方政府要加大对农业企业的财政扶持力度。各级财政要把扶持农业企业作为财政支持农业的重点项目之一。考虑为农业企业设立专项发展资金，并根据财政状况尽量增长预算，确保农业企业的创立和发展获得稳定的财政支持。农口部门要严格监督，把财政支持资金落实到为农业企业提供信息服务、品牌服务、营销服务、物流建设、技术引进、贷款贴息担保等实处，提高财政支持效果。

片区有关部门要加快农村金融的改革和发展，使农业企业等新型农业经营主体摆脱资金不足和风险较大的困境。充分发挥政策性、商业性、合作性和其他金融组织的互补作用，建立适合农业农村特点的金融体系。推进农村金融组织创新，培育小额贷款组织，要降低准入门槛和贷款条件，鼓励多种所有制金融机构发展，同时也要规范和引导民间借贷。各级金融机构可以根据农业企业的信用程度、资信状况、自有资金规模、偿债能力、上年度销售业绩、收购资金总额、第二还款来源以及申请人实际需求等因素确定农业企业的贷款额度。而政府对商业性金融机构的农业贷款业务，可以适当考虑减免其营业税。同时，要提倡供销社等部门及民间资本组建设立农业担保中介组织、融资性担保公司，提供贷款担保服务。再利用财政支持为担保公司注入启动资金，政府也可以为担保企业提供再担保。

实行涉农税收优惠。武陵山片区相关县市要坚决落实中央、省市明确规定的农业企业应当享受的生产、加工、流通、服务等税收优惠政策。同时，还要结合实际对农业企业特别是中小型农业企业给予税收优惠倾斜，减轻农业企业的税收负担。一是要对农业企业生产和初加工的农产品减少税基。二是要对农业企业为农户农业生产提供的农业机械服务、家禽畜牧的配种、病虫害防治农业保险等项目的收入，免征营业税。三是对政府财政提供给农业企业的扶持和奖励资金以及社会组织、个人捐赠给农业企业的资产，免征所得税。四是对农产品加工企业科技含量少的初加工农产品视同初级农产品，深加工农产品视同初加工农产品进行收税，减轻农业企业的增值税负担。

扩大农业保险，减少农业风险。片区相关县市农口部门要建立起对农产品加工企业等新型农业经营主体的政策性保险制度和再保险体系。首先要充分调动中央地方财政、保险公司等方面的力量，认真落实好中央关于政策性农业保险的扶持政策，同时，积极探索建立运用再保险方式分散和化解政策性保险风险的机制。

推动产学研一体化建设。农业企业的壮大和现代农业的发展离不开科技和人才的支撑。武陵山片区相关县市分布有吉首大学、湖北民族学院、三峡大学等本科院校，中高等职业技术学院遍及片区内所有地级市（州）。另外，鄂湘渝黔四省市还分布有华中农业大学、西南大学、湖南农业大学等农业院校。片区内相关县市要积极推动农口部门、农业企业与周边农业院校签订合作协议，发挥自身的农业资源优势和农业院校的科技人才优势，促进科教与农业产业发展紧密结合和产学研一体化建设，推动农业现代化。一是培训农业人才。合作院校采取培训班、参观学习等方式为全县市农业企业培训经营管理人员和农业技术骨干。二是建立实习基地。农口部门要积极推动农业企业与周边院校开展校企合作，选择条件成熟的农业龙头企业、农业科技园区作为农科学生的教育、实习和就业基地，农业企业负责安排岗位，提供相应条件；农业院校负责推荐、输送农业企业发展所需的专业学生。三是开展科技攻关。合作院校要鼓励和引导科研人员，并对农业企业的产品研发、加工包装、储藏保鲜等环节提供技术咨询和指导，研发新技术、创新新工艺、开发新产品、打造新品牌、开拓新市场。四是推广科技成果。合作院校在种植、生物技术、农产品加工等领域的科技研究成果和专利要优先转让给农业企业，推动科技成果尽早转化为产品。

落实用地用电政策。一是对于农业企业生产经营等非农建设用地，在符合土地总体规划的前提下，片区相关县市国土资源部门应当优先安排用地指标，及时为农企办理好用地手续；对于农业企业因开展农业生产、农产品加工、仓储、冷藏、运输等所需建设用地，可视为农业生产用地给予优先考虑和政策优惠。二是供电、供水部门要落实农业生产电价和水价，把农业企业生产经营用电、用水按农业用电、用水的价格进行收费；同时，要扩大农业用电、用水的分配范围，并提高供电、供水质量。

支持农企品牌建设。武陵山片区相关县市要大力支持农业企业加强品牌建设，做强做优。一是要引导农业企业通过品牌嫁接、资本运作、产业延伸等方式进行联合重组，着力培育一批产业关联度大、带动能力强的农业产业化龙头企业。二是要鼓励有条件的农业企业立足自身特色产品注册地理标志证明商标，积极申报国家、省级驰名商标及中国名牌农产品等，打造知名品牌，提高市场竞争力。三是鼓励农业企业努力取得绿色食品、有机食品、无公害食品及 QS 认证，提高产品质量。四是扶持骨干企业上市。

（五）推进发展农产品批发市场

农产品批发市场具有商品集散、价格生成、信息发布、标准化建设等功能，是集电子结算、加工、配送、仓储、低温保鲜、冷链物流、信息发布、检验检测、电子商务、网上交易、商品拍卖等服务于一体的新型农产品批发物流中心。① 近年来，武陵山片区各县市都在加强农产品批发市场建设，但规模性的新型农产品批发物流交易中心还较少。调研发现，片区相关县市以中小型批发市场为主，经营规模小，且存在经营方式单一、市场功能不全、市场位置布局散乱、市场管理水平低、市场调控能力弱等问题，导致农产品价格和市场供应不稳定。当前，武隆山片区相关县市要进一步加强农产品批发市场建设的力度，要采取扩大市场集散规模、建设仓储物流设施、完善调控保障机制等措施构建农产品市场体系，保障农产品质量安全可靠、产销衔接顺畅、市场波动可控，促进农民增收，推动现代农业发展。

扩大市场集散规模。一是合理规划布局不同类型和级别的农产品批发市场。武陵山片区相关县市要立足于区域人口聚集情况、城市建设规模、交通便利程度、农业发展状况、经济发展水平，合理规划布局大型集散型、辐射范围可达整个片区乃至更大的一级枢纽市场和区域性的二级市场以及供应半径较小的三级市场，加强农产品流通布局和生产布局的衔接，重点支持在产品主产区和关键物流结点建设大型农产品批发市场，使各级批发市场辐射范围囊括全区域，充分发挥批发市场的带动效应。二是要拓宽农产品批发市场经营主体发展空间。各级农产品批发市场建成后，要在城市街道、小区、社区等地区开设农产品销售超市或平价菜店作为批发市场的子销售点，同时，也要加强农产品网上批发市场的建设。三是建设综合性、专业性的批发市场，扩充农产品批发市场的经营品种，健全大宗农产品期货交易品种体系。

建设仓储物流设施。一是要加快大宗农产品现代化仓储物流设施建设，大力发展冷链物流。肉类、水产品、乳制品等易腐食品需要冷藏物流。而当前武陵山片区多数地区缺乏完整的食品冷链体系，由于硬件设施建设不足，鲜货农产品在运输过程中损耗高，食品安全存在巨大隐患。相关部门要大力支持农产品市场经营主体拓展冷链物流业务，对其购买小冷库、气调库、专用冷藏车、专用冷柜等先进冷藏设备给予财政补贴等优惠，推动建立设施先进、功能齐全、上下游衔接配套、运行管理规范、技术标准体系完善的农产品冷链物流服务体系。二是完善农产品物流服务体

---

① 参见《关于加强农产品批发市场建设的思考》，http://ntcoop.nantong.gov.cn/art/2014/3/20/art_ 46945_ 1628402.html2014-03-20/2014-10-08。

系，推进农产品现代流通综合示范区的创建。鼓励市场经营主体对一些销售量大、销售面广、销售时间长的大类农产品进行投资，兴建农产品加工配送中心，实行生产、加工、配送一条龙服务，让农产品消费者放心。同时，选择对规模较大、效益较好的批发市场创建农产品现代流通综合示范区，发挥其带动作用。

完善调控保障机制。一是相关部门要加快制定全县市、全片区农产品市场发展规划，建立部门协调机制，开展示范性农产品批发市场试点工作，着力加强以大型农产品批发市场为主体、覆盖全片区的产品流通网络建设。二是要加强农业贸易管理，维护农产品市场平稳有序运行。加快清除农产品市场贸易壁垒，严厉打击强买强卖、坑蒙拐骗、制假售假等违法经济行为，促进农产品市场公平交易。同时要健全完善农产品质量追溯体系，加强产品安全监管。三是要提高农产品市场流通效率。加强农产品批发市场信息化建设，发展农产品电子商务平台；加强农产品流通标准化建设，促进农产品顺利流通。四是要完善农产品批发市场经营方式。逐步用"对农产品进行初级加工，再根据用户需求实行物流配送的现代批发市场交易模式"取代"提供摊位收取租金、买卖双方直接交易"的传统批发市场交易模式，并要重视发展通过农产品批发市场的网上交易平台，普通消费者根据需求进行网上订购、大宗商品实行电子竞拍交易的未来的交易模式。

六 提高土地流转成效

我们要在 21 世纪中期基本实现现代化，而山区农业落后的现状未得到根本改善，土地分散经营，难以形成适度规模经营，严重影响了整个现代化的进程。因此，必须对现有的土地政策进行改革，创新农村土地的管理，加快土地流转成效。从历史规律和现实经验来看，提高土地流转成效是实现农业现代化发展的必然要求。土地流转到种植大户、家庭农场、企业手中，有利于形成农业规模经济，有利于土地连片集中生产管理，提高土地的利用效率。同时，农民也可以变成农业工人而提高效益，提高生活水平。对武陵山片区而言，加快土地流转对实现农业现代化的意义尤为重大。武陵山片区属于国家级集中连片特困地区，土地分散而浪费严重，现代农业发展效益低下。土地是农业发展的核心与根本，土地不能流动，坚持老样子，资源就不能合理配置，也就不会带来价值增值，农民的收入就很难增加。因此，面对当前的形势和任务，必须提高土地流转成效。

（一）完善土地流转政策

为什么明明国家在大力倡导土地流转，但是成效却不令人满意，农业现代化总是步履蹒跚？问题就在土地政策上。正如周其仁指出的那样，中国创造了很多土地制度，但来回变，又不能稳定持久。国家法律规定农民长期享有土地承包经营权，不得改变农村土地用途。因此，农业和农民就被死死地拴在当前的土地空间布局上了，没有了自主流动的权力。那么，要想提高土地流转的成效，就必须解决历史遗留问题，完善土地流转的政策，保障其有序进行。首先，要明确流转主体。因为，农村土地属于集体所用，属于公有财产，没有政策的允许，一切都是不受到保护的，甚至还会受到打压。土地流转一定是在市场中进行的，市场主体地位的确定就是最基本的前提条件。土地流转是农民与市场和国家的多重博弈。在政策设计上，一定要充分体现和保护流转参与者的主体地位，保护好各方的权力。尤其是政府不要成为直接的流转主体，既当裁判员，又当运动员。在这样的逻辑下，政策设计只会带来更多的麻烦，导致市场主体地位的减弱。其次，土地流转的内容必须有清晰的法律表达。我们强调依法治国是中国特色社会主义的基本方略，民主法治是社会发展进步的追求。社会主义市场经济是法制经济，只有法律允许才能进行交易。从制度变迁的角度来看，合法的市场能更好地稳定各方预期，减少交易行为的扭曲或歪曲。1978年以来，我国农村经济体制改革的重点是重建土地产权结构，建立了统分结合的双层经营体制，将土地的使用权和所有权分割开来。土地的所有权归集体，使用权则通过实行家庭承包经营得以体现。因此，农村土地流转不能直接交易土地，这也是土地集体所有的性质，是国家三令五申不允许改变的。其实，土地承包经营权是由承包和经营两项权力组成的，其中，承包权是经营权的基础。既然土地是农民从集体那里承包得来的，那么，如何经营土地应该由农民自己说了算。农村土地流转的主要内容就是经营权力的流转，就是要在法律保护的框架下将土地的经营权转交给第三方主体，由第三方重新组织经营土地，实现规模经营。然而，目前的现状是农民的承包权和经营权是捆绑在一起的，无法实现分离，无法从制度上体现农民流转的是土地的经营权，而不是土地的承包权。当下，对农民来说，土地流转是承包权和经营权的双重让渡，心里很不踏实，他们当然不会干。也就是说，政策设计必须保证产权清晰。土地确权是土地流转的前提条件，不然交易双方就不敢流转，市场也会走向混乱，土地纠纷也难以控制。要对农民承包的土地进行登记确权，从法律角度保护农民的权益。只有做好这项基础性的工作，农民土地的经营权才能放心地转让，土地流转市场才能很好地发挥配置资源的预期作用。

（二）强化土地流转监管

土地流转需要一个良好的市场环境，政府在这个过程中必须大有作为。政府需要为土地流转市场提供公平、公正的竞争环境。针对当前土地流转监管出现的各种问题，必须强化土地流转的监管，切实保障土地流转市场有序进行。具体来说，有以下几点需要引起我们的注意：一是要创新土地流转监管机制。农村土地属于集体所有，是国家权力在农村社会的表达和体现，政府理应是整个监管系统重要的一极。然而，政府在新的市场经济条件下，必须对"全能性"政府模式进行改革。在"全能性"政府的逻辑下，政府对土地流转的每一个具体流程、具体步骤都进行有效的监管，设立专门的土地流转监管部门和机构，分派大量的干部下村驻点，牢牢盯住流转主体。同时，为了防止相关部门和驻点干部与企业、开发商等"合谋"欺骗政府，损害农民利益，又会建立通过运用国家权力监督土地流转的监管人员队伍。任何组织的运作都是有成本的，一个庞大的国家权力的监管运作需要大量的人力、物力和财力的支持，组织运作的负荷成本相当高。然而，监管的效果并不明显。土地腐败在整个腐败现象中占有相当大的比重。政府无法单独完成土地流转的监管工作。政府的监管能力是有限的，往往"一管就死，一放就乱"。党的十八届三中全会通过的《中共中央关于全面深化改革若干重大问题的决定》提出了国家治理现代化的战略原则，其中有一个重要的治理原则就是要坚持系统治理，即加强党委领导，发挥政府主导作用，鼓励和支持社会各方面参与，实现政府治理和社会自我调节、居民自治良性互动。从治理现代化的角度来看，政府只能在土地流转监管中占主导地位，而不是大包干，承担所有监管任务，现实告诉我们这也是不可能的。治理现代化的一个重要特征就是要坚持治理主体多元化，充分发挥各个主体的促进作用。那么，创新土地流转监管机制就是要促进监督主体多元化，避免权力过于集中，要切实保障各监督主体权力的运用，形成党委领导、政府主导、农民自治、市场自调和广大社会力量广泛参与的格局，做好土地流转的监督工作。二是要切实协调好流转主体的合法权益。土地流转涉及个体农民、专业大户、家庭农场、企业和国家等多个主体的利益博弈。在目前的土地流转监管过程中，各流转主体的权益没有得到有效的协调，经常出现因保护农民而损害企业权益或者为保护企业而牺牲农民权益的现象。因此，各主体之间的纠纷和矛盾也就源源不断，严重影响了土地流转的成效。在土地流转的监管过程中，要平等地对待涉及的参与主体，不能有所偏废而破坏市场规则。三是要及时制止土地"被流转"。在前文中，我们也提到目前农村土地"被流转"的现象严重。其实，导致这种现象的发生就是因为有两种错误的逻辑在作祟。有人认为，农业要实现现代化必须发展规模经济，因而在不尊重客观经济规律和农民意愿的情况下，片面地追求规模效应。其实，农业现代化要求的是适度规模经营，而不是土地规模的简单、无休止的扩大。从经济学来看，规模经济的增长空间是有限的，随着企业生产规模扩大，边际效益会渐渐下降，甚至跌破零，成为负值，形成规模不经济（Diseconomics of scale）。也就是说，并不是土地流转的规模越大，农业的收益就越高，二者并不是完全的正比关系。但是，政府在大力倡导土地流转之时，却忘记了"适度"二字。地方政府经常会曲解中央政府的本意，为了"讨好"上级，"层层加码"的要求就会出现，下级政府通常会缩短工作时间、扩大工作规模，加大基层具体工作的任务。在土地流转纳入绩效考评之后，对于完成不了的任务，就只能采用强制措施逼迫农民进行土地流转，更有甚者直接改动数据来完成土地流转统计。因此，在土地流转的监管过程中一定要及时制止这种"被流转"的现象，杜绝这种形式主义，不要揠苗助长，搞虚假繁荣。

（三）推进小城镇化建设

社会主义现代化建设是一项系统工程，是全面的现代化。我们强调要实现农业现代化只是其中的一个重要组成部分，不能单就农业来谈农业现代化，而贬低其他方面的现代化或者忽视各个系统之间的促进作用。党的十八大报告提出了"四化同步"的发展战略，要"坚持走中国特色新型工业化、信息化、城镇化、农业现代化道路，推动信息化和工业化深度融合、工业化和城镇化良性互动、城镇化和农业现代化相互协调，促进工业化、信息化、城镇化、农业现代化的同步发展。"① 也就是说农业现代化并不能孤军深入，要与信息化、工业化和城镇化协调发展，互相促进。为什么城镇化建设可以促进农业现代化？从土地资源的空间利用来看，农村多为平房，是平面延伸的，每家每户都有接近200平方米的宅基地，加上"院坝"就更大了，占有了大量的土地。而城镇化却能够提高人口密度，"人造"出更多的土地。也就是说之前分散的农户向城镇聚集，农民宅基地向上发展，提高了土地的利用效率。初步计算，如果全部实现农民向城镇集中能新创造500多万平方米的"新土地"。国家三令五申要严守18亿亩耕地红线，这是维持整个国家运转最基本的要求，也是高压线，碰不得。事实上，耕地面积并没有减少，反而产生了这么多"新土地"，这就能产生巨大的价值增值空间。如果将原有的耕地和新产生的土地合在一起进行新的规划，空间合理布局，就能实现土地资源的优化配置。原先的耕地总面积不变，可以优先选择土地平、肥力强，便于实现机械化的现代农业土地。剩余土地可以进行其他方面的投资，修度假村、建别墅、发展乡村旅游等，只要地段好就有投资商，刚好可以利用投资商的钱来支付土地流转的资金。同时，城镇化建设可以促进农村的剩余劳动力转移，扩大农民的见识，鼓励农民进行自主创业。这也是十八大报告优化国土空间布局的有效探索。在这方面，成都、重庆已经探索出了一种比较成功的模式，值得我们学习。周其仁高度评价了这一改革实践，称"地票"是一个了不起的创造，即以耕地保护和实现农民土地财产价值为目标，建立市场化复垦激励机制，引导农民自愿将闲置、废弃的农村建设用地复垦为耕地，形成的指标在保障农村自身发展后，节余部分以"地票"方式在市场公开交易，可在全市城乡规划建设范围内使用。具体实施包括复垦、交易、落地和分配四个环节。② 诚然，农民向城镇集中，为土地规模经营创造了条件，为城镇聚集了人气、创造了商机，农民也可以向二、三产业转移，实现就业多元化发展。但是，对于武陵山片区来说，只能是倡导建立小城镇，不能走"大城市道路"，要使农民能在家门口就业。这是因为，武陵

---

① 《坚定不移沿着中国特色社会主义道路前进——为全面建成小康社会而奋斗》，http：//www.xj.xinhuanet.com/2012 - 11/19/c_ 113722546_ 4.html 2012 - 11 - 19/2014 - 10 - 08。

② 参见周其仁《"地票"是一个了不起的创造》，http：//www.mbachina.com/html/jsgd/201408/79929.html2014 - 08 - 11/2014 - 10 - 08。

山片区地理环境特殊，山大人稀，贫困人口多，移民搬迁的成本太大，国家和投资商都无力承担。另外，还有一个重要的原因就是目前的"大城市化"的弊病不断凸显。"大城市道路"更多地考虑到的是推动GDP的增长，而忽视了人的存在。我们是有这样的教训的："人被看成只是'劳动力'，是一种可以在市场中交换的'生产要素'，因此人的价值就可能被严重贬低，人的需要在决策中就被边缘化了"，并且"城市生活成本越来越高，城市中的工作生活越来越紧张，生活质量大打折扣"[1]。而费孝通教授的"小城镇理论"恰恰是"以人为本"的，即城市化发展道路的选择应该考虑到如何更好地满足人的需要。一方面是如何能够更快、更好地使人们富裕起来，另一方面是如何建造更加适合人们居住的自然环境、人文环境和社会环境。当然，在推进小城镇化建设的过程中还要特别注意农民的再就业安置、田园风光保护等方面的问题。

七 拓展农业融资渠道

中国目前还处于经济转型阶段，是一个典型的"二元经济"小农大国，因此，农业现代化转型对于提升整个国民经济的发展水平意义重大。发展现代农业就是要增强农业的市场性特征，促进农业向现代市场经济转型。然而，现代市场经济是以金融为核心的经济，没有现代金融机构所提供的金融服务以及支付清算的支持，社会资源难以实现合理配置，生产、流通、消费和分配难以实现良性循环，社会和经济发展目标也就难以实现。因此，农业现代化离不开现代金融的有效支持。现代金融一方面能够减少农业经营者的借贷成本，为其提供必要的资金支持；另一方面能够为其分散存在于生产和经营过程中的自然风险和市场风险，以增进其农村经济活动的可预见性，从而促进农业生产和农村经济发展。因此，农村金融的健康成长对于实现农业现代化，改变中国农村经济的落后局面具有重要的战略意义。但是，农村金融市场并非是一个完全的竞争性市场。在武陵山片区，农村金融市场显得更为薄弱、复杂。对农业经营主体来说，银行金融

---

[1] 关信平：《回到费孝通："小城镇理论"VS"被城市化"》，http://www.sociologyol.org/yanjiubankuai/tuijianyuedu/tuijianyueduliebiao/2014-01-22/17522.html2014-01-22/2014-10-08。

机构贷款难、社会融资难、专项资金不足等现实困境阻碍了农业现代化的发展进程，面对这些困难，我们应该迎难而上，从以下几个方面做出努力。

（一）降低农业项目贷款门槛

银行金融机构进行市场化改革之后，取得巨大成效，加快了市场上的货币流动速度，增加了货币资金供给，缓解了企业发展的融资问题。既然银行贷款是一种市场行为，就必然存在市场风险，而且这种风险是难以进行准确评估的。为了尽可能地规避风险，银行就会对贷款者的资格进行严格的审查，设置各种控制风险的门槛，从而形成信贷约束。农业发展企业化还处在起步阶段，信贷约束会大大压缩农业企业的发展空间，打消农业企业家的创业热情。在调查中，我们也发现了两个有意思的现象：一是一些把农业企业发展得规模大、效益好的企业家都有其他支柱产业。我们发现，很多投资农业的企业家都不是纯粹的创业者，在投资之前他们已经在产业上取得了巨大成就，并足以支付发展农业现代化企业的资金。例如，恩施炜丰富硒茶叶有限公司就是一个典型的例子。炜丰茶叶在创业初期就自己发展茶叶基地，无偿给农民提供茶苗和施肥、管理技术等，并提前支付租种农民土地的费用，得到了农民的大力支持。能进行这么大的资金投入是因为炜丰茶叶的董事长之前是从事矿产开发的，已经有雄厚的资本积累了。但是，对于普通的农业企业创业者来说，这是不可能的。二是农业创业者大多难以长久坚持。现代农业发展不是小农经营，也不是传统生产模式的复制，而是与机器、技术和规模有着密切联系。大多数"草根"创业者会因为缺乏资金支持而不得不中途放弃。在调查中我们发现，有不少在外务工"致富"的农民返乡创业，但最终还是因为资金不够或经营不善而大举外债，又不得不走外出务工的老路子。"外出务工—返乡创业—再外出务工—再返乡创业"是许多"新农民"现实的生存模式。总之，资金问题一直都是困扰现代农业发展的重要因素。

银行金融机构作为重要的融资平台，不应完全以银行利润的最大化为最终目标，应该承担更大的社会责任。具体来说，针对武陵山片区农业发展融资困难的现实，银行应适当降低贷款门槛，使每个农业经营主体都有向银行申请贷款的机会。我们强调降低银行贷款门槛，不是说要采用行政命令式的方法解决，而是要在贷款资格、贷款程序和贷款监管等方面进行改革创新，这也是银行现代化发展的需要。一是要逐步取消差别对待原则。涉农贷款的银行大多会对其客户进行各种类别的划分，既可以更好地推销其农业金融产品，吸纳存款，也可以规避农业投资风险，实现银行盈利。在实际的运行过程中，各农业经营主体所受到的待遇是不一样的，差别对待明显。农业贷款"排外"倾向严重。因为，对于土生土长的村庄农民来说，他们有其固定的房屋，所谓"跑得了和尚，跑不了庙"，银行金融机构相对来说比较放心。而对外来农业商人，银行为了节约贷款的管理成本，就会小心提防，需要提供暂住证明、资产评估、信用担保等各种证明，贷款手续相当麻烦。因此，银行金融机构应该平等对待本地和外地的农业经营主体，给予相同的贷款机会。二是减少不合理的贷款审批程序。贷款程序复杂也是农业经营主体头疼的事。银行为了规范经营，设计了一套"科学的""规范的"贷款流程，然而这却大大提高贷款的效率，贷款战线通常拉得太长，正常情况也得一个多月才能拿到贷款资金。三是创新信贷担保体系构建。信用是现代银行金融机构产生的基石，正是出于对信用的信赖才有银行金融业的发展。但是，近些年来银行的不良贷款有上升趋势，造成了银行的巨大损失，因此银行纷纷提高贷款门槛。我们都知道，银行贷款利率、审批条件、审批程序都归银行总部管理，地方分行只有执行标准的权力。这样一来，武陵山片区的涉农贷款就没有任何优势可言，反而受到了整个大环境的挤压。目前，根据《中华人民共和国担保法》的规定，农村信贷担保主要有保证、抵押和质押三种方式。因此，必须创新整个信贷担保体系，建立健全信贷市场，保证现代农业发展的资金支持。

（二）加大农业专项资金支持

在创业初期，农业经营主体应该得到政府资金的扶持，而不能完全以市场思维解决所有问题。林毅夫在《新结构经济学》序言中强调，中国的改革成功并不是在主流经济理论的指导下进行的，政府在整个经济改革中的作用是不可诋毁的，如果没有政府，市场会更糟糕。中国的农业现代化发展必须得到政府政策、资金等方面的支持。因此，面对武陵山片区农业发展融资困难的现实情况，即使目前专项资金的申报、使用和管理上都存在不少问题，农业发展的专项资金还是应该加大投入。事实也表明，在政府专项资金的扶持下，整个武陵山片区的农业发展取得了不少进步，诸多农产品的市场化水平进一步提高。具体来说，一是要加大涉农扶持资金。在现实生活中，数字往往带有欺骗性，遇见特殊情况就很容易损害社会公平。人们常常用平均数来衡量居民的收入水平，但遇到极大值和极小值就会产生数字欺骗，那些低收入者的收入就"被提高了"，这难道是真正的公平吗？从国内生产总值来看，武陵山片区的各个县市无疑是整个国家的极小值，几乎都要低于国家平均水平。而问题的关键就是，政府进行预算时是按照地方经济的贡献来进行计算的，就像是要一个先天畸形的人与专业运动员同台竞技一样，有失底线公平的原则。在国家全面建成小康社会的关键时期，对于像武陵山片区这样的贫困地区来说，需要用扩大"不公平"的专项投资来实现整个社会、整个国家的协调发展。二是要落实生态补偿资金。随着人们对现代化的反思，生态环境越来越受到人们的重视。建设生态文明是关系人民福祉、关乎民族未来的长远大计。武陵山地区属于国家限制开发区，为整个生态环境保护做出了不可忽视的贡献。以恩施州为例，恩施素有"鄂西林海"之称，森林覆盖率高达70%，是祖国的三大后花园之一。在京津冀等大城市饱受雾霾侵犯之时，网民盘点中国7座最适合洗肺的城市，恩施以空气质量指数47名列第二。武陵山片区独特的良好的生态保护成果应该得到补偿，成为整个地区经济社会发展的资金库。因此，国家应该借鉴碳汇林交易模式，尽快落实好武陵山片区生态补偿资金，为整个片区的发展注入更加新鲜的发展资金。三是科学管理专项资金。前文提到目前财政预算外的资金都实行项目化管理，必须坚持"一事一议""专款专用"原则，这种制度设计是存在很多漏洞的，必须及时进行修补。首先，要取消地方政府的配套资金。配套资金是个县级政府"幸福的烦恼"，无形之中造成地方财政吃紧。其次，要减少资金浪费。中央为了保证涉农补助资金的有效使用，不少补贴是由中央财政直接发放的，与地方政府没有任何关系。以粮食直补为例，中央为鼓励农民种粮，中央财政直接与个体农民对接，补助资金直接打进农民的账户。由于地方政府的缺失，监管就存在漏洞，农村80%的农民拿着粮食直补却没有进行粮食生产，要么外出务工将土地荒芜，要么种植其他经济作物。从资金安排原本的用途来说，这是一种浪费。因此，对粮食直补这样的资金支持应该进行有效的监管。同时，要实行总量控制。地方政府每年可以获得不少项目资金，但是因为时间差距等原因很多项目资金无法按照规定使用，降低了资源配置效率，造成了资金闲置。因此，中央应坚持总量控制的原则，在杜绝腐败和资金浪费的前提下赋予地方政府整合项目资金的权限，以提高项目资金的使用效率。

（三）健全社会融资保障机制

社会融资相对于银行贷款和政府专项资金而言，对分散农户和中小企业提供的融资服务具有以下几点优势。一是借贷关系镶嵌于熟人社会，借贷双方相互信任，相互了解，信息较为对称。民间借贷多发生在熟人之间，在借贷关系发生之前，彼此之间的品德、为人都十分清楚。二是借贷程序比较简便。民间借贷一般不需要抵押、担保和质押等。即使需要，也是目前银行无法接受的、非标准化的抵押和质押品，如土地使用权抵押、农户房屋抵押、田间未收割的青苗抵押、未采摘的林果抵押、活畜抵押、首饰家电等质押等。三是节省了交易成本。因为它不用像银行那样要对借款人的财务状况、抵押担保能力等进行严格审核，节省了大量的交易费用。因为，即便是在发达国家中，通过商业信用金融的成本也很高。即使目前民间融资还有不少问题，但是发挥社会力量进行融资是未来金融发展的重要趋势。因此，要解决武陵山片区农业发展的资金问题，必须在社会融资方面下功夫。具体来说，一是要健全保障体系。整个民间融资的发展尚不成熟，缺乏有效的法律保护，加之很多地方恶霸势力扰乱了正常的融资市场，故意提高借贷利率，牟取暴利。对于这种道德和法律都无法忍受的行为，必须做好司法解释，切实保护借贷双方的合法权益。二是要打破时空约束。民间金融只发生在熟人社会之中，借贷双方被限定在特殊的物理范围和心理范围内，并且直接完成借贷行为，一般不需要经过第三方，这看似节约了交易费用，其实却增加了融资方的交易费用（因为每次都必须有直接接触，时间、精力等成本被忽略了），这大大压缩了民间金融作用的发挥范围。网络社会的兴起重构了乡村社会的时空结构。因此，武陵山片区的农业融资必须通过互联网平台突破时空束缚，引入第三方来节省交易成本。在这一点上，我们可以从 P2P（Peer-to-peer 或者 Person-to-person）小额信贷模式得到启示。P2P 的出现可以说是互联网技术发展到一定阶段后和金融行业相结合的结果。目前，国际上比较成熟的有 Zopa、Prosper、Lending Club 和 Kiva 四种模式。国内有拍拍货、人人贷、安心贷和宜信四种模式。[①] 同时，阿里巴巴成功在美国上市应当给我们足够的信

---

① 参见杨中民《P2P 借贷行业调研报告》，西南财经大学，2013 年。

心。三是要维护信用价值。讲信用是民间借贷发生的重要条件，是一个非常特殊的抵押品。信用既是耐用品，也是易损品。如果某人具有良好的信用，日积月累，其信用的抵押价值会越来越高，就越容易募集资金。反之，某人有过几次失信行为，其信用的抵押价值就会大打折扣，甚至失去抵押价值。因此，要切实维护好乡村团结，保护信用价值，加大对失信行为的制度处罚和非制度处罚。四是要创新社会治理。民间金融的有序发展需要有一个良好的社会环境。因此，必须树立系统治理、依法治理、综合治理、源头治理理念，为民间融资的健康发展提供公平、自由、平等、公正、法治的社会环境。

八 片区协作规划发展

系统论强调，要实现整体功能的最大化，就要求系统各部分实现科学合理的组合，以达到 1＋1＞2 的结果。武陵山片区农业现代化的实现，从行政区划上看，是四省（市）71县（市、区）农业现代化的实现，也就是说只有这71个县（市、区）都实现了农业现代化才能说武陵山片区实现了农业现代化。要实现这么多县（市、区）农业现代化，就必须克服各自为政、独自发展的问题。必须建立片区交流协作的相关机制，加强四省（市）政府相互交流与合作，相互联合，科学规划统筹发展，建立完善统一的市场体系，克服相互设置市场壁垒的问题，克服彼此间跟风发展的问题，促进武陵山片区农业现代化的快速发展。"充分利用好国家政策和资源禀赋做好武陵山片区区域发展，必须有赖于四省市政府的通力协作，尤其是要做好发展的顶层设计和整体布局，解决好观念创新、组织机构、地方立法、协作目标、市场一体化、协作机制、协作路径等具体问题，为发展扫清法规、体制、市场、空间安排等方面的障碍。"[①]

（一）促进区域交流协作

武陵山片区三省一市、71县，实现彼此之间的信息互通、信息协调、信息共享不是一件容易的事情。要实现三省一市彼此间的信息互通，就要

[①] 王志章：《武陵山片区区域发展的协作路径研究》，《吉首大学学报》2012年第4期，第134—140页。

克服传统封闭思想、小农思想，打破行政区划的观念，推进武陵山片区区域重组、区域融合发展。促进区域交流协作，要建立区域交流协作机制，以机制配合区域内的信息互惠；要定期召开区域间的农业专题会议，讨论区域农业发展现状、提出区域农业发展措施；同时运用好区域信息共享网络，以最快、最便捷的方式让各地了解区域内农业所发生的最新消息，也可使彼此间相互学习借鉴；三者同时入手、相互配合，最终发挥交流协作的最大效益，推进武陵山片区农业信息的共享，为武陵山片区农业的信息化、现代化做出自己最大的贡献。

建立交流互动机制，对于实现区域间的交流协作、了解彼此农业发展信息，共商合作事宜等有不可替代的作用。我们要以建立起互访机制，开展情况通报会、项目协调会等方式，实现交流信息、探讨问题、共商合作事宜等。第一，建立互访机制。互访能够实现两地或多地区之间的信息交流，加深彼此之间的感情，能够亲身了解不同地区农业发展中的经验教训，通过彼此间的互访，探讨彼此发展存在的问题，找出适合自己发展的农业道路。第二，定期开展情况通报会，汇报各地农业发展情况。可以半年或一年为一个周期，定期开展农业发展情况报告会，在报告会中，要求各地参会人员对所在地区这一周期内农业发展的情况做一总结，找出自己的优势与不足，同时要求自己对下一次报告周期段内做出相关规划，实现本地区农业健康发展，最终使农业现代化顺利实现。第三，共商合作事宜，开展彼此间的合作。武陵山片区农业现代化的实现，很多项目需要各地区政府之间展开合作，共同开发。"打破行政区划的局限，建立区域协调互动机制，积极推进区域资源的优化整合，培育区域特色产业簇群，鼓励和支持区域经济、技术和人才合作。"[①]

武陵山片区农业现代化的实现，需要武陵山片区农业的协作发展，需要组建农业高层会议，研究区域协作主题。开展农业高层会议，就影响区域农业合作发展的重大问题进行协商研究。农业高层会议，制定的区域协作主题，对下一段时间农业的发展起引导作用，直接影响着区域内下一段时间工作的开展。组建农业高层会议，并定期（一般一年较为合适）展开农业高层会晤，针对该地区农业发展的现状和问题，确定该年农业发展

---

① 石雄：《区域经济合作是武陵地区发展的战略选择》，《中共铜仁地委党校学报》2007年第4期，第33—37页。

主题，对该区域内农业发展的工作做宏观部署，引导各地农业的顺利发展，为武陵山片区农业现代化的实现做出应有的贡献。

武陵网是全国首个县市联盟建起来的跨省协作网络，是武陵山片区的区域性网络，它及时更新区域内各县市工作的最新动态，更新各县市农业发展的情况，对武陵山片区的发展起重大的作用。通过武陵网，了解各地农业发展信息，实现区域内信息及时共享，分析各地农业发展存在的问题，再对比研究本地区农业发展的优势与不足，从而从各地借鉴经验教训，扬长避短，促进本地区农业的良好发展。通过武陵网，了解各地区农业发展的政策，了解各地农业发展的重心，这样可以避免各地区盲目发展、各自为政的问题。通过武陵网络，可以开阔人们视野，可以了解各县市不同的风俗文化，可以了解不同县市发展的差异，增加各地区之间的了解，可以增进各地区之间的感情，打破区域内人们封闭保守的传统思想，实现区域融合发展。

（二）科学规划统筹发展

武陵山片区要实现农业现代化，就必须对区域内农业的发展实行科学的规划，制定片区内统一的农业发展政策。发挥农业政策的指导作用，就必须打破行政区划思想的限制，成立武陵山片区农业指导小组，在农业指导小组的统一指导下，各县市充分发挥本地区的资源优势，推动农业的快速发展；就必须充分分析区域内综合资源优势，制定统一的协作纲领，以纲领带动地方发展；就必须打破市场壁垒，建立完善的多边合作市场体系，加速区域内一体化进程。正如唐琼谈道，"武陵山片区的融合发展，首先应加强顶层设计，成立的武陵山领导小组根据各地编制呈报的规划，进行调研考证，统一制定财税政策、招商政策、土地政策，实现政出一门，逐步改变武陵山片区经济发展一团乱麻、一盘散沙局面"[①]。

分析片区实际，制定片区农业发展政策。在制定政策时要一切从实际出发，根据武陵山片区的实际，即区域内自然资源丰富，生物多样性突出，生态环境良好，农业发展有较好的优势，民俗文化、乡土风情等社会资源独特；同时武陵山片区交通、水利建设、电力等基础设施建设薄弱，

---

① 唐琼：《推进武陵山片区融合发展的政策建议》，《湖湘论坛》2014年第1期，第82—86页。

经济发展相对滞后，人们思想观念较为保守。要充分分析武陵山片区自然环境和社会历史环境，制定符合片区实际情况的、统一的、有效的农业发展政策。以政策优势带动区域内农业的快速发展、良性发展，推动农业现代化建设。

建立跨省协调机制，成立农业指导小组。政策的制定是基础，政策的落实是关键，落实不到位，再好的政策都是一纸空文。实现武陵山片区的农业现代化，要求建立跨省协调机制，成立农业指导小组，落实区域协作的政策与措施。唐琼谈道，"武陵山地区横跨三省一市，必须强调各省市、各市县之间的协调合作，处理不好，就会出现各自为政，地方保护主义盛行，但如果利用得当，这反而是一大优势，可以形成'东承长沙、西融成渝、南连贵昆、北接武汉'的区域合作格局"①。同时，在实地调研时，某县农业局局长谈道，"武陵山片区农业要实现现代化，就必须要建立跨省协调机制，成立统一的指导小组，否则各地区就会自己发展自己的，就会相互恶性竞争，影响农业发展"。成立农业指导小组，意义重大，农业小组落实片区农业发展政策，让政策真正落到实处，发挥出政策的优势；同时，农业指导小组，可以为片区内农业的发展提供咨询建议，提供技术指导，让片区内农业生产技术发展起来，让片区内农业现代化的发展更加顺利。

分析区域综合优势，制定统一协作纲领。武陵山片区农业发展具有巨大的资源优势。一是有独特的"文化沉积带"。自然条件上山同脉、水同源、民同俗、经济同质、文化同根，是一个具有较强同一性的相对完整的自然区和经济区，有良好的统筹发展基础。二是具有独特的区域资源禀赋。武陵山区资源禀赋甚高，在水资源、矿产资源、旅游资源和生物资源等几大主要资源中，有很高的富集程度和优势度。充分分析武陵山片区的资源优势，制定片区内统一的协作纲领，带动农业发展。有国家政策的指导和支持，有武陵山片区广大人民的积极工作，武陵山片区农业现代化必将顺利实现。

加速片区区域一体化进程，完善多边合作市场体系。"区域重组的核心是市场共建，产业互补。即资源互补、客源互流、信息互通、利益

---

① 唐琼：《推进武陵山片区融合发展的政策建议》，《湖湘论坛》2014年第1期，第82—86页。

共享、联手合作、共谋发展。由合作各方共同出面，联手对跨区域的各种资源进行整体规划。对区域内的产业要素进行重新审视与优化组合，消除产品空间组合的替代性竞争现象，形成互补性分工体系和差别化战略。对外整体作战，对内利益分享。"[①] 武陵山片区，一共71个县市，各县市之间往往为了本县市的发展，制定地方保护主义政策，因此打破地区封锁和行业垄断，规范区域市场管理，建立开放有序的市场体系尤为必要。一是区域内要建立统一的市场法规。现代市场是一个有法可依的市场，建立统一的市场法规，能让广大市场主体依法进行各种市场活动，保护好市场主体的权益；能打击市场各种违法行为，保护市场合法活动的顺利开展。二是区域内要加强农业企业信用建设，同时加强对商业信用、银行信用、消费信用、个人信用等现代市场经济信用体系建设。现代市场是一个信用市场，各个主体的信用在市场的活动中发挥着重要的作用，建立信用市场，必将推动农产品市场的健康发展。三是拓展农产品特色市场。武陵山片区农业的现代化建设，必须要有本区域内的特色，打造属于区域内的农产品特色品牌，如湖北恩施富硒茶叶、思源食品等。

九　完善支农惠农政策

农业现代化的实现与党和政府对农业的支持密不可分，可以说，正是因为有党和政府制定的一系列支农惠农政策，农业基础设施才得以建立，农业科技才得以发展，农业人才才能得以培养，农业机械化、信息化、现代化的进程才得以加快，农产品产量才会更高、质量才更优。不管是发达国家，还是发展中国家，农业现代化进程靠的就是国家的推动，农民没有能力去搞农业相关的科研，没有能力去搞农业的基础设施建设，只能适当地提升自己的农业技术和种地能力，只能在国家政策之下，好好地完成自己家庭的农业生产。武陵山片区，由于受自然条件和社会条件的影响，农业直补政策偏离预期效益，支农惠农政策缺乏针对性，生态补偿机制尚未建立，各项政策落实不够，要实现片区农业现代化，应该结合当地实际，

[①] 黄廷安：《区域重组：武陵山区经济发展的路径选择》，《贵阳市委党校学报》2007年第4期，第44—46页。

改革农业直补政策，增强支农惠农政策的针对性，建立生态补偿机制，同时严格落实各项支农惠农政策，加快武陵山片区农业现代化的建设。

（一）改革农业直补政策

随着经济的高速发展和《武陵山区域发展与扶贫攻坚规划》的不断深入，武陵山片区居民的生活条件和农业发展水平得到显著提高，但与东部发达地区相比仍存在较大差距。农业直补政策未发挥出其应有的效益，造成了农民不良心理，增加了土地流转成本，农业直补政策偏离预期效益是造成片区农业现代化发展滞后的重要原因。改革农业直补方式，在有条件的地方开展按实际粮食播种面积或产量对生产者补贴试点，提高补贴精准性、指向性，增加农业直补的资金，提高农业直补的标准。充分发挥农业直补政策的效益，加快区域内农业现代化的进程，不断提高片区内人们的生活水平，加快区域内和谐社会的建设。

改革农业直补方式。农业直补政策主要包括粮食直补政策和农资综合直补政策，进行粮食直补政策和农资综合直补政策的主要依据是粮食种植面积，按照粮食种植面积进行补贴存在着一些问题：第一，"按照种植面积补贴，使得低产田与常产田、高产田得到同样的补贴，不能体现粮食质量、粮食产量和管理水平的高低，不利于科学利用耕地，也不利于推广新产品、新技术和先进经验"[①]。第二，良种补贴以现金的方式补贴，只与面积挂钩，不与优质良种挂钩，导致农民购种的随意性，新优品种推广较慢，真正优质的品种反而无法得到推广。改革直补方式要做到：第一，改革农业直补的参考依据，以种植的实际面积进行补贴，而不是以种植的虚拟面积进行补贴。第三，对种粮人进行补贴，而不是对拥有该土地的使用权的人进行补贴，这可促进土地的流转顺利进行，加快农业规模化的进行。第四，加大对新型农业经营主体和农业种植能手补贴力度，提高他们种粮积极性，带动附近农民的农业发展。第五，武陵山片区各个地区还可以根据本地的实际直补到乡镇，由乡镇统筹，实现农业直补资金效益的最大化，推动农业的快速发展。

提高农业补贴标准。农业直补政策提高了农民的收入，在一定程度

---

① 王丽：《浅议我国农业直补政策的完善》，《农业与技术》2014年第3期，第202—203页。

上改善了农民的生活水平，大大调动了农民的生产积极性，推动了农业现代化的进程。武陵山片区农业直补实行的是全国统一标准，根据国家统计局数据，2010年四项农业生产补贴收入（包括粮食直补、农资综合补贴、良种补贴、农机具购置补贴）人均118元，增加8元，增长6.9%，2013年数据暂不详，但必然是增长态势。武陵山片区由于地理环境较为复杂，经济发展相对滞后，农业的直补政策推动了区域内农业的发展，但仍与东部发达地区有较大差距，提高农业补贴标准势必会进一步促进农业的发展，缩小与东部发达地区农业发展的差距。国家应根据武陵山片区实际，加大对区域内农业直补政策的投入，进一步提高农民的人均收入，进一步促进农业的发展及其区域内人们收入的增加，缩小与东部地区发展的差异，实现区域的稳定，促进社会主义和谐社会的建设。

（二）增强惠农政策的针对性

党和政府制定支农惠农政策，其目的是推动农业的发展，保障国家粮食及其他农产品的供给，维护国家安全；同时，提高农民收入水平，改善农民居住条件，建设社会主义新农村，维护国家团结稳定。由于各地区自然环境和社会环境不同，支农惠农政策在各地区发挥的作用不一样，武陵山片区由于地形复杂，社会经济发展滞后，部分支农惠农政策在区域内很难发挥出它应有的效益，尤其在农业项目上存在申请难度大、实施难度大，支持力度不足等问题。推动农业发展及其现代化进程，国家需要根据武陵山片区的实际，对武陵山片区农业发展给予政策倾斜。

降低项目申请条件。农业项目申请采取的是国家统一的政策，而武陵山片区自然环境和社会环境比较特殊，经济发展、农业发展相对滞后，实行全国统一的申请条件、申请方式、申请标准等，导致区域内农业项目很难争取。鉴于武陵山片区经济发展水平，应通过实地调研，结合当地实际，降低国家项目申请标准，制定一个符合武陵山片区农业项目的申请标准，以推动区域内农业项目的申请，带动农业的发展。

加大项目支持力度。"经济发达国家的农业，之所以具有很强的国际竞争力，就在于依靠政府雄厚的财力，把大量的资金注入农业部门。而发展中国家的农业之所以缺乏国际竞争力，是因为政府的财力甚为有限，对农业的支持力度很小。"① 加大对农业的支持力度是促进农业发展、提高农业竞争力的关键。加大对片区农业项目的支持力度，必将促进区域内农业项目的发展，进而带动区域内农业现代化的建设。武陵山片区农业项目的支持力度不够，资金不够，项目数量缺少，因此加大对武陵山片区农业项目的支持力度应该增加农业项目的数量，增加单个项目的资金。武陵山片区各县市自身财力普遍较弱，在农业项目资金配套上很难落实，要增加对项目的支持力度，主要是靠国家财政及四省（市）政府的支持。只有各级政府的同心协力，农业项目才能得以发展，农业现代化建设才能得以推进。经济发达国家的农业，之所以具有很强的国际竞争力，就在于依靠政府雄厚的财力，把大量的资金注入农业部门。

（三）建立健全生态补偿机制

生态补偿就是对生态环境功能或生态环境价值的补偿，包括对为保护和恢复生态环境及其功能而付出代价、做出牺牲的区域、单位和个人进行经济补偿，对因开发利用自然资源而损害环境功能或导致生态环境价值丧失的单位和个人收取经济补偿等，建立健全生态补偿机制，是中央和地方各级政府以及广大人民群众共同关心的热点，也是社会发展的必然要求。武陵山片区由于特殊的自然环境，生态环境建设良好，一直为附近地区做着贡献，也因此在农业等发展问题上相对滞后，需要用生态补偿机制来推动武陵山片区农业及其他产业的发展，促进区域繁荣。建立生态补偿机制要从建立多元化的生态补偿途径、加大上级财政转移支付力度、不断完善生态补偿的保障措施、建立生态绩效评估体系等几个方面入手，建立生态补偿机制，实现武陵山片区生态环境的良好发展，区域内产业结构调整升级，农业的不断进步。

建立多元化的生态补偿途径。生态补偿偏向以财政转移支付为主的纵向补偿，这是武陵山片区生态补偿方式单一的表现。目前，武陵山片区生态补偿的财政转移支付是纵向转移支付占绝对主导地位，即以中央对地方的转移支付为主。巨额财政转移支付资金为生态补偿提供了良好的基础，对生态保护地区因保护生态环境而影响经济发展的机会成本，或承受历史

---

① 许经勇：《加大政府对农业的财政支持力度》，《当代经济研究》2001年第9期，第57—59页。

遗留生态环境问题给予了一定的补偿。同时，我国生态服务的提供者大多集中在西部，而生态服务的受益者大多集中在东中部，生态服务提供者和受益者在地理范围上的对应，导致西部生态服务提供者无法得到合理补偿，形成少数人负担，多数人受益；上游地区负担，下游地区受益；贫困地区负担，富裕地区受益的不合理局面。区域之间、流域上下游之间、不同社会群体之间的横向转移支付微乎其微。[1] 建立纵向与横向结合的生态补偿途径，实现流域内受益者承担生态补偿部分费用，用于补贴武陵山片区经济发展，改变区域内经济发展状况，缩小与东部地区发展差异。

加大上级财政转移支付力度。现行的财政转移支付制度只是按经济发展程度来确定，虽然在一定程度上体现了对经济欠发达地区的扶持倾斜，但未能充分反映生态补偿的要求。武陵山片区是长江中上游重要的生态屏障，生态保护与建设的任务重、难度大、问题多，需要长期治理和投入。武陵山片区森林覆盖率高，对长江生态保护发挥着重要的作用。建议国家根据森林在涵养水源、保育土壤、吸收废气释放氧气、净化大气环境、生物多样性保护等方面提供的生态服务功能，完善生态补偿政策，加大对武陵山片区特别是禁止开发区和限制开发区的财政转移支付力度，并随经济社会发展动态调增。同时，将林区道路、护林设施等基础设施建设，纳入中央财政补助范围；出台产业开发相关政策，落实绿色产业专项资金，帮助林区县尽快形成有规模的绿色支柱产业，打造新的经济增长点。[2]

不断完善生态补偿的保障措施。生态补偿机制的顺利进行，必然要依靠相关的保障措施，否则没有人会遵守。建立完善生态性补偿的保障措施要从以下几个方面入手。第一，切实加强生态补偿工作的组织领导。各级政府要把建立健全生态补偿机制作为生态建设的有机组成部分，切实加强组织领导，搞好部门之间、区域之间、城乡之间的协调，整合优化政策措施，统筹安排补偿资金；各级生态办和财政部门要切实做好生态补偿各项措施的督促落实，各级有关部门要根据生态建设的职责分工，各负其责，相互配合，形成合力，共同推进生态补偿机制的建立。第二，要加强对生

---

[1] 参见王健《我国生态补偿机制的现状及管理体制创新》，《中国行政管理》2007 年第 11 期，第 87—91 页。

[2] 参见赵太明等《关于民族地区生态补偿后续政策的探索》，《四川林勘设计》2014 年第 2 期，第 70—72 页。

态补偿资金的使用和管理，充分发挥生态补偿机制的积极效应，提高生态补偿的综合效益。第三，加快建立资源环境价值评价体系。根据上级统一部署，积极参加绿色GDP试点工作。结合武陵山片区的实际，开展资源环境实物量统计、资源耗减、环境损失估价方法等课题的研究攻关，加快建立可以定量化的自然资源和生态环境价值评价体系，为生态补偿提供实际可操作的价值估算依据，增强生态补偿的针对性和实用性。第四，进一步深化生态补偿的政策研究。依靠科技创新，有针对性地开展生态补偿关键性技术的科技攻关，积极探索区域之间的生态补偿办法，促使下游地区对上游地区、受益地区对受损地区、开发地区对保护地区进行利益补偿。第五，充分发挥社会监督和公众参与作用。自觉接受人大工作监督和政协的民主监督；切实保障人民群众的知情权、参与权和监督权，促进生态补偿机制建立决策的科学化，民主化；及时总结经验，创新建立健全生态补偿的机制、思路和方法，为进一步完善生态补偿机制提供技术、政策和法规保障。[①]

建立生态绩效评估体系。"将生态绩效纳入GDP的评估过程中，建立绿色GDP的核算体系。建立对自然资源和生态环境的价值评价核算指标体系和数据收集系统，逐步推进绿色会计和绿色审计制度，从定性评价转向定量评价，为完善生态补偿提供操作性强的价值依据。"[②] 建立绿色GDP的核算体系，将生态绩效纳入其中，必将促进地方政府更加重视生态环境建设，同时可以实施生态交易制度，将生态指标纳入市场，让各地区发挥本地区的优势，实现生态良好区获得生态补偿，生态较差地区到市场进行生态购买，支付生态补偿资金。

（四）严格落实各项惠农政策

支农惠农政策的落实程度直接决定着这些政策效益的发挥。武陵山片区支农惠农政策落实程度不够，存在着宣传不到位，重视度不够，执行力较差，监督缺乏等问题。实现支农惠农政策效益的最大化，需要当地政府

[①] 参见朱岗《宁波市生态补偿机制建设的调研报告》，《环境保护》2006年第19期，第66—70页。

[②] 韩德梁：《建立我国生态补偿制度的思考》，《生态环境学报》2009年第2期，第799—804页。

及其人民严格落实各项支农惠农政策,加大对支农惠农政策的宣传力度,让区域内居民了解国家及地方的相关政策,感受到国家对自己的关心;地方政府加大对支农惠农政策的重视,直接决定下级及其当地农民对政策的实施;加强支农惠农政策的执行力度,直接影响这一政策的结果;严格对政策的监督,是政策正常运行,发挥政策效益的必然要求。

加大对支农惠农政策的宣传。支农惠农政策的宣传直接影响广大农民对这一政策的认识,影响政策的实施,进而直接决定着政策产生的效果。武陵山片区支农惠农政策在宣传上面还存在着一些问题,存在着宣传不到位的现象,让广大农民对很多支农惠农政策缺乏认识,了解不透彻,甚至不知道某些支农惠农政策,因此部分政策未能达到预期效益也是必然的。加大对支农惠农政策的宣传是必要的,要从以下几个方面入手。第一,运用好网络宣传。网络宣传速度快,成本相对较低,覆盖面较广,运用网络技术,现代信息技术加大对支农惠农政策的宣传必将成为农业政策宣传的主要方式,现代政府及其农业相关部门应充分运用网络,发挥网络的优势,实现农业政策的深入人心。第二,运用好基层群众自治组织。基层群众自治组织,是贴近群众、靠近群众最近的组织,它在组织、宣传农业政策中发挥着重要的作用,也是广大农民最为信任的单位。充分发挥基层群众自治组织的优势,将支农惠农政策准确无误地宣传到各家各户。第三,加大对宣传人员的策略培训。让广大从事农业工作的相关宣传者能够运用好相关策略,让广大农民能够真正理解农业政策的内涵,使农业政策深入人心,推动农业政策能够发挥出最大的效益。

严格对支农惠农政策的监督。由于我国目前还没有建立起完善的农业直接补贴监管制度,在政策执行中出现许多漏洞:许多地方还出现了扭曲政策或截留、挪用补贴资金的情况,如谎报补贴农户和面积、重复申报、截留政策补贴等;政策执行主体敷衍应付;种粮补贴资金的发放严重背离了补贴原则等。建立农业直接补贴监管机构,确立农业直接补贴的监管制度,在解决上述问题上具有重要的意义。第一,建立专门监管机构。建立各级监管机构,其人员的组成应包括政府机关工作人员、农业部门人员、农业科技人才、政协人员等,通过广泛的人员组成,实现监督机构的监管,实现支农惠农政策的良好运行。第二,确定相关的监管制度。建立并完善对支农惠农政策的监管制度,让制度约束人,实现政策的正常运行。第三,接受媒体、网络等的监督。现代信息时代,网络媒体的监督力度更大、效果更好，要充分运用这些现代手段，实现支农惠农政策的良好运行。第四，接受广大人民的监督。广大人民是支农惠农政策的利益获得者，让他们对支农惠农政策进行监督是实现其效益最大化的最好手段，执行支农惠农政策的主体，应勇于接受广大人民群众的监督，将政策落实好，维护好人民的利益。

结　语

武陵山片区农业现代化必须走特色化道路

关于农业现代化的问题，一直是学界研究的重点。对于农业现代化的内涵问题，也一直是学界争论的焦点。传统观念认为农业现代化就是规模化、机械化，他们认为只要有极高的机械化率，能够大规模地进行农业生产，农业现代化也就实现了。武陵山片区自然条件差，多山地丘陵，地势不平；区域内农民传统观念深厚，小农意识深厚。既不具备大规模经营的条件，也不具备大型机械化生产的条件，按照这样的理论，农业现代化在武陵山片区是不可能实现的。随着社会的发展，人们对农业现代化问题研究越来越深入，农业现代化的理论也在不断发展。在新的时代背景下，武陵山片区能不能实现农业现代化，武陵山片区农业现代化的道路应该怎样走？武陵山片区可以实现农业现代化，但必须更新农业现代化的理念、走特色化的道路，这是我们研究得出的结论。

一　更新农业现代化理念

我国农业现代化理论经历了以机械化为核心的农业现代化，以科学技术为核心的农业现代化，以转变经济发展方式为核心的农业现代化和以"四化同步"为核心的农业现代化四个阶段。第一个阶段，农业现代化以农业机械化为核心，农业机器设备在农业现代化中扮演了重要的作用，由于时代局限性，农业机械化的地位和作用曾一度被夸大。第二阶段到第四阶段，人们对农业机器设备的认识越来越理性，对农业现代化的认识越来越全面和客观。

(一) 农业现代化不等于农业机械化

我国的农业现代化即是用现代物质条件装备农业,用现代科学技术改造农业,用现代产业体系提升农业,用现代经营形式推进农业,用现代发展理念引领农业,用培养新型农民发展农业,用现代制度创新助推农业;农业机械化即是用先进工程技术配合生物技术,用机械逐步替代人力、畜力和手工劳动工具,用新的耕作方式、科学技术和大工业对农业进行转化和强化,使农业产品获得多层次加工利用的过程。要清晰地理解农业现代化与农业机械化的关系,明确区分农业现代化不等于农业机器化,让人们走出农业现代化等于农业机械化的误区,在武陵山片区农业现代化建设中,具有重大的理论意义和现实意义。

1. 把现代化等同于机械化是对农业现代化的误读

"农业现代化的根本出路在于机械化"在某种程度上诱导了"农业现代化等于农业机械化"的错误观念。新中国成立后,我国农业机器设备极端落后,国家领导人对比西方国家与我国农业发展的差距,认为农业机械化的实现就是农业现代化的实现。在20世纪五六十年代,当时生产力发展水平极其低下,农业机器设备几乎为零,农业发展水平极其落后,受当时历史条件及其时代的限制,他们的认识无疑有一定的合理性,但同时也对后来农业现代化建设产生了一些负面的影响。分析老一辈建设者有关农业现代化认识的问题及其局限,对于我们弄清农业现代化的内涵,具有巨大的意义。

毛泽东关于农业现代化的思想启蒙较早,1937年他在《矛盾论》里写道:"不同质的矛盾,只有用不同质的方法才能解决。在社会主义社会中工人阶级和农民阶级的矛盾,用农业集体化和农业机械化的方法去解决。"[①] 1954年9月,第一届全国人大政府工作报告提出了建设"现代化的农业"的口号,报告指出,"如果我们不建设起强大的现代化的工业、现代化的农业、现代化的交通运输业和现代化的国防,我们就不能摆脱落后和贫困,我们的革命就不能达到目的"[②]。1955年毛泽东在《关于农业合作化问题》的讲话中指出:"中国只有在社会经济制度方面彻底地完成

---

① 《毛泽东选集》,第1卷,人民出版社1991年版,第311页。
② 《建国以来重要文献选编》(第5册),中央文献出版社1993年版,第584页。

社会主义改造，又在技术方面，在一切能够使用机器操作的部门和地方，统统使用机器操作。才能使社会经济面貌全部改观。"① 在这篇报告中，毛泽东强调了农业机械的作用，强调成立专门的农业机器生产部门，强调在各个地方普遍使用农业机器设备，这对人们理解农业现代化和农业机械化的关系造成了一定的误读。1959 年 4 月 29 日毛泽东在《党内通讯》中提出了"农业的根本出路在于机械化"② 的著名论断，这一论断指明了我国农业现代化的根本出路。刘少奇也强调农业现代化关键在于机械化。1949 年 6 月，刘少奇指出："只有在重工业大大发展并能生产大批农业机器之后，才能在乡村中间向富农经济实行社会主义的进攻，实行农业集体化。"③ 1951 年 5 月，刘少奇在中国共产党第一次全国宣传工作会议上指出："农业社会化要依靠工业……有了工人阶级的领导和帮助，有了工业的国有化和土地的国有化，然后农民才能集体化，才能供给农民大量的机器，这样农业才能普遍的集体化。"④ 周恩来的农业现代化思想，也强调农业机械化的重要作用，对于毛泽东同志提出的"农业机械化是农业现代化的根本"的观点，周恩来表示赞同。

"农业现代化的根本出路在于机械化"论断的片面性。20 世纪五六十年代，受当时特殊的国内国际环境影响，强调农业机器设备的重要性是必要的。从当时历史条件分析，农业现代化发展，其主要目标是增加粮食生产，保证人们吃饭问题。从这一目的出发，人们更多地关注实现这一目的，至于过程未做过多的强调，以至于以牺牲环境为代价、开垦农业用地等现象十分普遍。而在今天，农业现代化内涵更加广泛，包括用现代物质条件装备农业，用现代科学技术改造农业，用现代产业体系提升农业，用现代经营形式推进农业，用现代发展理念引领农业，用培养新型农民发展农业，用现代制度创新助推农业，既包括了农业机械化的实现，也包括了农业产业化、信息化、专业化、商品化、新型农民等的实现，同时农业现代化也强调农业生态等问题。农业现代化的根本出路在于农业机械化，过大地强调了农业机械设备的巨大作用，忽视了农业现代化其他方面的重要

---

① 《毛泽东文集》，第 8 卷，人民出版社 1999 年版，第 49 页。

② 同上。

③ 中共中央文献研究室：《刘少奇论新中国经济建设》，中央文献出版社 1993 年版，第 148 页。

④ 同上书，第 183 页。

性。农业机械化仅仅是农业现代化的一个方面,是农业现代化的一个组成部分,是农业现代化实现的一个重要特征。充分理解农业机械化与农业现代化之间的关系,从农业现代化与农业机械化定义、特征、类型、相互关系等方面入手,就会发现农业现代化的根本出路在于机械化这一论断的片面性,它未能真正理解农业现代化与农业机械化之间的关系。

"农业现代化等于农业机械化"的错误性。在当时的历史环境下,这一论断曾发挥过巨大的作用,但在今天看来,农业机械化等于农业现代化无疑是错误的。一是从本质上将二者等同起来。"苏联农业现代化走过了一条先实行以重工业为中心的工业化,后搞机械化,再搞合作化,即用拖拉机把农业带入现代化,把农民带入社会主义的道路。这条道路使苏联农业在形式上实现了社会主义现代化,同时由于它的缺点在当时还没有完全暴露,因而毛泽东对农业现代化本质的理解简言之就是机械化。"① 对此,邓小平后来指出,"农业现代化不单单是机械化,还包括应用和发展科学技术等"②。二是在建设实践过程中将二者等同起来。在农业现代化建设中,毛泽东等领导人认为农业机械化的实现就是农业现代化的实现,并发动了"一大二公"等脱离实际、追求高机械化率的运动,导致了一系列的严重后果。三是未能发展地看待农业现代化与农业机械化的关系。农业现代化认识的问题不是一成不变的,是不断变化发展的问题。

2. 信息化时代农业现代化的理念要与时俱进

在21世纪信息化时代,农业现代化的理念发生了很大的变化,农业现代化理念不再是毛泽东时代的农业现代化,而是信息化时代的农业现代化。如今,人们对农产品的要求以及科技应用已经使农业现代化的理念发生了根本的变化。从农产品的要求来看,毛泽东时代,农业现代化发展的主要目的是,满足国内粮食生产及粮食安全,也就是主要解决的是人们能够吃饱的问题;而当今,农业现代化的主要目的除了确保国家的粮食安全问题,更是解决人们的食品安全等问题。农业现代化就是要加快现代科学技术在山区农业的应用,尤其是信息化在农业生产上的应用。从农产品销售来看,毛泽东时代,农产品主要用于国家粮食储备,采取的是计划经

---

① 张中波、邱秀华:《关于毛泽东农业机械化思想的探析》,《安徽工业大学学报》(社会科学版)2004年第2期,第11—13页。

② 《邓小平文选》,第2卷,人民出版社1994年版,第28页。

济,农产品在市场上几乎没有销售;而现代,农业现代化要改变过去主要依靠传统销售方式,大力发展电子商务,发展多种销售渠道。

从农产品的要求来看,需要食品安全。科学技术是一把双刃剑,它在极大地推动农业发展的同时,也导致了一些问题。现代科技发明的很多东西提升了农产品产量,但带来了严重的食品安全问题。一方面,现代科学技术,如发明的农业机器设备、农产品种子、农药肥料等,改变了人们的生产方式,大大地提高了农业的生产效率,提高了劳动生产率;同时,广大劳动者从农业生产中解放出来,改变了人们的生活方式、生活习惯等;现代科技,积极运用于农业之中,大大促进了农业的发展,增加了农业品种,提高了农产品质量,也改变了人与自然的关系。另一方面,现代科学技术的运用,导致了一系列的问题。一是农药化肥的大量使用导致的环境问题。传统的农业生产者,大量地使用农药化肥,"使用化肥,只是单纯地对土壤中的矿物质进行补充,没有补充土壤中的有机质,而土壤中的有机质,尤其是氮,可以改善土壤结构,使土壤颗粒团粒化;所以长期使用化肥,会使土壤板结。而大量地使用农药,虽然可以在一时间杀死病虫害,但也会使有益的动物受到损伤;长期使用,病虫害的抗药性能增强,而迫使药物浓度增加,对环境中的有益动物损伤更厉,最终,破坏了环境中的生态平衡"。[①] 二是化工产品运用于人们食品中导致的严重问题。随着科学技术的发展,一系列化工产品被运用于食品之中,如瘦肉精、三聚氰胺、苏丹红、福尔马林、毒胶囊、色素等的出现,人们昧着自己良心将其运用到我们餐桌之上、饮食之中,对人们的健康产生了极大的危害。传统农业生产,大量使用农药化肥等,追求的是农产品的数量,解决的是人们吃饱的问题,它是以人们的身体健康和对环境的破坏为代价的。面对日益严重的食品安全的威胁,人们对农产品提出了新的要求,对农业现代化的理念发生了更变。现代社会,人们越来越注重食品安全,推崇的绿色食品、有机食品实际上就是食品安全理念的体现。要实现绿色食品、有机食品的生产要从以下几个方面入手,一是提倡使用农业有机肥料、农家肥料,减少甚至不使用农药。农业有机肥料运用于农业生产中,既不会对农产品的质量产生危害,也不会导致土壤的破坏,环境的污染。用其他方法

---

① 360百科问答,"使用化肥和农药对环境的影响",http://wenda.so.com/q/13616287340673952013-02-23/2014-10-08。

解决农业病虫害问题，如有机茶叶生产基地采取的太阳板、粘贴板等杀虫方法，既可以保证农产品质量，还能够维护生态平衡，保护环境。二是提高人们的道德意识，不要将危害人们身体的化工产品运用于人们的食品之中。总之，食品安全对农业现代化提出了新要求，提倡绿色食品、有机食品，农业现代化的农业生产理念发生了转变。

从生产关系来看，要实现农业发展的第二次飞跃，就是要加快土地流转，发展新型农业经营主体，推进规模经营。1990年，邓小平在谈论农业问题时指出："中国社会主义农业的改革与发展，从长远的观点看，要有两个飞跃。第一个飞跃，是废除人民公社，实行家庭联产承包为主的责任制。这是一个很大的前进，要长期坚持不变。第二个飞跃，是适应科学种田和生产社会化的需要，发展适度规模经营，发展集体经济。这是又一个很大的前进，当然这是很长的过程。"[1] 邓小平同志很有远见地提出了农业"两个飞跃"的思想，在当前，实现农业由家庭联产承包责任制到发展适度规模经营和发展集体经济是十分重要的。要实现第二次飞跃，就要求加快土地流转，发展新型农业主体，推进规模经营。一是要加快土地流转，完善土地流转政策，完善对土地流转的监督，解决土地流转率低下、土地流转成本高、土地流转时限难定、土地流转管理不规范等问题。二是发展新型农业主体，培育专业大户和新型职业农民，发展家庭农场，培强农村专业合作社，壮大农业龙头企业。专业大户和新型农业是种田能手，他们拥有现代化农业理念，拥有现代农业生产技术，是农业生产的主要劳动力，他们在农业现代化过程中起十分重要的作用。2012年十八大中提出"家庭农场"的概念，家庭农场是适应农业规模经营和农业现代化需要的，要实现农业第二次飞跃，家庭农场发挥的作用必然是十分巨大的；培养农村专业合作社，是实现集体经营，让广大人民群众从农业生产中提高农业价值的重要途径，农村专业合作社，是把分散的农民集中起来，实行集体生产是最好方式，同时，农村专业合作社维护的是广大农民群众的利益，是广大农民增加农业收入的必然选择；壮大农业龙头企业，是实现农产品高附加值的需要，通过龙头企业的生产加工，农产品可以大大地提高农业附加值，同时可以一定程度上解决当地就业的问题，发展壮大龙头企业是实现农民增收、解决当地就业的重要途径。三是推进规模经

---

[1] 《邓小平文选》，第3卷，人民出版社1994年版，第355页。

营。实现规模经营是实现农业现代化的必然要求，培养新型农业主体是实现农业规模经营的重要途径，要加大对新型农业主体的政策优惠，增加对新型农业主体的资金支持，鼓励新型农业主体的自主发展，对部分办得好、辐射能力强的新型农业主体进行奖励，充分发挥新型农业主体的积极性，推进我国农业发展的第二次飞跃的实现，推进我国农业现代化的快速发展。在土地制度改革、土地流转及其推进规模经营中，习近平强调："现阶段深化农村土地制度改革，要更多考虑推进中国农业现代化问题，既要解决好农业问题，也要解决好农民问题，走出一条中国特色农业现代化道路。我们要在坚持农村土地集体所有的前提下，促使承包权和经营权分离，形成所有权、承包权、经营权三权分置、经营权流转的格局。发展农业规模经营要与城镇化进程和农村劳动力转移规模相适应，与农业科技进步和生产手段改进程度相适应，与农业社会化服务水平提高相适应。要加强引导，不损害农民权益，不改变土地用途，不破坏农业综合生产能力。要尊重农民意愿，坚持依法自愿有偿流转土地经营权，不能搞强迫命令，不能搞行政瞎指挥。要坚持规模适度，重点支持发展粮食规模化生产。要让农民成为土地适度规模经营的积极参与者和真正受益者。要根据各地基础和条件发展，确定合理的耕地经营规模加以引导，不能片面追求快和大，更不能忽视了经营自家承包耕地的普通农户仍占大多数的基本农情。对工商企业租赁农户承包地，要有严格的门槛，建立资格审查、项目审核、风险保障金制度，对准入和监管制度做出明确规定。"① 严格在土地流转及其规模经营中照顾好广大人民的根本利益，确保农业现代化顺利进行。

  从生产的过程来看，要加快现代科学技术在山区农业的应用，尤其是信息化在农业生产上的应用。武陵山片区，农业生产方式一直是沿袭的中国几千年一直运用的刀耕火种的方式，这种生产方式，农业生产主要是以家庭为单位，实行铁犁牛耕，同时部分土地由于面积小、坡度陡，农民运用最简单的农具如锄头进行松土；农业种植方面，如插秧、除草、收割等，农业机械化运用极少，仍是以传统的方式为主；传统的农业生产方

---

① 中央全面深化改革领导小组第五次会议：《关于引导农村土地承包经营权有序流转发展农业适度规模经营的意见》，http://m2.people.cn/r/MV8xXzI1NzYyNzYxXzcwNzMxXzE0 MTE5OTIxODM=2014-09-29/2014-10-08。

式，农业效率极其低下，大量的劳动力被束缚于土地之中，人们很难从劳动中解放出来，农户家庭收入以种植的农产品收入为主，家庭收入较少，贫困家庭户很多。这一传统的农业生产方式，对当地的发展起着巨大的限制作用，既不利于农业现代化的发展，也不利于当地经济的发展，更不利于国家现代化的建设。要改变这一状况，要求我们将科学技术运用于山区的农业生产之中，将现代信息技术运用于农业生产之中，我们要从以下几个方面入手。一是加大该地区农业机械设备的发展，国家及其地方政府，要加大对该地区农业机器设备的补贴力度，鼓励农民购买农业机器设备；同时加大对山区农民的思想影响，改变他们传统的小农思想，让他们认识到农业机器设备的巨大作用；在农业机器设备的发展中，要根据当地的实际情况，大力促进小型农业机器设备的运用与发展，大力推进小型的拖拉机、播种机、除草机、收割机等，实现农业耕作、播种、除草、收割等各个环节的农业机械化。二是加大对武陵山片区信息基础设施的建设，信息基础设施直接决定该地区信息的覆盖与接收，是提高该地区信息技术首要解决的问题，国家及其政府要加大对山区信息技术基础设施的建设，并促使人们将信息技术运用于农业生产、加工、销售的各个环节，以实现农业的信息化监管，实现农业的信息化生产。农业机械化及其农业信息化是农业现代化的重要要求，也是农业现代化的重要内容，也是传统农业与现代农业的显著区别，必须大力推进农业信息技术及农业科技在武陵山片区的运用与发展。

从农产品销售来看，要改变过去主要依靠传统销售方式，大力发展电子商务。传统的农业销售方式是与现代的农业销售方式相对应的，有自己独特的特点。首先，传统的农业销售方式的市场主要是本地区的市场，其市场级别主要是村级市场、乡镇级市场、县市级市场以及少数地方的地市级市场，很少有农产品能够进入省级市场、国家级市场和国际市场，因此农产品市场较为狭窄，农产品以本地区消费为主。其次，农产品的销售方式主要是面对面的销售，武陵山片区，由于经济发展相对滞后，很多地方仍是采取的赶集的方式购买生活产品。再次，农产品以初级产品为主，农产品附加值较低。由于农业企业发展较慢，农产品加工能力不足，农产品的销售仍以初级农产品为主，又因市场面窄，市场规模较小，农产品的附加值极其低下，农民收入较低。最后，传统农产品销售方式有着市场面窄、市场规模小、市场需求小，农产品以初级产品为主且附加值低、市场体系不完善、销售方式单一等缺点，开拓和完善农产品市场就必须大力发展电子商务。随着信息技术的快速发展与传播，农业电子商务发展十分迅速，日益成为了农产品销售的重要方式。拓宽和完善农产品销售渠道，必须要加强电子商务平台的建设和管理，完善已有的电子商务平台，加强对其管理；运用当前最受欢迎的、影响最大的电子商务平台，进行农产品销售；加大资金注入，新建部分农产品销售网站等。拓宽传统的农产品销售市场，建立多级农产品市场销售体系，实现国际市场与多级国内市场的结合，拓宽农产品销售面；积极发展电子商务平台，充分运用网络销售的力量，实现网络销售的国内国际化。将传统的农产品销售市场与网络销售市场结合起来，实现两种销售渠道的优势互补，最终实现农产品销售市场体系的多极化，实现农产品的价值，促进武陵山片区的农业现代化建设。

（二）武陵山片区也能实现农业现代化

"天时地利人和"，武陵山片区也能实现农业现代化。首先，武陵山片区发展现代农业有着较为优越的自然条件和良好的资源禀赋，为绿色农业、生态农业、观光农业等现代农业的发展奠定了坚实的基础。其次，从中央到地方的各级党委、政府高度重视武陵山片区现代农业的发展，制定颁布了一系列支农惠农政策和发展规划，并给予人财物各方面的大力支持。再次，武陵山片区发展现代农业也有较为丰富的社会资源。随着片区社会经济、文化教育的快速发展，农业科技创新取得巨大进步，培育出大量农业人才服务于现代农业发展，同时，新型农业经营主体日益壮大，成为农业现代化的主体力量。此外，片区内丰富多彩的民俗工艺也为农业现代化提供了产业发展优势。

1. 良好的自然资源禀赋是武陵山片区实现农业现代化的先决条件

自然条件是农业活动的平台。农业生产需要建立在生态适应性的基础之上，即农作物种植以及畜牧养殖都要与自然生态环境相适应。武陵山片区自然条件得天独厚，光、水、温度、土肥、地貌等自然资源地域组合优良，为农业发展的多种适应性提供了前提。片区以武陵山为主体，遍布高山丘陵，并有一系列山间盆地、河谷和坝子，地貌类型多样；片区属于亚热带向暖温带过渡类型气候，也属于海洋季风向山地季风过渡类型气候，光照充足，雨热同期，生物生长期较长，光、热、水条件相对优越；片区内发育有乌江、清江、澧水、沅江、资水等河流，水系发达，水资源丰富，水能资源蕴藏量大；林地资源丰富，片区内森林覆盖率达53%，是我国亚热带森林系统核心区、长江流域重要的水源涵养区和生态屏障；片区内生物物种多样，素有"华中动植物基因库"之称；片区内矿产资源品种多样，硒、锰、锑、汞、石膏、铝等矿产储量居全国前列；片区内旅游资源丰富，自然景观独特，民俗文化悠久深厚。① 武陵山片区复杂的地形地势与过渡性的气候类型，共同构成了复杂多样的气候环境：局地小气候、坡地小气候、谷地小气候、垂直气候分异等，为片区种植亚热带和暖温带的稻、麦、林、果、茶、桑、药等粮食作物和经济作物提供了良好的适生条件，极具开发潜力的资源也为片区生态农业、绿色农业、观光农业、特色农业等的发展奠定了基础。

自然资源是农业发展的基础。不同区域间自然资源禀赋数量和质量的差异决定了土地自然生产潜力的差异。土地自然条件的好坏不同，同量的农业资本投资于不同等级的土地，其劳动生产率和产量收益也会不同，这种差异在经济学上称为级差地租。现代农业是产量高、品质优、消耗低、效益高的农业，因此良好的自然禀赋是实现农业现代化的重要因素。武陵山片区工业污染较少，自然生态环境良好，自然条件优越，土地单产较高，农作物品质较高。

农业的可持续发展是农业现代化的必由之路。共同发展、公平发展、协调发展、多维发展、高效发展是可持续发展的重要内涵。从可持续发展的观点看，农业现代化一方面要求尽可能多地生产满足人类生存、生活的必需品，并确保食物安全；另一方面要有一个良好的农业生态环境。武陵山片区生态系统总体平衡，生态良性循环能力强、永续利用程度高，现代农业具有可持续发展的基础。

2. 有力的政府支持引导是武陵山片区实现农业现代化的重要动力

市场是现代农业发展的导向，政府是现代农业发展的强力推手。政府通过履行经济职能和公共服务职能，加强农业市场服务和监管，在农业基础设施建设、农业资源整合、经营主体培育、农业市场开拓等方面发挥主导作用。近些年来，党中央、国务院十分关注全国尤其是欠发达地区的农业现代化建设，武陵山片区农业发展也受到大力支持，政策优势逐渐凸显，现代农业发展动力不断增强。

---

① 参见《武陵山片区区域发展与扶贫攻坚规划》。

党中央国务院支持现代农业发展的政策规定。新中国成立以来，以毛泽东为核心的第一代领导集体，提出建设我国农业现代化，把农业现代化作为当时工作的"四化"之一，并把实现农业现代化作为实现其他方面的现代化的重要基础；以邓小平同志为核心的第二代中央领导集体，实施了"家庭联产承包责任制"，同时提出要实现农业的"两次飞跃"理论，为我国农业现代化建设提供了巨大的政策指导；以江泽民、胡锦涛、习近平为核心的党中央也高度重视"三农"问题，把农业现代化作为党和国家的重要工作来抓。2004年到2014年的中央一号文件均聚焦农业发展，如《中共中央、国务院关于积极发展现代农业扎实推进社会主义新农村建设的若干意见》《中共中央、国务院关于切实加强农业基础建设进一步农业发展农民增收的若干意见》《国务院关于加大统筹城乡发展力度进一步夯实农业农村发展基础的若干意见中共中央》《中共中央、国务院关于加快发展现代农业进一步增强农村发展活力的若干意见》《关于全面深化农村改革加快推进农业现代化的若干意见》等，对农业现代化建设有重要的指导意义。

西部大开发对武陵山片区农业现代化的促进作用。为了加快西部发展、缩小东西部差距、促进地区协调发展、实现共同富裕，我国从2001年开始实施西部大开发战略。武陵山片区的多数地区享受西部大开发的优惠政策，农业发展的资金、技术、人才支持力度较大。

中部崛起计划对武陵山片区农业现代化的推动。为促进中部地区（山西、江西、河南、湖北、湖南和安徽六省）经济快速发展，中共中央2006年提出了"中部崛起"的战略。武陵山片区湖北、湖南部分地区可以充分利用这个良好契机，推进现代农业的发展。

《武陵山片区区域发展与扶贫攻坚规划》对片区农业现代化的拉动。2011年，国家率先启动武陵山片区区域发展与扶贫攻坚试点工作，并制定出台《武陵山片区区域发展与扶贫攻坚规划》。这对加大武陵山片区农业现代化建设具有重要意义。

3. 迅速发展的关联产业是武陵山片区实现农业现代化的经济基础

根据农业产业化理论，农业生产、再生产各环节的联结构成"涵盖农业扩大再生产全过程的完整产业链条，即"农工商、产供销"一体化经营系统。农业产业化是实现农业与相关产业系列化、社会化、一体化的发展过程"①。我国原国家科学技术委员会发布的中国农业科学技术政策，对现代农业的内涵分为三个领域来表述：产前领域，包括农业机械、化肥、水利、农药、地膜等领域；产中领域，包括种植业（含种子产业）、林业、畜牧业（含饲料生产）和水产业；产后领域，包括农产品产后加工、储藏、运输、营销及进出口贸易技术等。现代农业不再局限于传统的种植业、养殖业等农业部门，而是包括了生产资料工业、食品加工业等第二产业与交通运输、技术和信息服务等第三产业的内容，原有的第一产业扩大到第二产业和第三产业。当前，随着武陵山片区工业和服务业发展水平不断提高，城市和农村的工业化、城镇化进程不断加快，现代农业发展的路子越来越宽，产业链越来越长，逐步实现了农产品种植、收集、加工、储藏、物流、销售一体化经营。

农业是国民经济的基础，同时国民经济水平也是农业发展的支撑。近些年来，武陵山片区相关县市生产总值迅速增长，整体经济发展水平逐步提升，并且片区内广大农村的工业、建筑业、交通运输业、服务业和旅游业不断发展，农村社会经济面貌与日俱新。日益增强的经济实力为武陵山片区实现农业现代化奠定了坚实的经济基础。2013年，湖北恩施州实现生产总值552.5亿元，增长9.9%；宜昌市五峰县实现生产总值50.59亿元，增长14.28%；宜昌市长阳县实现生产总值100.5亿元，增长12.2%；宜昌市秭归县实现生产总值91.24亿元，增长12.4%；湖南湘西州实现生产总值418.9亿元，增长4%；湖南怀化市实现生产总值1110.55亿元，增长10.3%；张家界市实现生产总值365.66亿元，比上年增长6.1%；邵阳市实现生产总值1130.04亿元，增长10.2%；常德市石门县实现生产总值180.87亿元，增长10.5%；益阳市安化县实现生产总值146.5亿元，增长10.5%；娄底市冷水江市实现生产总值236.4亿元，增长11.3%；娄底涟源市实现生产总值206.8亿元，增长11.3%；娄底新化县实现生产总值168.71亿元，增长10.6%；贵州省铜仁市实现生产总值535.22亿元，增长15.4%；遵义市实现生产总值1584.67亿元，增长14%；重庆市酉阳县实现生产总值100.25亿元，增长10.1%；武隆县实现生产总值107.91亿元，增长13.5%；石柱县实现生产总值107.43亿元，增长13.2%；丰都县实现生产总值117亿元，增长10%；彭水县

---

① 何春林：《湛江特色农业发展研究》，中国农业出版社2006年版，第45页。

实现生产总值97.5亿元,增长12.2%;黔江区实现生产总值167.8亿元,增长13.1%;秀山县实现生产总值114.6亿元,增长15.3%。① 随着片区整体经济发展水平的快速提升,现代农业发展支撑力也必将不断增强。

4. 不断崛起的科技和人才是武陵山片区实现农业现代化的核心支撑

"科学技术是第一生产力",农业技术进步与创新是农业发展的重要推动力。现代化的工业装备农业,有利于实现农业机械化、规模化、集约化生产,实现农产品精细化、自动化、高效化加工;繁殖育种、栽培饲养、病虫害防治、农业环境改良等先进农业技术的推广运用,有利于实现无害化、高效化农业生产,保证农产品的质量;科学管理方法与技术的运用,有利于提高生产、加工、储藏、运输、营销、售后各个环节的效率,降低成本,增加经济效益。农业发展只有依靠现代科技作支撑,才能不断提高劳动生产率和产业竞争力,实现从传统农业向现代农业的转变。近年来,武陵山片区相关县市对科技发展的重视程度不断提升,逐步增大科技投入,积极申报农业科技项目,加强农业科技成果研发与转化,建立完善农业技术推广服务体系,不断提高农业科技水平。总体上,片区农业科技创新取得了长足发展,并在指导农业生产过程中极大提升了农业生产效益,推进了农业现代化。

按照马克思主义政治经济学的观点,生产力是人类社会改造自然,进行物质财富和精神财富生产的能力,劳动资料、劳动对象和劳动者共同构成了生产力的三要素,而劳动者是生产力中最活跃、最具能动性的因素。生产资料即劳动资料与劳动对象的总和,要实现发展,必须依靠劳动者的实践,农业科技与农业产业要实现发展也必须依靠农业经营管理人才和技术人才。农业人才是农业现代化的核心支撑,而人才的培养要靠教育,教育的发展是培养农业人才的根本途径。随着国家、省市政府对教育事业的投入不断加大,武陵山片区相关县市加快发展教育事业,十分重视农村学前教育和农村义务教育,不断提高高中教育水平,大力建设区域性职业教育中心和培训基地,推动职业教育发展,并不断加大吉首大学、三峡大学、湖北民族学院等高等院校农业人才的培育力度。片区职业教育和高等教育的迅速发展,培育了大量的农业人才,为农业的发展奠定了人力资源基础。此外,片区相关县市加大财政支持,大力开展"农村劳动者转移

---

① 资料来源于相关县、市(州)的《2013年国民经济发展和社会统计公报》。

就业培训""贫困家庭劳动力职业技术培训""农村经纪人培训""乡土人才培养"等工程,极大提升了武陵山片区广大农民的科学文化素质和生产技能。

5. 日益壮大的经营主体是武陵山片区实现农业现代化的主体力量

"新型农业经营主体是以家庭经营制度为基础,以商品生产为目的,具有相对较大经营规模、较好的物质装备条件和经营管理能力,劳动生产率、资源利用率和土地产出率较高,与现代农业及市场经济发展相适应的农业经济组织。"[①] 相对于传统农业经营主体(自给自足小农户),以专业大户、家庭农场、农民专业合作社和农业企业为主的新型农业经营主体规模化、集约化、专业化、市场化和社会化程度更高。实践证明,新型农业经营主体是农业先进生产力的代表,是推动粮食增产、农业增效、农民增收的主要力量,是带动特色农业、现代农业发展和推进农业转型升级的"火车头"。在"四化同步"和统筹城乡发展的大背景下,新型农业经营主体是推进农业现代化的主体力量。

近年来,武陵山片区相关县市按照中央要求,把培育发展新型农业经营主体作为激发农村生产要素潜能、加快农业生产方式转变和结构调整、促进农村经济发展的中心任务来抓,通过加强组织领导,规范相关法规,强化政策扶持,实行动态监管,狠抓典型示范,优化发展环境,实现了多种形式规模经营,推动了各类新型经营主体快速发展和壮大,形成了家庭农场、专业大户、农民合作社、农业龙头企业为主体,职业经纪人、农产品批发市场为补充的现代农业生产经营新格局,初步构建起专业化、集约化、组织化、社会化相结合的新型农业经营体系。当前,武陵山片区新型农业经营主体数量不断增多,分布地域遍及全区11个地(市、州)、71个县(区、市);发展质量不断提高,农民合作社、龙头企业的发展规模和层次不断提升;经营范围覆盖农、林、牧、渔等主导产业,服务内容较为广泛,辐射带动能力逐步增强,通过近年来的发展,武陵山片区新型农业经营主体已成为农业现代化建设的主体力量,"成为创新农业经营体制机制、加快转变农业经营方式的主要推动者,成为推进适度规模经营、提高组织化程度、提供专业化社会化服

---

① 王慧敏、龙文军:《新型农业经营主体的多元发展形式和制度供给》,《中国农村金融》2014年第1期,第25—27页。

务的主要组织者,成为提高农业综合生产能力、保障农产品质量安全、增加农民收入的重要载体,成为农业先进生产力及与之相适应的农村生产关系的有机结合体"。①

6. 丰富多彩的民俗工艺是武陵山片区实现农业现代化的产业优势

农业产业化是现代农业的运行模式,现代农业因此表现为一个围绕农产品"产供销"聚集而成的产业群。从这个角度来说,手工艺品由于制作材料多源于自然或是农作,所以是广义的农产品,手工艺品产业也可以被纳入现代农业的发展范畴。武陵山片区是我国内陆少数民族最大的聚居区,有土家、苗、侗、瑶、仡佬、白、维吾尔、蒙古等30多个少数民族,少数民族聚居地域有2个自治州,18个自治县,1个少数民族区,125个民族乡。片区广阔的民族地域和独特的民族文化孕育了丰富的民俗工艺,造就了繁多的非物质文化遗产资源与少数民族文化遗产资源。片区内"土家族织锦技艺、土家族吊脚楼营造技艺、苗族银饰锻制技艺、侗锦织造技艺、蓝印花布印染技艺、玉屏箫笛制作技艺、黑茶制作技艺(千两茶制作技艺、茯砖茶制作技艺)"等7项传统民俗工艺以及"剪纸(踏虎凿花)、挑花(花瑶挑花、苗族挑花)、竹刻(宝庆竹刻)、苗画、滩头木版年画"等5项传统美术属于国家级非物质文化遗产。② 片区内民俗工艺历史悠久、民族特色浓郁,为民族手工业、农林产品加工业、民族文化产业等特色优势产业的发展奠定了资源优势。当前,片区内主要有土家织锦、西兰卡普、根雕、石雕、蜡染、制银、刺绣、油纸伞、民间剪纸、傩戏面具等民族手工艺业和产品加工业。

二 武陵山片区农业现代化出路在于差异化发展

独特的自然环境和社会文化环境,决定了武陵山片区农业现代化的出路在于走一条不同于平原地区及其他地区的发展道路,这条道路也就是大

---

① 孔庆乐:《日照市新型农业经营主体发展的特点、问题与对策》,《青岛农业大学学报》2013年第1期,第14—20页。

② 参见孙志国等《武陵山片区特产与遗产优势资源的保护及扶贫开发对策》,《重庆与世界》2012年第1期,第12—15页。

力发展武陵山片区特色农业。

(一) 武陵山片区农业不能走平原现代化的道路

由于地形、气候、植被等因素的差异，山区农业不具备走平原地区农业现代化道路的条件。平原地形平坦，耕地连片，同时农业资金投入大，基础设施完善，农业技术设备先进，因此机械化率和商品率较高；而山区地形崎岖，耕地分散，农业基础设施落后，显然大规模推行农业机械化是行不通的。

1. 片区农业现代化与平原农业现代化的差异

一是农业发展规模的差异。平原地区，海拔较低，地势平坦开阔，土地肥沃，耕地面积广，适合规模化农业生产。我国平原地区农业发展较好，有全国有名的九大商品粮基地，即三江平原、松嫩平原、太湖平原、鄱阳湖平原、洞庭湖平原、江汉平原、成都平原、江淮地区、珠江三角洲；有全国著名的五大商品棉基地，即冀中南鲁西北豫北平原、长江下游滨海沿江平原、江淮平原、江汉平原、南疆棉区。这九大商品粮基地和五大商品棉基地（除南疆棉区外）皆处于我国平原地区，海拔较低，地势平坦开阔，农田面积广阔，便于大规模种植。而山区地形以山地丘陵为主，地势起伏大，耕地碎片化，人均耕地面积少，农业种植以传统小农经营为主，发展规模小、实力弱。

二是农业机械设备的差异。平原地区机械设备先进，农业机械化率高。平原地区经济条件和自然条件较好，农业机械设备的广泛推广和运用，使农业机械化覆盖了土地翻整、播种、施肥、采收、加工的全过程，极大提高了农业生产规模化和机械化程度。而山区经济农业发展较为落后，传统耕作方式仍占很大比例，生产动力仍以人力、畜力为主，机械化率较低。

三是农业科技和人才的差异。平原地区经济和文化教育发展较好，农业从业人员素质较高，产学研体系完善，有众多农业科研院所、大专院校提供农业人才、技术支撑。而山区由于经济、教育相对落后，多数农民观念传统保守，素质偏低，而且农业技术推广运用成本高，覆盖范围小，落实程度低。

四是农业商品率的差异。农业商品率是衡量农业现代化水平的重要指标。多数平原地区实行专业化经营，农业生产的各环节都由专业技术人员管理，生产效率较高；而且农业发展规模大，农业生产以满足市场需要为主，农作物主要用于产品加工或直接销往外地，农业商品率较高。而山区受自然社会条件的制约，农业发展规模较小，农业发展以满足本户、本地需要为主，农产品市场流通、交易不发达，因此农业商品率较低。

2. 武陵山片区农业发展不能走平原化道路的原因

自然条件决定武陵山片区农业发展不能走平原地区农业现代化道路。一是片区地形以高山丘陵为主，地势崎岖，农田土地不连片，人均耕地资源少，机械化操作难度大，无法实行大规模化经营。二是片区地貌单元多，山地气候类型复杂多样，片区内各地域降水、气温、植被等自然条件不尽相同，农业自然资源各具特色，农作物种植品种也是因地而异，难以形成某种农作物大规模生产。

社会经济条件决定武陵山片区农业发展不能走平原地区农业现代化道路。武陵山片区是连片特困地区，经济发展落后，生产总值和政府财政偏少，农业投资相对不足，农业基础设施建设滞后，水利灌溉条件较差，纯设施农业发展缺乏支撑；受家庭支付购买能力及土地流转规模的制约，受农业机械设备使用率和推广程度相当有限，农业机械化道路十分艰难；农业技术人才和经营管理人才仍然较为缺乏，农业科技服务体系尚不完善，农业高科技化道路困难重重。

（二）差异化发展才能实现武陵山片区农业现代化

差异化发展是武陵山片区不趋同于平原地区农业发展道路的必然要求，是实现武陵山片区农业现代化的必由之路。当前，片区农业发展面临农业基础设施薄弱、劳动力素质较低、农业技术人才缺乏、土地流转困难、农业经营主体发展滞后、农业政策针对性不足、农业融资困难、农业产销方式落后等困境，农业现代化进程较为缓慢。只有实施差异化发展战略，才能充分挖掘和利用片区独特的资源禀赋，提升农业竞争力，促进高效生态农业建设，走出一条具有武陵山片区特色的现代农业发展之路。

1. 农业差异化发展的内涵

关于农业差异化发展的内涵，学界目前还没有明确统一的定论。蔡元杰认为："农业差异化发展是通过提供特色化农产品和服务，满足不同群体的消费需求，以规避市场激烈竞争的压力，寻求新的空间，促进农业发展的行为。其影响因素主要有自然条件、产业形态、要素禀赋、消费需求、市场营销、历史人文等方面。"① 鲁春霞、谢高、成升魁等则认为："农业的差异化发展主要侧重于中西部等区域间的差异，根据区域间不同的经济指标、社会指标、资源和环境指标的不同，也即是各地区间不同的农业发展水平制定不同的农业发展模式。"② 张雅燕等则从营销的角度提出："农产品经营者必须组织差异化生产和营销，获取农产品差异化的生产途径及对农产品差异化的营销策略。这样，才能争取消费者并占领市场。"③ "有共性，也有个性，有相同的方面，也有相异的方面。这是自然法则，也是马克思主义的法则。"④ 武陵山片区要结合自身"个性"，实现差异化发展。具体来说，就是要充分利用片区独特的自然条件、资源禀赋、历史人文、优惠政策等，坚持因地制宜、持续发展、精耕细作、重点突破和协作发展，大力推进片区特色农业的建设发展。

2. 武陵山片区农业差异化发展的原则

因地制宜原则。盲目模仿、照抄照搬外来模式在武陵山片区已有许多惨痛的教训，实践证明，不顾实际情况，"样板农业"是没有生命力的，也是缺乏效益的。根据马克思主义哲学观，矛盾具有特殊性，要坚持具体问题具体分析。实现片区农业差异化发展，要坚持因地制宜的原则，根据自然环境和社会经济条件确定农业发展模式，做到宜农则农、宜工则工、宜商则商，灵活运用相关资源，在农业发展的因素上要做到趋利避害，扬长避短。

可持续发展的原则。要坚持联系和发展的观点，以工业化带动农业现代化，以信息化促进农业现代化，走科技含量高、资源消耗低、环境污染少、产品质量优、经济效益好的现代农业发展道路。同时要充分尊重自然

---

① 蔡元杰：《浙江农业差异化发展的思考》，《农村工作通讯》2011年第18期，第38—40页。

② 鲁春霞、谢高地、成升魁：《东中西部区域农业差异及其特征分析》，《中国人口资源与环境》2003年第6期，第97—98页。

③ 张雅燕：《浅析农产品差异化营销策略》，《商业研究》2006年第19期，第190—191页。

④ 《毛泽东文集》，第7卷，人民出版社1999年版，第76页。

和社会发展规律，做到一切从实际出发，实事求是。坚持长效观念，制定长远发展规划，绝不搞政绩工程和形象工程，不搞揠苗助长，不搞大跃进，不瞎折腾；要坚持矛盾的特殊性与普遍性相结合，实施"示范—推广—再示范—再推广"的农业发展模式。

精耕细作原则。武陵山片区不可能依靠高度规模化来实现农业现代化，但可以通过集约化种养实现差异化发展。片区相关县、市要加大投资，完善水、电、路、渠、棚及其他配套设施，新型农业经营主体要大胆创新引进精品作业，不一味追求规模效应，重点是要提高单位产出和产品品质，打造过硬品牌。

重点突破原则。在复杂事物包含的许多矛盾中，主要矛盾处于支配地位，对事物发展起决定作用，事物的性质也是由主要矛盾的主要方面决定的。因此，要善于抓住重点，集中力量解决主要矛盾；要分清主流和支流，着重把握矛盾的主要方面。在武陵山农业差异化发展中，相关县市要学会分清轻重缓急，不能搞"眉毛胡子一把抓"。农业生产上，重点要在基础设施建设上下功夫，在基础设施上坚持重抓核心区，拓展功能区，强化服务区。现代农业发展效益关键在于提高农产品附加值。因此，要重点建设农产品加工和市场营销体系，打造特色品牌，培育龙头企业，使产业具有持久竞争力。

协作发展原则。根据唯物辩证观，在整体与部分、系统与要素的关系中，整体或系统居于主导地位，统率着部分或要素。当各部分以合理的结构构成整体时，整体的功能就会大于各个部分功能之和；反之，结构欠佳就会损害整体功能的发挥。所以，要树立全局意识和系统论的观念，正确处理各部分之间的关系，优化要素组合，寻求整体的最优目标，发挥系统的最优秀功能。因此，在武陵山片区农业差异化发展中，要着重处理好"政府、合作社、企业、科研、农民"间的关系，充分调动各方面的积极性，形成"政府推动、合作助动、企业拉动、示范带动、农户联动"良好发展格局。一是政府推动。相关县市要加强基础设施建设，搞好"产前、前中、产后"技术服务和培训工作，加大农业保险和财政补贴力度，推动片区现代农业快速发展。二是合作助动。培育发展机制完善、管理有序、权责明确、利益共享、运作规范的农民合作社，充分发挥农民合作社联系市场与农民的纽带作用和产业发展的引领作用，实现合作共赢，不断增强产业发展竞争力和抗御风险能力。三是企业拉动。培育农业龙头企业，打造拳头产品，树立特色品牌，拉动农业差异化发展。四是示范带动。要充分发挥科研院所和农业科技人员的示范带动作用。五是农户联动。积极调动农民农业生产积极性，吸引青壮年返乡从事农业产业经营管理，鼓励种植同类作物的农户联合经营。

3. 武陵山片区农业差异化发展的路径

武陵山片区是连片特困地区，现代农业技术相对落后，农业经营方式较为粗放，农业生产经营者素质不高，农业经营理念比较保守，农民组织化程度较低，"三农"问题十分突出。特殊的区情决定了现代农业的发展模式不同于平原地区。同时，独特的自然条件和社会文化特征又决定了片区现代农业发展必然要采取差异化、特色化的路径。具体来说，片区相关地域可推行的农业发展模式主要包括：区域化品牌经营模式、工农互补产业化发展模式、高新技术集约型发展模式、生态循环立体型发展模式和城乡融合创意型发展模式。

第一，区域化品牌经营模式。

品牌是产品品质、价值、信誉的象征。随着市场化、商品化程度的日益加深，品牌经营在现代农业发展中的作用越来越突出。武陵山片区实现农业差异化发展的核心就是打造特色农业品牌，进行区域化品牌经营。要形成区域化品牌蓬勃发展的差序格局，关键要充分挖掘片区内独特的自然资源和历史民族文化，利用地理标志整合分散品牌，提高品牌竞争力，实现"一市一品""一县一品""一镇（乡）一品""一村一品"的品牌经营模式。农产品区域化品牌经营模式，是指通过特色化、专业化、品牌化建设，使一个村（乡、镇、县、市、州）至少拥有一个特色明显、发展水平较高的主导产品或特色品牌，从而大幅度提升产业综合竞争力和农业经济效益。

农产品区域化品牌经营是武陵山片区农业差异化发展的重要抓手。一是有利于集聚生产要素，提高生产效率和产业竞争力。实行区域化品牌经营，通过一村、一镇、一县的连片生产，有利于集分散的小生产为群体式的大规模经营，从而为农业标准化、集约化、机械化生产提供有利条件，推进农业生产从品种到品质、从品质到品牌的跃升。而且，武陵山片区相关县市还要结合自身特色和优势，利用国家地理标志，积极申请中国特产之乡，加强名优特产的专业化、区域化发展，进一步提高农产品竞争力。二是有利于转变农业经济发展方式，促进农业产业结构优化升级。区域化品牌经营,"以市场为导向,以主导产业为载体,以质量和品牌为重点,以合作社为桥梁,促进了农业生产经营方式的转变,把千家万户按产业发展、市场需求组织起来,提高了农业的组织化程度"①,通过小生产与大市场的对接,推动了农产品的规模化生产和销售;区域化品牌经营有利于淘汰低效益产业,做大做强优势产业,从而优化产业结构和农业区域布局。

第二,工农互补产业化发展模式。

农业产业化是引领武陵山片区现代农业发展的基本经营形式。"所谓农业产业化,是指围绕一个或多个相关的农副产品项目,组织众多主体参与,进行生产、加工、销售一体化的活动,并在发展过程中逐渐形成一个新的产业体系的过程,各方结成了较紧密的经济利益关系。"②推进专业化分工、标准化生产和产业化经营,有利于培育壮大农业主导产业,带动相关配套产业发展,延长产业链条,形成主导产业、支持产业、配套产业和衍生产业相互关联的产业群,变资源优势为产业优势,变产业优势为经济优势,充分发挥产业的集群效应和辐射效应,提升区域的整体价值,产生巨大的经济效益,实现"一业兴、百业旺"的目标。

工农业协调互补是农业产业化发展的必要前提。规模化、机械化的农业生产依赖于先进的农机设备,农产品的加工离不开工业技术的有力支撑。我国东部发达地区已逐渐形成了城市支持农村、工业反哺农业的工农互补的产业化格局。实践证明,工农互补产业化发展模式不仅有利于提高农业产业的竞争力,也有利于推动农村工业化、城镇化进程,促进农村剩余劳动力的非农转移,实现农村经济的又好又快发展。武陵山片区有条件的县市要着力建设工农互补产业化的发展模式。一是要在遵循农业发展规律的基础上,按照工业开发区模式建设现代农业园区,运用工业开发手段,广泛招商引资,吸引片区内外的农业投资商和投资项目。二是要大力

---

① 石俊玲:《一村一品:发展现代农业的有力抓手》,http://www.wmxa.cn/a/201112/11270.html2011-12-16/2014-10-08。

② 曹俊杰:《我国东部地区几种现代农业发展模式比较及启示》,《现代经济探讨》2009年第1期,第60页。

建设特色农业基地①，走规模化生产、产业化经营、市场化运作的路子，实行"协会+公司+合作社+农户""公司+合作社+农户""合作社+农户"的开发模式，建设具有区域特色的农产品加工体系和特色农业产业带。三是片区相关县市还要大力发展外向型农业，充分发挥劳动力和自然资源丰富的比较优势，利用国内国际两个市场、两种资源，拓宽农产品营销市场，实现资源优化配置，促进农业产业结构升级，提高现代农业发展效益。

第三，高新技术集约型发展模式。

现代农业技术是推动农业集约化发展的核心动力。随着经济全球化和知识经济时代的到来，信息技术、生物技术、自动化技术、产品精加工技术、新能源材料技术等高新农业技术应用前景越来越广，农业信息化、科技化对于转变农业发展方式、优化农业产业结构的作用越来越突出。

高新技术集约型发展模式是武陵山片区农业现代化的必然选择。片区许多农村地区沿袭传统粗放型农业种植方式、农业产量或产值的提高依赖于生产要素投入的增加，这种外延投入的扩张方式会导致资源消耗、生产成本、环境污染程度等相对较高，从而影响经济和生态效益。而高新技术集约型农业就是运用现代科学技术装备农业，走技术和管理集约相结合的道路，不断提高资源的利用率、产出率和农业集约化水平。一是武陵山片区要充分利用后发优势，引进吸收工业化和农业信息化的丰硕成果，推进片区农业科技发展，加强农业技术推广，通过集约经营对传统农业进行改造和升级，走一条内含式农业发展的道路。片区内有科研支撑的相关县市，要大力加强科研载体建设，构建公共科技服务平台和"产学研"一

---

① 2012年国务院在《武陵山片区区域发展与扶贫攻坚计划》中指出，要促进黔江、彭水、石柱、酉阳、秀山、丰都、来凤、咸丰、鹤峰、恩施等油茶基地建设；促进武隆、酉阳、秀山、印江等地高山茶基地建设和保靖、利川、宣恩、鹤峰、巴东等地的富硒茶基地建设；推进石阡苔茶、江口藤茶、湄潭绿茶、正安白茶、余庆苦丁茶等特色茶叶基地建设；提高黔江、武隆、丰都、石柱等优质蚕茧基地的质量；规范黔江、酉阳、武隆、丰都、彭水、建始、利川等优质烤烟基地管理；加大黔江、武隆、石柱、丰都、思南等高山蔬菜基地建设；提升印江、松桃、巴东、鹤峰、恩施、咸丰等魔芋基地品质；加大乌江、清江、沅水、澧水、资水流域柑橘产业带的建设；大力推进铜仁、江口、玉屏、石阡等特色中药材基地建设；提升黔江、彭水、武隆、丰都等核桃、板栗基地的品质；完善石柱、酉阳、秀山、武隆、彭水、中方、丰都等绿色环保生态型牛羊、生猪、禽畜等基地管理；推进丰都节粮型肉牛养殖基地发展；加大江口、思南、印江、德江、余庆等楠竹基地建设。

体化模式，发展技术密集型农业和集约化农业，不断提高劳动生产率、农产品质量与附加值，增强农业综合效益和可持续发展能力。二是以信息技术为支撑，以网络平台为载体，大力发展订单农业（合同农业、契约农业）。农业经营主体根据个人或组织的订单安排农产品生产，从而有效降低市场风险，保障农产品的稳定营销。三是在节水灌溉、无土栽培、温控湿控等高新农业技术的支撑下，着重在温室种植、灌溉施肥、病虫害防治、产品储藏等方面建设智能化、精准化的高科技农业设施，积极发展设施农业和农业科技示范园，实现农业生产的标准化和可控化。

第四，生态循环立体型发展模式。

现代农业在突出现代高新技术的先导性、农工科贸的一体性、产业开发的多元性和综合性的基础上，还强调资源节约、环境零损害的绿色性。因而，现代农业也是资源节约的生态农业，是农产品无公害的绿色农业，是可持续发展的循环农业。生态循环立体型农业是一种资源节约型和环境友好型农业模式，是武陵山片区农业现代化的主体模式。这种模式包含三个特征：一是生态性，有利于保护自然环境和社会历史文化，维护生态平衡；二是循环性，有利于实现农业资源的循环利用，提高综合利用率；三是立体性，有利于开发垂直空间，整合优化各方面资源，增强农业可持续发展能力。

片区内，各县市可结合实际推行生态循环立体种养模式。遵照食物链规律，合理设计耕作制度和养殖方式，用地与养地相结合，建立起资源节约、循环利用的农业生产体系，实现有机废物再利用，有效控制农业面源污染，从而实现农业的可持续发展。清洁能源是生态循环立体种养模式的支撑。在片区广大农村要大力发展沼气，把沼气建设与改厨、改厕、改圈等结合起来，把沼气技术与种植、养殖等生产技术结合起来，积极推进生态家园建设，形成以沼气为纽带的"畜—沼—作物"生态种养循环模式。主要包括两种模式：一是生态农牧模式，通过建设农业生态园，主要发展"猪—沼—菜""猪—沼—茶""猪—沼—果""猪—沼—稻"等种植模式；二是生态养殖模式，通过建设湖泊湿地循环经济园，重点推广有机养殖，发展"猪—沼—稻—蟹""猪—沼—鱼—鸭—草—藕"等养殖模式。

第五，城乡融合创意型发展模式。

随着城市经济发展和市民收入水平的不断提高，越来越多的人重视生活质量的提升，并倾向于选择农村的餐饮、娱乐、休闲方式。对此，有学者提出了城乡融合型的现代农业发展模式,即"在工业化、城市化高度发展的都市及周边地区,依托城市在资本、信息、人才、技术等方面的集聚优势,以农业产业为基础,以高新技术为动力,以企业化管理为手段,建立农业与其他相关产业日益融合,农产品生产、加工、营销、服务相互配套,具有经济、生态、文化多种功能的现代农业系统"①。当前,武陵山片区相关县市可根据经济发展水平、产业结构、民俗文化、旅游资源等因素,发展城乡融合创意型农业,开创观光休闲农业、节庆农业等发展模式,在生存型资料的基础上提供发展型、享受型资料消费,满足人民群众的物质和精神需求,实现农业发展经济、生态和社会效益的统一。

观光休闲农业。即以农业和农村为载体,在充分利用现有农村空间、农业自然资源和农村人文资源的基础上,通过旅游主题规划、设计、施工,把三农建设、农艺展示、农产品加工、农村空间出租、旅游者广泛参与亲身体验等融为一体的新兴产业。观光休闲农业主要包括以下三种类型:一是观赏型观光农业,通过观赏农业生产景观、农业生产过程、乡村民居建筑等达到旅游目的;二是实践型观光农业,以游客动手采摘品鲜为主的品尝型、让游客"自己动手、丰衣足食"的操作型、让游客"上山下乡、栽田种地、体验农村生活"的学习型;三是综合型观光农业,让游客全方位地体验"干农家活、吃农家饭、住农家房、看农家景、享农家乐"全套农家生活方式,获得在城市中体会不到的乐趣。

节庆农业。"在农业生产活动中形成和开发出的节庆活动,是'农业搭台、文化表演、经济唱戏'的一种创意,是体验式和消费式结合的农业创意产品,常常兼具吃、玩、赏、教等多项功能。"② 片区相关县市可以结合区域特色,组织农业主题节庆活动,打造产品品牌,吸引大众消费,促进市场销售。片区可大力发展的节庆农业具体类型包括:一是农作物类节庆,主要为各类花卉节庆、水果节庆、蔬菜节庆、谷物节庆等;二

---

① 曹俊杰:《我国东部地区几种现代农业发展模式比较及启示》,《现代经济探讨》2009年第1期,第61页。
② 中国现代农业网:《创意农业的基本类型与发展模式》,http://www.caecn.org/detail.php?id=8042014-02-28/2014-10-08。

是动物类节庆,以某种动物为主题,开展美食节活动;三是民俗文化类节庆,充分挖掘区域农业生产生活习俗、各民族文化习俗等,开展农业节庆活动。

参考文献

1. 《马克思恩格斯选集》（第1—4卷），人民出版社1995年版。
2. 《毛泽东选集》（第1—4卷），人民出版社1991年版。
3. 《毛泽东文集》（第1—8卷），人民出版社1999年版。
4. 《刘少奇选集》（下卷），人民出版社2004年版。
5. 《刘少奇论新中国经济建设》，中央文献出版社1993年版。
6. 《周恩来选集》（下卷），人民出版社1984年版。
7. 《周恩来经济文选》，中央文献出版社1993年版。
8. 《周恩来论林业》，中央文献出版社1999年版。
9. 《邓子恢文集》，人民出版社2006年版。
10. 《邓小平文选》（第1—2卷），人民出版社1994年版。
11. 《邓小平文选》（第3卷），人民出版社1993年版。
12. 《江泽民文选》（第1—3卷），人民出版社2006年版。
13. 中共中央文献研究室：建国以来重要文献选编（第5册），中央文献出版社1993年版。
14. 陆学艺：《"三农论"：当代农业、农村、农民研究》，社会科学文献出版社2002年版。
15. 逄先知、金冲及：《毛泽东传（1949—1976）》（上），中央文献出版社2003年版。
16. 游俊、冷志明、丁建军：《连片特困区蓝皮书：中国连片特困区发展报告》（2013），社会科学文献出版社2013年版。
17. 芮杰明：《管理学：现代的观点》，上海人民出版社2005年版。
18. 张维迎、盛斌：《企业家》，上海人民出版社2014年版。
19. 宋树友：《中国农业机械化重要文献资料汇编》，北京农业大学出版社1988年版。

20. ［美］泰罗：《科学管理原理》，中国社会科学出版社 1980 年版。
21. ［美］舒尔茨：《经济增长与农业》，北京经济学院出版社 1991 年版。
22. John W. Miller, *The Economics of Agricultural Development*, New York: Cornell University Press, 1966。
23. Johnson D. Gale, *World Agriculture in Disarray*, London: Macmillan, 1991。
24. Ha Yami, Yujiro, *Rural-Based Development of Commerce and Industry*. Washington, D. C.: World bank, 1966。
25. 温卡华：《欠发达地区建设现代农业的研究》，中国农业科学院农业经济研究所，2002 年。
26. 宁新田：《我国农业现代化路径研究》，中共中央党校，2010 年。
27. 杨俊：《十三届四中全会前中国共产党的农业现代化思想研究》，华中师范大学，2004 年。
28. 吴付法：《邓小平的农业现代化思想研究》，武汉工程大学，2012 年。
29. 李荣喜：《农业现代化评价》，西南交通大学，2002 年。
30. 杨中民：《P2P 借贷行业调研报告》西南财经大学，2013 年。
31. 《农业现代化研究》（双月刊），1985—2014，中国科学院。
32. 《中国农村经济》（双月刊），1999—2014，中国社会科学院。
33. 《农业经济问题》（月刊），1990—2014，中国农业科学院。
34. 《现代化农业》（月刊），1988—2014，黑龙江省农垦科学院。
35. 《社会主义研究》（双月刊），2010—2014，华中师范大学。
36. 《当代中国史研究》（双月刊），2004 年第 3 期，中国社会科学院。
37. 《重庆大学学报》（社会科学版）（双月刊），2009 年第 5 期，重庆大学。
38. 《前线》（双月刊），2007 年第 4 期，中共北京市委。
39. 《社会科学研究》（双月刊），1998 年第 1 期，四川省社会科学院。
40. 《当代经济科学》（双月刊），2002 年第 5 期，西安交通大学。
41. 《中共福建省委党校学报》（双月刊），2000 年第 5 期，中共福建省委党校。
42. 《中共青岛市委党校学报》（双月刊），2007 年第 3 期，中共青岛市委党校。
43. 《价格月刊》（月刊），2009 年第 1 期，江西省发改委。
44. 《山东社会科学》（月刊），2009 年第 9 期，山东省社会科学界联合会。

45. 《经营管理者》（半月刊），2009年第21期，四川省企业联合会。
46. 《东南学术》（双月刊），2013年第4期，福建省社会科学界联合会。
47. 《中南林业科技大学学报》（双月刊），2012年第2期，中南林业科技大学。
48. 《中国延安干部学院学报》（双月刊），2009年第5期，中国延安干部学院。
49. 《经济研究导刊》（旬刊），2011年第1期，黑龙江省报刊出版中心。
50. 《党史文苑》（半月刊），2005年第2期，中共江西省委党史研究室。
51. 《三峡大学学报》（双月刊），2006年第6期，三峡大学。
52. 《甘肃联合大学学报》（社会科学版）（季刊），2008年第5期，甘肃联合大学。
53. 《常熟理工学院学报》（月刊），2007年第5期，常熟理工学院。
54. 《当代世界与社会主义》（双月刊），2009年第3期，中央编译局。
55. 《中共济南市委党校学报》（季刊），2008年第4期，中共济南市委党校。
56. 《经济与社会发展》（月刊），2013年第2期，广西社会科学院。
57. 《天津社会科学》（双月刊），1999年第5期，天津社会科学院。
58. 《中国统计》（月刊），2004年第2期，国家统计局。
59. 《南方农村》（双月刊），1999年第3期，广东省农业厅。
60. 《江苏统计》（月刊），2001年第2期，江苏省统计局。
61. 《襄樊学院学报》（月刊），2012年第5期，襄樊学院。
62. 《统计研究》（月刊），2004年第2期，国家统计局。
63. 《农村经营管理》（月刊），2008年第2期，中国农村杂志社。
64. 《生产力研究》（半月刊），2007年第13期，山西省政府发展研究中心。
65. 《四川大学学报（哲学社会科学版）》（双月刊），2009年第5期，四川大学。
66. 《湖南农业大学学报（社会科学版）》（双月刊），2011年第1期，湖南农业大学。
67. 《中南财经大学学报》（双月刊），2001年第2期，中南财经大学。
68. 《现代农业科学》（半月刊），2008年第9期，华中农业大学。

69. 《中国农业科技导报》（双月刊），2004 年第 6 期，中国农业科学院。
70. 《河南农业科学》（月刊），2008 年第 10 期，河南省农业科学院。
71. 《经济研究导刊》（旬刊），2013 年第 29 期，黑龙江省报刊出版有限公司。
72. 《中国集体经济》（旬刊），2011 年第 3 期，中华全国手工业合作总社。
73. 《农业经济》（月刊），2013 年第 3 期，辽宁省农业经济学会。
74. 《图书情报工作》（月刊），2014 年第 2 期，中国科学院文献情报中心。
75. 《现代农业科技》（半月刊），2013 年第 15 期，安徽省农委、安徽省农垦局。
76. 《农家之友》（月刊），2009 年第 19 期，广西农业技术推广总站。
77. 《社会学研究》（双月刊），2014 年第 3 期，中国社会科学院。
78. 《特区经济》（月刊），2006 年第 9 期，深圳市社会科学院。
79. 《中国农业科技导报》（双月刊），2004 年第 6 期，科学技术部中国技术开发中心。
80. 《毛泽东邓小平理论研究》（月刊），2010 年第 2 期，上海社会科学院。
81. 《科技导报》（旬刊），1997 年第 3 期，中国科学技术协会。
82. 《科技管理研究》（半月刊），2010 年第 20 期，广东省科学学与科技管理研究会。
83. 《农村经济与科技》（月刊），2013 年第 8 期，湖北省农业科学院。
84. 《华中师范大学学报》（人文社会科学版）（双月刊），2013 年第 6 期，华中师范大学。
85. 《贵州社会科学》（月刊），2014 年第 7 期，贵州省社会科学院。
86. 《改革与开放》（半月刊），2012 年第 22 期，南京市出版社。
87. 《江汉论坛》（月刊），2013 年 12 期，湖北省社会科学院。
88. 《山地农业生物学报》（双月刊），2007 年第 2 期，贵州大学。
89. 《西部探矿工程》（月刊），2008 年第 11 期，新疆维吾尔自治区地质矿产研究所。
90. 《湖南农业科学》（半月刊），2013 年第 4 期，湖南省农业科学院。
91. 《武汉理工大学学报》（月刊），2008 年第 3 期，武汉理工大学。

92. 《吉首大学学报》（双月刊），2012年第3期，吉首大学。
93. 《中共铜仁地委党校学报》（双月刊），2007年4期，中共铜仁地委党校。
94. 《湖湘论坛》（双月刊），2014年1期，中共湖南省委党校。
95. 《贵阳市委党校学报》（双月刊），2007年第4期，贵阳市委党校。
96. 《农业与技术》（月刊），2014年3月，吉林省科学技术信息研究所。
97. 《当代经济研究》（月刊），2001年第9期，中国《资本论》研究会。
98. 邓子恢：《在全国劳动模范代表会议上的报告》，《人民日报》1957年2月22日。
99. 胡锦涛：《在中国共产党第十七次全国代表大会上的报告》，http：//cpc.people.com.cn/GB/64093/67507/6429847.html。
100. 胡锦涛：《在中国共产党第十七次全国代表大会上的报告》，http：//cpc.people.com.cn/GB/64093/67507/6429847.html。
101. 胡锦涛：《坚定不移沿着中国特色社会主义道路前进 为全面建成小康社会而奋斗》，http：//www.xj.xinhuanet.com/2012 - 11/19/c_113722546_4.html2012 - 11 - 19/2014 - 10 - 08。
102. 习近平：《在全面深化改革领导小组第五次会议上的讲话》，http：//znzg.xytc.edu.cn/html/？21867.html。
103. 中共中央、国务院：《关于积极发展现代农业扎实推进社会主义新农村建设的若干意见》，http：//www.aohan.gov.cn/Article/Detail/20056。
104. 中共中央、国务院：《关于推进社会主义新农村建设的若干意见》，http：//www.law-lib.com/law/law_view.asp？id=136688。
105. 中共中央、国务院：《关于加快发展现代农业进一步增强农村发展活力的若干意见》，http：//wenku.baidu.com/view/b94f71f5910ef12d2af9e7dd.html。
106. 中共中央、国务院：《国家中长期人才发展规划纲要（2010 - 2020年）》，http：//dangshi.people.com.cn/n/2013/0325/c35929 4 - 20904609.html。
107. 中共中央、国务院：《关于一九九一年农业和农村工作的通知》，http：//cpc.people.com.cn/GB/64184/64186/66683/4494054.html。

108. 中共中央、国务院：《关于加快发展现代农业进一步增强农村发展活力的若干意见》，http://www.chinalawedu.com/new/201302/wangying2013020116270450681261.html。
109. 《中共中央关于全面深化改革若干重大问题的决定》，http://finance.china.com.cn/roll/20131122/1991543.shtml。
110. 《1956年到1967年全国农业发展纲要》，http://wenku.baidu.com/view/24f249385727a5e9856a61c0.html。
111. 《关于农业和农村工作若干重大问题的决定》，http://baike.sogou.com/v70757063.html。
112. 《关于加快农业发展若干问题的决定》，http://cpc.people.com.cn/GB/64184/64186/66677/4493850.html。
113. 《关于推进农村改革发展若干重大问题的决定》，http://cpc.people.com.cn/GB/64093/64094/8194418.html。
114. 蒋若静：《中国农业现代化水平落后英美100年》，http://cn.chinagate.cn/reports/2012ny/2012-05/25/content_25476080_4.html。
115. 贺雪峰：《三农政策方向：扶持小农经济是正途》，http://www.ccfc.zju.edu.cn/a/xuezhelundian/hexuefeng/2014/0520/18577.html。
116. 赵鹤茂、万芙蓉、曹建军：《培育新型职业农民》，http://changzhou.zaobao.com/pages2/changzhou140728a.html。
117. 董峻、于文静：《农业部部长韩长赋解读2012年中央农村工作会议精神》，http://news.xinhuanet.com/fortune/2012-12/23/c_114126802.html。
118. 贾二鸣：《关于加强农产品批发市场建设的思考》，http://ntcoop.nantong.gov.cn/art/2014/3/20/art_46945_1628402.html。
119. 周其仁：《"地票"是一个了不起的创造》，http://www.mbachina.com/html/jsgd/201408/79929.html。
120. 关信平：《回到费孝通："小城镇理论"VS"被城市化"》，http://www.sociologyol.org/yanjiubankuai/tuijianyuedu/tuijianyueduliebiao/2014-01-22/17522.html。
121. 恩施州林业局：《恩施州林业自然环境》，http://www.eszly.gov.cn/html/shengtai/gaikuang/20101230/107.html。

后　　记

我生长于武陵山区腹地——湖北恩施。几十年目睹农民的辛勤劳作，每每看到农民荷锄而归的时候，在我心头涌起的不是诗人的浪漫词句，而是一种莫名的心酸。几十年了，山还是那座山，地还是那块地，人已不是那些人，农民的生产方式还是铁犁牛耕，农民的生活也还不富裕。近几年，我利用工作之余，走访了武陵山片区的许多地方，也参观了华西村、小岗村、南街村等一批中国名村，两相对比，让我产生了极大的震撼。为什么名村发展得那样好，而武陵山区的农村发展却举步维艰？武陵山区农民的出路在哪里？这些问题促使我开始研究武陵山区农业现代化问题。在国家民委的大力支持下，我和我的团队开始了为期一年多的课题调查研究，在调查研究的基础上完成了本书——《武陵山片区农业现代化问题研究》。

在武陵山农业现代化问题的调研中，我们得到了武陵山片区各地区、市（州）以及县、市（区）政府的同志的大力支持，他们为我们提供了大量的数据和鲜活的案例，让我们获得了第一手研究材料。一些政府的农口部门把他们自己的调研材料提供给我们参考，许多县、市（区）农口部门负责人、乡镇负责人为武陵山片区农业现代化建言献策，很多新型农业经营主体负责人倾诉了他们在发展现代农业过程中遭遇的困难和对政府的期盼。一些领导在百忙之中抽出时间陪同调研，协调解决调研的相关事宜。许多事情感人至深，至今历历在目。在此谨向支持课题研究、为课题研究付出心血的武陵山片区各级政府领导、新型农业经营主体的负责人致以衷心的感谢！

武陵山片区农业现代化问题研究涉及面广，参与人多。湖北民族学院团委书记王冕（挂职宣恩县委常委、副县长）、党（院）办副主任刘木球、党委宣传部副部长张明波、经管学院副教授杨佳、国际交流合作处办公室主任张姣蓉、中国青年政治学院研究生张业振、兰州大学马克思主义学院学生田桥、四川大学研究生邓志林等参与课题研究方案的制定，并参与分组调研，为完成课题研究花费了很多的时间和精力。张业振、田桥、邓志林查阅文献、收集整理资料、校对文稿，为完成课题的研究做出了极大的贡献。没有大家的奉献，就没有本书的问世。在此，向为完成研究任务做出贡献的课题参与人员致以诚挚的谢意！

  国家民委民族理论政策研究室副主任张谋、科研处长张世宝为课题的研究提出了宝贵的意见。我的妻子毛慧为支持我的研究工作，独揽家务，付出了艰辛的劳动。值此拙作付梓之际，一并致谢！

作者

2015 年 1 月